中国文化元典关键词研究丛书

李建中　主编

高文强　王杰泓　李艳萍　著

道家元典关键词研究

人民出版社

总序　元典关键词的原创意蕴与现代价值

　　中华元典①是中国传统文化最早的宝库，中华元典关键词②则是宝库中的无价之宝。元典的创制者用"关键词"昭示他们对宇宙、社会和人生的观察与思考，元典的阐释者借"关键词"赓续、传承、阐扬、新变中国文化。中华元典关键词是中国人的名号与实质，是中国人之所以为中国人的文化依据，是轴心期③中国文化生生不息、亘古亘今的语义根源。后轴心期历朝历代的文化，常常以"关键词"之重释的方式回到文化元典：如西汉董学之重释"天人"、魏晋玄学之重释"三玄"、唐代韩柳之重释"道"、宋代程朱之重释"理"、明代王学之重释"心"……作为 21 世纪的中国学者，我们既要站在现代文明和思想的理论高度，

----

　　①　"元典"一词的创制者冯天瑜将五经以及《论语》《墨子》《孟子》《老子》《庄子》《荀子》等先秦书认定为"中华元典"，冯著《中华元典精神》（上海人民出版社 1994 年版）对"中华元典"的创制、发展以及近代转换作出了具有原创性和开拓性的论述。

　　②　"关键词"乃一比喻性所指，喻指核心的、重要的术语、概念、范畴和命题。这个意义上的"关键词研究"几乎与中华元典同时诞生。

　　③　德国哲学家卡尔·雅斯贝尔斯《智慧之路》（柯锦华等译，中国国际广播出版社 1988 年版）第九章"人的历史"指出，以公元前 500 年为中心，约在前 800 年至前 200 年之间，人类精神的基础，同时独立地奠定于中国、印度、波斯、巴勒斯坦和希腊。正是在那个时期，才形成今天我们与之共同生活的这个"人"，发生于那个时期的精神历程构成了一个轴心，故可称之为"轴心时期"。雅斯贝尔斯所说的"轴心时期"在中国正好是春秋（前 770—前 476）和战国（前 475—前 221）时期。

又要面对现代社会错综复杂的文化问题，以"关键词"的方式返回文化元典，整体系统、深刻辩证地重新阐释中华元典关键词，重新揭示中华元典关键词的原创意蕴和现代价值。

中华元典关键词，以"词根"的方式沉潜，以"坐标"的方式呈现，以"转义"的方式再生，既是轴心期华夏文明生生不息的语义学根源，亦为中外文化和而不同的话语前提。因而，欲楬橥元典关键词的原创意蕴及现代价值，须从词根性、坐标性和转义性之考察开始。元典关键词之语义考察，一是以五经以及儒墨道法兵诸家文化元典为文本依据，诠释中华元典关键词的词根性（关键词的文化源起与辞源学释义）；二是以历史时空为经纬，厘定中华元典关键词的坐标性（关键词如何标识不同时代的文化观念，如何贯通不同时代的文化命脉）；三是以世界为视域，诠解中华元典关键词的转义性（关键词的赓续、新创以及语义再生等）。这种"原生—沿生—再生"的语义考察，可为推进中华元典研究提供新的观念、方法和入思路径。

一

有一部名为《我的盛大希腊婚礼》的美国影片，讲述希腊侨民在美国的生活，其中一位希腊父亲逢人便说：你给我一个单词，英语、法语、德语、西班牙语都可以，我告诉你这个单词的希腊语词根。这段不乏喜剧意味的台词，道出一个不争的文化史事实：轴心时期的古希腊文明是西方文化的根柢之所在。从词源学的特定层面而论，西语的词根在古希腊，汉语的词根在先秦。中国文化关键词的"词根"深深地扎在先秦元典之中，如《周易》的"文"与"象"、《老子》的"道"与"德"、《庄子》的"言"与"意"、《礼记》的"乐"与"和"等等。这些单音节的词，在其所表述的特定领域之中，是最早的（本源），也是最根本的（本原），故可称为"元关键词"。凡与它相关的术语、范畴和命题，都以它为词根或者说从它的根基上生长出来。因此，就其"元生性"而言，它们既是先秦文化的关键词，又从源头上构成中华文化关键词的词根。

"人文之元，肇自太极，幽赞神明，《易》象惟先"①，作为中国历史上最负盛名的文学理论家，刘勰的文学理论书写，是从追溯"文"的词根性开始的。"文"，既是《文心雕龙》最大的关键词，又是《文心雕龙》五十篇所有带"文"的术语、概念、范畴和命题的词根：诸如人文、天文、文明、文化、文德、文心，又如文章、文体、文象、文采、文风、文骨等等。刘勰之论"文"，可归纳为两大内涵：一是文之道，二是文之体。若置换为当今文学基本原理的关键词，则前者相当于文学的本源和本质，后者相当于文学的内容和形式。而这两大义项的"文"，其词根性都在先秦元典即五经和诸子之中。

《文心雕龙》追原文之"道"，从天地的"玄黄色杂，方圆体分"讲起，"天玄地黄"出自《周易》坤卦上六的爻辞及《文言》，"天圆地方"出自《大戴礼记·曾子天圆篇》。刘勰接着讲，天以日月"垂丽天之象"，地以山川"铺理地之形"：前者出自《周易》离卦的《象传》，后者出自《周易》的《系辞上》。刘勰由天地而"傍及万品"，自然界的万事万物都有自己的颜色和形体，所谓"动植皆文"，人为五行之秀、天地之心，岂能无文？而"天地之心"、"五行之秀"又出自《礼记·礼运篇》。人以自己的言辞来彰显道，正如天地万物以自己的色杂、体分来彰显道，这也就是文之"道"，或曰文学之本原和本质。刘勰从天地之"文"讲到人之"文"，无一处无来历，这"来历"便是包括《周易》和《礼记》在内的先秦元典。

① 范文澜：《文心雕龙注》上册，人民文学出版社 1958 年版，第 2 页。

就词根性而言，"文"还有更远的"来历"。《文心雕龙·原道》篇为追寻"文"之本，为揭示"文"之道，以"人文之元"为中心，论及三类"文"：第一类可称之为"人为之文"，准确地说，是处于人类文明滥觞期的人文创制，如八卦、九畴。第二类可称之为"神赐之文"，如河图、洛书。刘勰讲"河图孕乎八卦，洛书韫乎九畴"，可见人为之文是神赐之文所孕育的，或者说人之为文须"取象乎河洛"。第三类是前面谈到的天地自然之文，如日月叠璧、山川焕绮，如龙凤呈瑞、虎豹凝姿，如云霞雕色、草木贲华，如林籁结响、泉石激韵……关于这一类"文"，刘勰谈得最多也最有诗意，因为天地自然之文不仅是人之为文"远取诸物"的对象，亦为刘勰揭示文之道的立论依据。三大类别的"文"，各有其形色，各有其声貌，各有其质地，各有其涵泳，而它们共有的也是最为基本的特征是，因其有形色而能被感知。这一共同特征从何而来？原其词根，来源于"文"之甲骨文释义：人之文身，或曰文身之文。

　　甲骨文的"文"，从武丁时期到帝辛时期，均有"文身"之义："象正立之人形，胸部有刻画之纹饰，故以文身之纹为文。"①《礼记·王制》有"被发文身"，许慎《说文解字》有"文，错画也，象交文"，而甲骨文"文"字形胸前的纹身即为"交文""错画"。细读甲骨文的"文"，至少可见出三个层面的词根性。人类最早的"文"不仅是人为的，而且是描画于人的身体之上的，"人"与"文"整然一体，不可分离。此其一；"文"是人类最早的"刻画之纹饰"，或者说是远古人类所创造的文化的艺术的文本。此其二；作为人类最早的文化艺术创造，"文"的主要特征是可睹可观、可感可知，是人类感知觉的对象。此其三。而最后一点，正是"文"的基本特征。前文所说的"文"之三大类，人为之文、

---

　　①　徐中舒主编：《甲骨文字典》，四川辞书出版社2006年版，第996页。

神赐之文和天地自然之文，其中神赐之文还可以说是人为的，因为神或神文归根结底还是人的创造；而天地自然之文则与人为之文完全无关。因此，这三类"文"，只有在第三个层面（可观可感）才是完全相通或相同的：天地自然之文的"垂象"和"铺形"自不待言，神赐之文是"龙图献体，龟书呈貌"，这两大类文的"象""形""体""貌"，与人为之文的"交文""错画"，其最初的源头在甲骨文"文"字的"以文身之纹为文"之中。

如果说，"文之道"是指人类以自己所创造的"文"来言说或呈现"道"；那么"文之体"则是这种言说或呈现的文本化。前者揭示文学的本源和本质，后者表述文学的内容和形式，二者都是以"文"为词根，其词根性有着共通之处。刘勰论"文之体"与他论"文之道"一样，也是无一处无来历，而最初的来历依然是先秦元典。《原道》篇"龙图献体"，事本《周易》。《征圣》篇"明理以立体"，取象《周易》"夬""离"二卦；又"辞尚体要"，语出《尚书·毕命》；又"政化贵文""事迹贵文""修身贵文"云云，实谓不同内容不同种类的文体，以"贵文"为共同特征。《宗经》篇"文能宗经，体有六义"，不仅尊五经为后世文学"大体"（或曰"体制"）之楷模或圭臬，更是视五经为后世文学体裁（或曰"体类"）之本根和源起。《序志》篇重提"《周书》论辞，贵乎体要"，又感叹"去圣久远，文体解散"，这是站在先秦五经的立场，评骘后世文学之弊端。

在"文之体"的特定层面而论，"文"之词根性依然可以追溯至甲骨文"文"字形的"文身之纹"和"刻画之纹饰"。刘勰《文心雕龙·序志》篇，开篇解诠书名中的"雕龙"一语，称"古来文章，雕缛成体"，这里的"古来文章"，既包括先秦诸子，如孔子的"文以足言"，《老子》的"五千精妙"，《庄子》的"辩雕万物"；亦包括五经，所谓"五经之含文也"，所谓"圣贤书辞，总称'文章'，非采而何"。非雕缛何能成体？无纹饰何能称文？所以《征圣》篇赞美圣人的"文体"是"含章之玉牒，秉文之金科"，而后人著文习体，"征之周孔，则文有师矣"。

《序志》篇开篇推崇"雕缛成体"，与后章批评"饰羽尚画，文绣鞶帨"，看似相悖，实则相关。黄侃《文心雕龙札记》论及二者的关系时说："此与后章'文绣鞶帨，离本弥甚'之说，似有差违，实则彦和之意，以为文章本贵修饰，特去甚去泰耳。全书皆此旨。"[1] 在黄侃先生看来，"本贵修饰"与"去甚去泰"共同构成《文心雕龙》全书大旨；而就"文"这个关键词而言，二者均为其词根义之所在。"文章本贵修饰"自然是"文"的词根义，故"文"又可写作"纹"或"彣"；而文之修饰须"去甚去泰"，须恰到好处，也就是《尚书·毕命》说的"辞尚体要"，同样是"文"的词根义。我们看甲骨文的"文"字，那位正立之人，其胸前的纹身简洁明了，可谓"体要成辞（文）"。没有刻画之纹饰，不能称之为"文"；而多余的或过分的纹饰如文绣鞶帨如饰羽尚画，则背离了"文"之本旨：对"道"的言说和呈现。正是因为过度的文饰会遮蔽文对道的言说，刘勰才特别强调体要。

"文"的原型是"人"，所谓"象正立之人形"；"体"则是"人"本身，人的身体之总称。《说文·骨部》有"体，总十二属也"，段玉裁注称"十二属"为人体"首、身、手、足"所属的十二个部位。[2] 在人体的特定部位纹饰刻画便成了"文"，因而"体"是"文"的载体，"文"是"体"的文化的艺术的呈现，是人类最早创造出来的有生命有人格有灵魂有美感的"文体"。这种生命化人格化的"文之体"，在《文心雕龙》中时时可见。《谐隐》篇有"体目文字"，周振甫《文心雕龙今译》释"体目"为"人身主要部分"[3]。《俪辞》篇有"造化赋形，支体必双"，"体植必双，辞动有配"，用人体四肢的对称之美喻指文学的对句艺术即俪辞

---

① 黄侃：《文心雕龙札记》，华东师范大学出版社1996年版，第276页。

② 参见（清）段玉裁：《说文解字注》，上海古籍出版社1981年版，第166页。

③ 周振甫：《文心雕龙今译》，中华书局1986年版，第136页。

之美。《附会》篇有"才量学文，宜正体制：必以情志为神明，事义为骨髓，辞采为肌肤，宫商为声气"，将人体各部位与文体各部位一一相配。《时序》篇有"体貌英俊"，"体貌"用作动词，"谓加礼容而敬之"①，礼敬殷勤之面容，亦与人体相关。"文之体"，实乃"体之文"也。只有真正把握到"文"的词根性，方能明辨"文之体"，方能揭示"文之道"。

二

《诗经·大雅·文王》有"周虽旧邦，其命维新"，"旧邦"代表文化传统，"新命"则指新的文化使命或传统文化的新发展。轴心期时代最有代表性的几种文化类型，如古希腊、古罗马、巴比伦、埃及、印度等，有旧邦而无新命；而后轴心期时代的文化强国，如美国，如欧洲的一些国家，有新命而无旧邦，至少是没有像西周那样古老的旧邦。轴心期各国文化，诚如冯友兰先生所言，"惟我国家，亘古亘今，亦新亦旧"②。而中国传统文化的赓续、传承和新变，与元典关键词之词根性的生长密不可分。就文化关键词研究的特定层面而言，中国文化的生命力是通过元典关键词的生命力体现出来的。换言之，元典关键词强大旺盛的生命力，从观念和思想的深处激活了中国传统文化的生命力。源起于轴心时代、扎根于先秦元典的中华文化关键词，在其后漫长的演变历程中，以"词根"的方式沉潜，以"坐标"的方式呈现，既标举特定时空的文化观念，又接续前世与后代的文化命脉，从而成为不同历史时期的文化坐标。

---

① 范文澜：《文心雕龙注》下册，人民文学出版社 1958 年版，第 682 页。
② 冯友兰：《三松堂全集》第一卷，河南人民出版社 2000 年版，第 301 页。

《诗经·小雅·大东》有"周道如砥，其直如矢"，中国文化的发展之"道"，虽不似"周道"那样如砥如矢，而是坎坷曲折，但毕竟从轴心期走到了21世纪。道之绵延，或短或长，总得有个路标；而中国文化之"道"，绵延几千年，历经无数个路段或曰时段，每一个时段都有特定的文化坐标，而文化坐标上所书写的，便是属于这个时代的文化关键词。比如本文第一节所讨论过的"体"。在《诗》《礼》《易》以及《孟》《荀》等元典中，"体"意指身体之总属、主体之认知和与"用"相对的"本"。六朝创"体性"张扬生命风骨，三唐用"体貌"识鉴诗性品质，两宋有"文体"辨析文章种类，而清季以降则以"体用"应对中西文化冲突……一代有一代之"体"和之"所体"，不同时代以"体"为词根的关键词标识着特定时代的"体"和"所体"，而其根柢却在文化元典的"体"所先在铸成的生命本体、认知本体乃至哲学本体之中。由此可见，文化关键词的坐标性槃深柢固于词根性之中，并从词根性之中枝繁叶茂地生长出来。

从"词根"生长为"坐标"，这是文化关键词的发展之"道"；我们以"道"这个中国文化的元关键词为例，来讨论关键词的历史坐标性。"道"的本义很简单，也就是《说文解字》所说的"所行道也"，"一达谓之道"。①"道"最早的词性既可名亦可动，故《诗经》既有"周道如砥"亦有"不可道也"。当"道"在先秦元典中由形而下的"所行道"抽象为形而上的"天之道"时，就成了各家各派不得不道的关键词。《庄子·天下篇》说"《诗》以道志，《书》以道事，《礼》以道行，《乐》以道和，《易》以道阴阳，《春秋》以道名分"，可见儒家是用六经道自家的"道"，正如墨家用《墨子》道自家的"道"，道家用《老子》和《庄子》道自家的道，所谓各道其道，各名其名，各是其是，各非其非。

----

① （清）段玉裁：《说文解字注》，上海古籍出版社1981年版，第75页。

据《论语·里仁》，孔子说"朝闻道，夕死可矣"，足见"道"比个体生命更为重要。孔子又说"吾道一以贯之"，又可见"道"的恒长与永久；但这个"一以贯之"的"道"究竟何指？孔子自己没有说，而曾子解释为"忠恕"。然而，在不同的语境下，孔子的"道"又有不同的含义：或曰"仁"，或曰"义"，或曰"中庸"，或曰"孝悌"，或曰"方法"，或曰"技艺"……"道"在《论语》一书中出现60次，其释义已如此复杂；而在《孟子》一书中出现140次，其释义更加繁复，故司马谈《论六家要指》要说儒家"博而寡要"。至于道家的"道"，干脆是不可道也，亦即司马谈所言"其辞难知"。但换一个角度说，正是因为"道"在先秦五经及诸子文本中语义繁复，才使得她能够成为后世的文化坐标。作为中国文化的元关键词，"道"，正是因其"词根性"根柢槃深，其"坐标性"才可能枝叶峻茂。

《庄子·天下》篇有"道术""方术"之分，这种分别既是语义的也是历史的。就语义层面而言，道术是"无乎不在"，是"天地之纯"，明于"道"者集"天人""神人""至人""圣人"于一身；而方术只是"百家众技"，仅知晓一方之术者实乃"一曲之士"或者是"百家之学"中某家某派的"君子"。就其历史即时序层面而论，是先有"古之道术""古人之大体""古之人其备乎"，后有"天下治方术者多矣""天下之人各为其所欲焉以自为方"。当"后世之学者"谮于"道"时，则"道术将为天下裂"。战国诸子百家，均为"道术"裂变之后的一方之术即"方术"，庄子一家亦不能例外，虽然他自己不太会承认。

"道术"的词根是"道"，就"道"这个关键词而论，其汉语词根性与历史坐标性之关联，亦发生在汉语语义与历史时序两个不同的层面。"道"在先秦元典中语义之繁复已如前述，甚至可以说，先秦元典中的"道"，其义项之多元，语用之复杂，词性转换之灵活，组词功能之强大，已足以胜任它将要在先秦之后所需承担的历史坐标性表达。仅就学术史的层面论，后元典时代，从两汉经学到魏晋玄学，从唐代三教合流到宋代儒学新生，从明代心学到清代朴学，从近代西学东渐到现代中西对撞，一直到当代的国学复兴，"道"关键词在不同历史时期的坐标性书写或当下诠释，均可以在先秦元典中寻找或发掘到各自所需的语义的和思想的资源。

两汉经学的"道"，用作动词，是对先秦儒家经书的解说；用作名词，则是汉代经学家所诂训所传疏出来的先秦儒家经书的微言大义。如董仲舒的《春秋繁露》，既是繁露（细解细说）《春秋》，也是《春秋》之道的展开和诠解（即繁露）。当然，《春秋繁露》只有十之五六的篇幅道《春秋》（主要是《春秋公羊传》）之道，而余下的篇幅，或道《周易》的天地阴阳之道，或道《尚书·洪范》的五行五事之道，或道《三礼》的郊禘祭祀之道。

如果说，"道"作为两汉经学的文化坐标，其要义是"道（传疏）"五经之"道（经义）"；那么，到了魏晋玄学，其作为文化坐标的"道"，则演变为"道（清谈）"《老》《庄》《易》三玄之"道（有无本末）"。魏晋玄学的开创性也是代表性人物王弼，用他的《老子指略》《老子道德经注》道老子之道，用《周易略例》《周易注》道《周易》之道。王弼《老子指略》："夫'道'也者，取乎万物之所由也……故其大归也，论太始之原以明自然之性，演幽冥之极以定惑罔之迷。"[1]这是对先秦原始道家之"道"的再阐释。当然，王弼还有《论语释疑》，但他是用道家的"道"来道孔子的"道"，如王弼解释孔子的"志于道"："道者，无之称也，无不通也，无不由也。况之曰道，寂然无体，不可为象。是道不可体，故但志慕而已。"[2]以道家的"无"说儒家的"道"，这是王弼也是魏晋玄

---

① 楼宇烈：《王弼集校释》上册，中华书局1980年版，第196页。

② 楼宇烈：《王弼集校释》上册，中华书局1980年版，第624页。

学"道"的重要特征。刘勰讲"道沿圣以垂文"，两汉经学家心目中的"圣"无疑是孔子，而魏晋玄学家心目中的"圣"则是老庄。不同的时代，所宗所师之"圣"各不相同，故所尊所明之"道"亦各不相同。两汉经学与魏晋玄学，其文化坐标上都书写着一个"道"字，但"道"（用作名词）之内涵大异其旨，"道"（用作动词）之方式亦大异其趣。

到了唐代，作为文化坐标的"道"，宗教味道特浓：既是道教之道，亦为佛禅之道。初唐李氏父子，奉道教为国教；时至中唐，佛教势力愈来愈大，以至于韩愈要写《原道》来探求儒道之原，以排斥佛老之说。韩愈站在中唐回望先秦，他发现：正宗的儒家之道，由尧舜禹汤而文武周公，由孔子而孟子，孟轲之后，"道"不得其传焉。韩愈在这里做了两件事：一是为儒家的"道"建立谱系，而这个谱系的根之深、源之远，是佛老杨墨完全无法比拟的；二是从国计民生的层面，实实在在地讨论儒道之利国利民，佛老之害国害民。这两件事，指向同一个目标：在唐代的文化坐标上，重写重述重释"道"这个关键词。

宋型文化与唐型文化有诸多差异，就"道"而言，以韩愈为代表的谱系重建者，是摒除"道"关键词中的佛老成分，而还原一个先王之道，一个博爱仁义之道。宋型文化的"道"当然也是儒家的，但宋代理学家的道既不排佛亦不斥老，而是引佛老入儒道以成新儒学。程颢程颐兄弟，同为新儒学，但二人对原始儒"道"的添加或曰新创各有侧重：程颢以"心"释"道"，开启了后来的陆王心学；程颐由"道"而推出"理"，以形成程朱理学。

说到宋代的文化坐标，我突然联想到北宋末年水泊梁山杏黄旗上的四个大字：替天行道。其实，宋江们的"道"既不是程朱理学的明德之道，亦非阳明心学的心性之道，而是与王学左派相关的百姓日用之道。这一点，我们从李贽的《容与堂本忠义水浒传序》可以读出。以李贽为代表的王学异端，用他的《焚书》《藏书》以及《水浒》评点，在明代的文化坐标中，为"道"添加了极有思想性启蒙性的内涵。向上，承接上了《周易》的忧患之道；向下，开启了清代三大思想家顾、黄、王的启蒙之道。

清季以降，作为文化坐标的"道"，有两个新义项值得注意。一是以"道—器（技）"博弈应对外族进攻；二是以"道—logos"的对谈应对中西文化冲突。鸦片战争之后，最早"开眼看世界"的中国知识分子已经痛苦地意识到：中国传统文化并不优于西方近代文化，甚至在某些方面还落后于"外夷"。于是，以魏源的"师夷长技以制夷"为口号，终于提出了学习西方的问题，从而在"器"和"技"（亦为"道"的义项之一）即物质及科学技术层面率先开启了中国文化的近代化历程。"道"的词根性之中，既可以是名词也可以是动词，这与希腊语的 logos 正好可以互译互释。钱锺书《管锥编》释《老子王弼注》的"道可道，非常道"，称"古希腊文'道'（logos）兼'理'（ratio）与'言'（oratio）两义，可以相参"[①]。由此可见，不同时代对元典关键词"道"的不同之"道"（言说），标识着不同时代之文化的核心价值、认知路径和言说方式。

三

关键词研究作为一种方法，可称之为"历史语义学"（historical semantics）。[②] 就"语义"的层面论，本文所讨论的中华元典关键词的词根性、坐标性和转义性，依次构成特定关键词的元生义、衍生义和再生义；就"历史"的层面论，元典关键词的元生义形成轴心期华夏文明的

① 钱锺书：《管锥编》第二册，中华书局 1986 年版，第 408 页。
② 参见 ［英］雷蒙·威廉斯：《关键词：文化与社会的词汇》之《译者导读》，刘建基译，生活·读书·新知三联书店 2016 年版，第 13—22 页。

文化根柢，衍生义构成中国各个历史时期的文化坐标，再生义铸成现代性语境下中国文化的话语权和软实力。

在世界文化史的范围内考察，作为轴心期诸种文明之一的中华文化，之所以能绵延不绝、传承至今，与中华文化元典关键词的再生性特质是密不可分的。在文化多元的全球化时代，中华元典关键词以词根性固其本，以坐标性续其脉，以再生性创其新，从而在与异域文化平等对话的过程中获得阐释有效性和现代转义。在全球化时代的语境下，正是中国文化关键词的再生性赋予了中国文化以现代转型之机。这种再生性、转义性不仅折射出中国文化现在所面临的传统与现代、东方与西方的冲突、对话、交流及融合，更展示出中国文化亘古不灭的盎然生机和它极为充沛的应对力、转换力、更新力与传承力。

元典关键词的现代再生性大体上有着三种不同的类型。一是古今恒长型，二是古今变异型，三是古今悖反型。先说第一种。这类关键词有着强大、旺盛和恒久的生命力，从先秦"活"到当下，从轴心期时代"活"到全球化时代。比如本文第一节讨论过的元关键词"文"："文之为德也大矣"！如果说，《易》之"天文""人文"之分、"以文教化"之用以及"文言"之美，已在源头上赋予"文"以多元性和开放性；那么，现代社会仍然频繁使用的"文明""文化""文学""文章"乃至"文体""文辞"等关键词，就先天地秉有广阔的再阐释空间以及在现代语境下转义、通约和再生的巨大潜能。"文"如此，"和"亦然。"和"在先秦元典中频繁出场，或呈宇宙之"和"（如《老子·四十二章》"万物负阴而抱阳，冲气以为和"），或奏音乐之"和"（如《尚书·尧典》"声依永，律和声，八音克谐，无相夺伦，神人以和"），或举人伦之"和"（如《礼记·儒行》"礼之以和为贵"），或标人格之"和"（如《论语·子路》"君子和而不同"）等等。"和"关键词的谐和、调和、协和、圆和、中和等含义延展于中国文化的方方面面，成为中国文化最具再生力、承续力的"元关键词"之一。

《荀子·正名》:"若有王者起,必将有循于旧名,有作于新名。"王先谦案曰:"作者,变也。"① 故知"有循于旧名"者属于古今恒久型,而"有作于新名"者则属于古今变异型。所谓"新名",可以是新造的,也可以是外来的,但更多的是借旧名以说新义,所谓"名"虽存而"实"已变也,本文所讨论的"转义性"或"再生性"即包含此类。以"民"为例。据学者考证,金文中的"民"描画的是人的眼睛,锥刺其中,意指正在受刑罚的奴隶。② 可见最早的"民"虽有人之形体却无人之地位与权利。《说文·民部》:"民,众萌也。"段注:"萌,犹懵懵无知皃也。"③《荀子·礼论》:"外是,民也。"杨倞注曰:"民,民氓无所知也。"④ 就"懵懵无知见"这一义项而言,"民"又可训为"冥"或"瞑":前者如刘知几《史通·自叙》"民者,冥也,冥然罔知",后者如董仲舒《春秋繁露·深察名号》"民者,瞑也"。就"民""氓"互训而言,《说文·民部》有"氓,民也",段玉裁注引了两条语料,一条出自《诗经·卫风·氓》("氓之蚩蚩"),一条出自《孟子·公孙丑上》("则天下之民悦而愿为之氓矣"),段注曰:"盖自他归往之民则谓之氓。"⑤ 无论是那位抱布贸丝、二三其德的"氓",还是那些因不堪赋税之重负而远走他乡的"氓",都是没有社会地位,甚至没有固定居所的游民。我们今天常说"人民",而在古代社会,"人"与"民"其实是两个不同的等级。《说文·人部》:"人,天地之性最贵者也。"⑥ 孟子讲"民贵君轻",显然是对"君贵民贱"之社会现实的义愤和批判。现代社会常常使用的"人民","民"与"人"

---

① (清)王先谦:《荀子集解》下册,中华书局1988年版,第414页。

② 参见左民安:《细说汉字——1000个汉字的起源与演变》,九州出版社2005年版,第114页。

③ (清)段玉裁:《说文解字注》,上海古籍出版社1981年版,第627页。

④ (清)王先谦:《荀子集解》下册,中华书局1988年版,第358页。

⑤ (清)段玉裁:《说文解字注》,上海古籍出版社1981年版,第627页。

⑥ (清)段玉裁:《说文解字注》,上海古籍出版社1981年版,第365页。

不仅同义，而且"民"之中新增了"民权""民生""民主"等现代义项，"人民"于是成为一个有着鲜明意识形态特征的关键词，而"民主"也由古代的"为民作主"而新变为"民为主人"。1949 年 9 月第一届"中国人民政治协商会议"期间，黄炎培曾对民盟同仁说："人民共和国才把'民'当做'人'，须自家堂堂地还我做个人！"①"民"的地位的提高，"民"的性质的转变，是"民"这个文化关键词古今变异的确证。

文化元典关键词的现代转义性，第三种类型是古今悖反。前文所提到的"民主"语义的古今变异，其实也是一种悖反。可见，变异的极致就是悖反。我们以"鬼"为例，来看看这一类关键词如何从变异走向悖反。殷商时代，"鬼"，不仅与"神"同义，而且是地位很高的"神"。到了周代，鬼是指祖先神，《论语·为政》："子曰：'非鬼而祭之，谄也。'"孔子这里说的"鬼"指的就是已死的祖先。《楚辞·九歌》是一组用于祭祀的歌诗，其中《山鬼》祭爱笃情深的神女，《国殇》祭为国捐躯的将士，一位是"山中人兮芳杜若，饮石泉兮荫松柏"，一位是"身既死兮神以灵，魂魄毅兮为鬼雄"，或缠绵或壮烈，或柔美或阳刚，《九歌》所描写的"鬼"都是美的形象。佛教传入中国后，"鬼神"之"鬼"变为"魔鬼"之"鬼"，"鬼"的形象于是由正面而变为负面，由美而变为丑。这种悖反式变异一直延续到当下。现代社会，无神论者视"鬼"为子虚乌有，斥之为封建迷信。日常生活话语，带"鬼"的词多为贬义，诸如"鬼话""见鬼""鬼相信""鬼头鬼脑"等等。关键词的古今悖反，缘于历史文化的变迁，具有某种合理性。但也有一种并不具备合理性的误读和曲解，如"封建"。"封建"的本义是指"封蕃建国"的分封制，后人却误读为中央大一统的郡县制。冯天瑜先生的《封建考论》对此有深入的研究和精当的论述，此不赘。更有一种比"误读"更厉害的"诬读"

---

① 张量：《历史一刻》，《中国新闻周刊》2009 年第 32 期。

即"诬陷式解读",如"文革"十年对中国传统文化诸多关键词的批判。对于被"诬读"的关键词,需要正本清源,需要拨乱反正,这也是中华元典关键词研究的题中之义。

"关键词"之英文 KEY WORD 中的 KEY 有"钥匙"之义,而中华元典关键词正是开启中国文化之现代意义世界的钥匙,是贯通轴心时代与全球化时代华夏文明的密码,是让古老的中国诗性智慧在今日焕乎为盛、郁哉可从的点金棒,是历经多次风雨仍然支撑民族精神不死的文化心灵!因而,要实现中国文化的现代化,"关键词"不失为一个很好的切入点。它在那个文明炳耀的遥远时代里奏出温润和煦的无声乐曲,于代代相续的传承中会通而适变,历久而弥新。

李建中

2020 年 12 月

目　录

导　论

　　道家思想是中国传统文化的重要组成部分，深刻影响着中国人的精神气质。特别是围绕其元关键词"道"而形成的自然、无为、逍遥、忘言等核心关键词，不断被后来者阐释和发展，在中国思想文化史中发挥着重要而深远的作用。本书的主旨便是从道家元典出发，以元典关键词的研究方法，通过跨学科的视角，对这些关键词的元生义、衍生义和再生义进行全面系统地梳理与考辨，从而探究道家元典的基本精神内核，厘清隐藏在其中的时代密码和文化特征，揭示其在当代文化建设中的意义与价值。下面分别就道家元典、道家元典关键词等相关研究内容作一说明。

一、道家元典概说

　　冯天瑜先生在《中华元典精神》一书中指出，"元典"是具有深刻而广阔的原创性意蕴，又在某一文明民族的历史上长期发挥精神支柱作用的书籍。[①] 在道家文化系统中，《老子》《庄子》无疑就是冯先生所说的既具有原创性意蕴，又在中华民族的历史上长期发挥精神支柱作用的

---

　　① 参见冯天瑜：《中华元典精神·导论》，武汉大学出版社 2006 年版，第 2 页。

"元典"。一方面，道家思想起源于老子。战国时期杨朱学派、庄周学派、稷下道家，秦汉时期的黄老道家等都是在继承和发展老子思想的基础上形成的思想流派。另一方面，庄周学派是战国时期诸多道家流派中最具影响力的。《庄子》创造性地发展了老子的思想，并形成自己独特的思想体系，促进了道家学派的不断壮大。可以说，《老子》《庄子》是后世道家的思想源头，它们相互补充并不断被继承发展，成为中华文化的重要组成部分。在这里，我们首先对《老子》及《庄子》两部道家元典进行简要介绍。

（一）老子其人其书

老子其人其书相关问题之争论，起于《史记·老子韩非列传》。司马迁在这篇最早的老子传记中，为后人描绘了一个很容易引起纷争的模糊的老子形象。司马迁首先这样描述老子："老子者，楚苦县厉乡曲仁里人也，姓李氏，名耳，字聃，周守藏室之史也。孔子适周，将问礼于老聃。……""老子乃著书上下篇，言道德之意五千言，莫知其所终。"这段记述原本已非常清楚了，但司马迁接下来又补充了两条记述："或曰：老莱子亦楚人也，著书十五篇，言道家之用，与孔子同时云。""自孔子死后百二十九年，而史记周太史儋见秦献公，……或曰儋即老子，或曰非也，世莫知其然否。"正是这两条补述，引来了古往今来关于老子其人其书的无数争论。时至今日，对老子其人其书的争论，归纳起来主要有以下四种观点：第一种观点认为，老子与孔子是同时代人，但年长于孔子，《老子》一书是老聃所著，但有战国时人的增益，此派观点的代表有高亨、吕振羽、陈鼓应等人；第二种观点也认为老子与孔子同时，但主张将老子其人其书分开，认为《老子》成书于战国中期，是老聃遗说的发挥，此派观点的代表有唐兰、郭沫若等人；第三种观点认为老子是战国时期人，《老子》也成书于战国，此派观点的代表有梁启超、罗根泽、冯友兰等人；第四派观点认为《老子》成书于秦汉之间，此派观点的代表有顾颉刚、刘节等人。不过，自 1993 年湖北郭店楚墓出土竹简《老子》节抄本后，关于《老子》一书晚出说已不攻自破。竹简本《老子》是迄今所见最早版本，据考古工作者判定，郭店楚墓的下葬年代约在战国中期偏晚，而竹简《老子》的抄写年代当然还要早于墓葬年代，至于其成书年代，自然还要更早。此外，竹简本《老子》的内容只有传世本《老子》的三分之一，而大量文献表明，在战国中期之前，传世本《老子》中很多不见于竹简本《老子》的内容却已见诸其他文献。这至少可以说明竹简本《老子》仍然只是一个传本，而非原始本。因此，《老子》成书年代或许应该大大早于战国中期。从目前论争的情况来看，老子即老聃，而非老莱子或太史儋，这一点已基本成为学术界的共识。而《老子》一书乃老聃所作，也基本为学术界所接受。至于《老子》完成于何时，可以肯定的是不晚于战国中期，实际可能会更早。

《老子》版本众多。帛书本与竹简本虽然更接近老子的时代，但是，却不尽完整。正如陈鼓应先生在《老子注译及评介》一书增订重排本序中引严灵峰教授所说："如果从其内容上加以探究，帛书本老子却具备了伪字、脱文、衍误、错简之诸种缺点，明白地说：是一种从来最古的本子，但却不是最好的版子。"[1] 竹简本为节抄本，"与通行本《老子》对照，简本仅是《老子》的一部分另行组合成文"[2]，其内容亦不完整。目前的通行本虽然明显有后人窜改、润色的痕迹，但却足以代表老子的思想。因此，本书在参考历代注本的基础上，主要以今人陈鼓应先生《老

---

① 陈鼓应：《老子注译及评介·增订重排本序》（修订增补本），中华书局 1984 年版，第 10 页。

② 陈鼓应：《老子注译及评介·校后记》（修订增补本），中华书局 1984 年版，第 10 页。

子注译及评介（修订增补本）》为依据。陈先生《老子注译及评介》是以王弼通行本为底本，并参照帛书本和竹简本所进行的全面修订，可以说，他对《老子》的修订是较为全面的，因此，本书所引《老子》原文若无另外标注，皆以此为主。

（二）庄子其人其书

庄子生活在战国中期，据《史记·老庄申韩列传》记载：

> 庄子者，蒙人也，名周。周尝为蒙漆园吏，与梁惠王、齐宣王同时，其学无所不窥，然其要本归于老子之言，其著书十万余言，大抵率寓言也。作《渔父》《盗跖》《胠箧》以诋訿孔子之徒，以明老子之术。畏累虚、亢桑子之属，皆空语无事实。然善属书离辞，指事类情，用剽剥儒墨，虽当世宿学，不能自解免也。其言洸洋自恣以适己。故自王公大人不能器之。楚威王闻庄周贤，使使厚币迎之，许以为相。庄周笑谓楚使者曰："千金，重利；卿相，尊位也。子独不见郊祭之牺牛乎？养食之数岁，衣以文绣，以入太庙，当是之时，虽欲为孤豚，岂可得乎？子亟去，无污我。我宁游戏污渎之中自快，无为有国者所羁。终身不仕，以快吾志焉。

相较于老子，司马迁对庄子的生平记载就比较清晰，主要涉及任漆园吏、著书十万言、终身不仕三件事。虽然学术界对庄子的生卒时间还存在争议，但是，《史记》的记载以及散见于《庄子》中的零星记录，亦能为我们大致勾勒出庄子生活的轮廓。当代学者崔大华在《庄学研究》一书中将庄子生平总结为贫穷、清高、交友、诲徒四个方面，并指出"透过这些事迹，我们可以断定庄子是一个处于逆境中、具有高深文化和深刻精神危机的人"①。可以说，庄子的生活方式与其哲学思想是相一致的，正是在这样的生活方式下，庄子形成了他追求人格独立和精神逍遥的思想特性。

说到《庄子》其书，就不得不提及关于《庄子》篇数、分篇以及真伪问题的讨论。据《汉书·艺文志》记载，《庄子》古本应有52篇。而今本《庄子》仅有33篇。一般认为是郭象在古本《庄子》的基础上删减成为今本33篇。关于内、外、杂篇的分篇问题，有学者认为是郭象所为；有学者认为早在郭象以前就已经存在分篇，或为刘安所为，或为刘向所为；也有认为分篇成于郭象以后，是梁周宏正所为。与分篇相关的真伪问题亦是学者研究的重点。自苏轼《庄子祠堂记》怀疑《盗跖》《渔父》《让王》《说剑》诸篇"皆浅陋不入于道"以来，关于《庄子》真伪问题的讨论就一直持续至今。真伪问题的关键在于《庄子》是否为庄子本人所作。一部分学者以内、外、杂篇的划分来确定庄子作者的问题。如王夫之认为，内篇为庄子本人所作，而外篇出于庄子后学②；任继愈则持相反意见，认为内篇是后期庄学的著作，外、杂篇才是庄子所作③；周通旦则认为，内、外、杂篇皆为庄子所作，外、杂篇是庄子早年作品，而内篇释庄子晚年作品④。还有一部分学者认为，不能以内、外、杂篇作为区分，内篇未必尽是庄子所作、外杂篇也未必尽非庄子所作。此种说法以王叔岷、张恒寿等为代表。与此相关，《庄子》的成书时间也就有了不同观点，或认为内篇早出，或认为外杂篇早出，或

① 崔大华：《庄学研究——中国哲学一个观念渊源的历史考察》，人民出版社1992年版，第26页。

② 参见（清）王夫之著，王孝鱼点校：《老子衍；庄子通；庄子解》，中华书局2009年版，第150页。

③ 参见任继愈：《中国哲学发展史》，人民出版社1983年版，第384页。

④ 参见周通旦：《关于〈庄子〉外杂篇和内篇的作者问题》，《哈尔滨师范学院学报》1961年第1期。

认为各篇章节的形成时间不一等等。可以说，关于《庄子》一书相关问题的讨论是复杂的，且至今仍未能形成一致意见。本书认为尽管《庄子》的成书时间、作者、篇目划分等问题尚难以得到确证，但是这并不影响我们对《庄子》作整体性的考察。《庄子》作为庄学一派的著作总集，集中体现了先秦道家思想。因此，本书所论之《庄子》，是将其33篇作为一个整一性文本予以考察的。同时，本书写作所依据的《庄子》文本，主要采用的是清人郭庆藩编撰、王孝鱼点校的《庄子集释》，同时参照了今人陈鼓应先生的《庄子今注今译》等，所引《庄子》原文皆以此为准。

二、道家元典关键词考索

中华元典是中华民族的智慧宝库，而元典关键词正是开启宝库的钥匙。因此，本书以道家元关键词"道"以及核心关键词"自然""无为""逍遥""忘言"为切入点，从历时性的角度，以"释名章义""原始表末""敷理举统"的方法，对其发展演变的历史轨迹进行全面的考辨，以期在动态演变中把握道家元典的精神内核。

（一）"道"的考索

"道"是道家思想的核心，是道家文化元典的元关键词。可以说，道家思想基本上围绕"道"这一元关键词展开。

首先，从"道"关键词的生成来看。根据《说文》的说法，"道"最初是一个形而下的概念，指人"所行道也"。其意义包含两个方面，一是名词性的"道路"，一是动词性的"行路"。根据现存文献资料，"道"的含义从形而下向形而上的引申，最迟在《诗经》时代已然开始出现萌芽。① 根据《诗经》《尚书》的相关文本，我们能够明显看到，从西周初期到东周初期，"道"的内涵正从本义"道路"向"方法、原则、准则"等抽象意义过渡。当然，受社会发展水平的制约，"道"还没有被完全抽象化，所谓的"方法、原则、准则"等意义都还指向具体对象，系统的"道"范畴也并未形成。直至春秋以降，"道"内涵的抽象程度不断提升并开始具有哲学意味。例如在《左传》《国语》中，"道"从其本义"道路"中不断引申出更为丰富的义涵，逐渐发展为具有哲学意味的"方法""准则"和"人道""天道"等意义。而真正赋予"道"以形而上之本原论、本体论意义的是老子。据统计，"道"在通行本《老子》中共出现过 73 次②，这 73 个"道"字的内涵并非始终一致，而是多层次多角度的，既有形而下之语言学意义上的"道"③，也有形而上之哲学意义上的"道"。具体来说，《老子》对"道"关键词的建构是通过本原论、认识论和价值论三个维度来展开的。在本原论方面，"道"是世界的本原和开端，同时也是万物发生发展的根据和动力；在认识论方面，"道"是万物运作的规律，这种规律是相反相成、返本复初的；在价值论方面，"道"是指导社会生活和个体修养的行为校准。

"道"是先秦诸家频繁使用的概念之一，自春秋以降，它便经常处在各种思想系统或潮流的形上之处，作为一种始基性的共设元点而出现，被各个学派所用，渗透到各家言说的每一个缝隙中，成为各家各派之"道"。儒家对"道"的使用相对明确，即关于人世的行为规范与准

---

① 《易经》成书于商周之际，其卦爻辞中已数见"道"字，不过这些"道"字均指"道路"而言，尚未发现有引申倾向。

② 参见陈鼓应：《老子注译及评介》（修订增补本），中华书局 1984 年版，第 13 页。

③ 所谓语言学意义上的"道"，是指含义简单明确的作名词用的"道路"（如第五十三章"大道甚夷"）、"道理"（如第五十九章"生长久视之道"）和作动词用的"言说"（如第一章"道可道，非常道"）之"道"等。参见崔大华：《庄学研究》，人民出版社 1992 年版，第 118 页。

则，更近"道德"之意；墨家之"道"是"圣王之道"，是"尧舜禹汤文武之道"，适用于社会生活、宗教人伦、国家政治等各方面，由尚贤、尚同、兼爱、非攻、节用、节葬、天志、明鬼、非乐、非命"十事"组成；法家之"道"是"法道"，与政治法术结合在一起，为以法治国的政治理想提供合理性依据；兵家之"道"是"兵道"，是治军用兵之道、克敌制胜之术。

其次，从"道"关键词的多元转义来看。当老子第一次将"道"定格为形而上之本体范畴后，"道"便成为中国哲学中最基本、最具活力的哲学概念之一，被历代众多哲学思想家不断阐释发展。黄老道家"引气释道"。他们将有形质之"气"注入"道"之内涵，沟通了形上之"道"与实在之"万物"的联系；道教"神道设教"，对"道"进行宗教改造，赋予"道"以人格神的含义，于是，"道"具有一种超自然的伟力，具有了造物主的特色；魏晋玄学家"儒道兼综"，他们把"道"从生成论发展为本体论，强调"道"的宇宙本体内涵；佛教则结合"佛"与"道"，把老子之"道"转换为佛教修持证悟的目标，佛教的最高境界。

唐季以后，佛、道兴盛，儒学却相对式微。于是，理学士大夫在吸收前人思想的基础上，完成了儒学形上本体的建构，使"道"关键词也呈现出多元融合的新特点。以程颐、程颢、朱熹等为代表的理学家"以理言道"，把"道"与"理"作为他们哲学体系的最高范畴，及其逻辑体系的出发点和归宿；以陆九渊、王阳明为代表的心学家则"以心释道"，他们把道纳入心中，要求人们从内心去求道，而不是盲目向外索取，这在"道"范畴发展史上具有重要意义。

第三，从"道"关键词的现代转换来看。一方面，近代以来，"道"关键词受到西方学者的关注，他们或以西方宗教立场来阐释"道"；或以比较哲学立场来发展"道"；或以海外汉学立场来理解"道"，使传统"道"关键词呈现丰富的意义内涵。另一方面，随着西学的大量涌入，越来越多的学者开始运用西方哲学的方法研究中国哲学，以西释中，使"道"关键词也发生了新的变化。可以说，"以西释中"的方法是近代中国哲学在西方文化冲击下的自觉，具有创造性和突破性的意义。当然，这种方法也有明显的局限，以之轨范老子之"道"则不可避免地带有西方哲学的"成见"，而不能完全凸现中国哲学的特质。因此，现代中国哲学界对老子思想以及老子之"道"的阐释并未止步，而是呈现出多样的趋势。

（二）"自然"的考索

"自然"是道家元典核心关键词之一，是"道家哲学的中心价值"[①]。

首先，就"自然"的元生义来说。在早期文献中，"自"与"然"二字分列出现是比较常见的。"自"在甲古文中作"㿟"，本是鼻子的象形，义谓人指鼻子以自指。正是在这个意义上，"自"又有"自己"的意思。"然"原是"燃"的本字，《说文》谓"然，烧也。从火"，本义为"燃烧"。至于"自""然"二字合为"自然"一词，据现存文献看，最早出现于《老子》之中，在先秦典籍中这一词已比较常见，大都表示"自然而然"之意。需要注意的是，在中国古代，"自然"一词的意义，始终只停留于作为状词的"自然而然""无外力强迫"之义，而没有出现名词性的"自然界"之义。中国古代并非没有对"自然界"的称谓，只是不被称为"自然"，而称为"天"，或"天地"而已。"自然"的名词性内涵是到了近代以后才开始出现的。[②]

"自然"是老子哲学中的重要概念。老子认为任何事物都应该顺任它自身的情状去发展，不必参与外界的意志去制约它。事物本身就具有

[①]　刘笑敢：《老子之自然与无为概念新诠》，《中国社会科学》1996年第6期。

[②]　参见罗安宪：《虚静与逍遥——道家心性论研究》，人民出版社2005年版，第57页。

潜在性和可能性，不必由外附加。因而老子提出"自然"这一观念，来说明不加一毫勉强作为的成分而任其自由伸展的状态。具体来说，《老子》之"自然"的哲学内涵建构主要是从道之自然、政之自然、人之自然三个层面进行的。"道之自然"是就"自然"的本体层内涵来说的。既是说"道"要遵循"自然"的原则，也是说天、地、人也都要遵循"自然"的原则；"政之自然"是就"自然"的政治层内涵来说的。要求统治者要施行清静无为的政治，以不扰民为原则；"人之自然"则是就"自然"的人生层内涵来说的。要求人要"法自然"，要"为无为，事无事"。总的说来，"自然"对老子来说是一种可资取法的对象，借自然而治人治世，落脚处是社会；而对庄子来说，则有所区别。庄子的取法自然，是要回到人的生命层次上，落脚点是生命与精神。庄子对"自然"的发展集中表现为"法天贵真"。在庄子这里，"自然"既是行为上的顺物自然、寂寞无为，也是精神上的逍遥自由、虚静恬淡。

其次，就"自然"的衍生义来说。中古时期，"自然"关键词完成了从本质化到审美化的转换，并成为传统文艺理论的重要美学概念。黄老道家对"自然"关键词的发展是与他们的治国理想相结合的。以《淮南子》为例。一方面，《淮南子》继承老庄的"自然"思想，明确提出"自然无为"绝不是"无所事事"，而是因循自然而为；另一方面，又创造性地把道家的自然观与儒家的礼乐论作为调和，指出儒家礼乐制度是因民之天性而建立起来的，所以也是顺乎自然的。魏晋玄学家则从名教与自然的角度发展老庄之"自然"。王弼将儒家礼制纳入"自然"之中，会通儒道，调和自然与名教之间的矛盾；郭象则以"独化"释"自然"，扭转了玄学中"名教"与"自然"的对立，将"自然无为"说成是万物各因其性自为自长。可以说，从黄老道家到魏晋玄学家，对"自然"的发展都是以儒道结合为基础，把道家本体论的"自然"发展成为对人的本质化的阐释。另一方面，中古"自然"关键词的发展还表现在文艺领域。自魏晋以来，"自然"所体现出的浑融之美、灵动之美以及朴素之美深刻地影响着时人的审美理想。他们在创作技艺、创作方法、艺术构思等各方面实践着"自然美"，使"自然"关键词得以转换成为重要的审美范畴，对中国文艺创作及观念产生了深远影响。

第三，就"自然"的再生义来说。近代以来，随着西学的不断引入，"自然"内涵发生了根本性的改变，成为与"nature"对等的、表示客观物质的概念。这种变化固然与中国文化自身的发展有关①，然而，更大程度上是受到西方思想体系的影响。可以说，当以"自然"翻译"nature"成为惯例的时候，中国传统的"自然"观念也随之发生了改变。以严复和胡适为例。严复将"自然"与天演进化论结合起来，使自然获得了新的内涵。一方面，"自然"是内在于人的本性，人只能顺任自然、安时处顺；另一方面，人类又可以通过物理科学了解自然规则，进而征服自然、改造自然。与严复相比，胡适对"自然"两种意义的使用则更为明显，一是在中国传统的自然主义语境下，以"自然"为"自己如此"之义；一是在现代科学语境下，以"自然"为客观的物质对象。可以说，从严复到胡适，"自然"关键词完成了其近代意义的转换，逐渐背离传统的"天人一"的内涵，成为近代西方与人相对立的名词性的"自然界"（nature）。这种自然观念虽然在一定程度上促进了科技的发展和经济的增长，但是，也产生了相应的负面效应，使得"自然"与人完全对立起来，因此，越来越多的当代学者开始回溯"自然"本义，挖掘"自然"关键词的元典内蕴及当代价值。

---

① 如当代学者萧无陂指出的："老庄之'自然'正因为有'根源性自然'（原初本性）的内涵，因而逐渐被用来形容事物自身的性状，而这一描述行为通常就是在一个主客体对立的场景中发生的，这样，'自然'一词便产生了对象化使用的倾向。"（萧无陂：《自然的观念》，湖南人民出版社2010年版，第250页）

（三）"无为"的考索

"无为"是道家元典核心关键词之一，是老庄及道家哲学的重要概念。但是，却常常因其字面意义而被误解为绝对的不作为、不行动的意思，也因此，老庄哲学一度被视为消极的人生哲学。事实上，"无为"并不是简单的无所作为或不做行动，而是与道家之"道"及"自然"紧密相关的哲学概念。

首先，从"无为"的元生义出发，"无为"作为一个整体的哲学范畴由"无"和"为"两个意义概念构成。在现代汉语中，"无"与"有"相对，表示没有的意思。但是，"无"本义却不仅仅如此。"无"在甲骨文中是"舞"的本字，意谓人两手持物而舞蹈。《说文·亡部》中，"无"为"亡"；《说文·林部》中"无"字作"丰"解，意谓木之多也。可见，古语中"无"字的意义并不单一。若以现代汉语"没有"之义轨范古语之"无"，恐怕会曲解了古人的意义。"为"在甲骨文中作"𤔲"，意谓人以手牵象以助役之意，可以引申为"人为造作"的意思。从现存文献看，"无为"一词在《诗经》《国语》《左传》等典籍中就已经频繁使用，基本表示对具体行为、动作的否定，偏向为日常生活语言，并未上升到哲学范畴。直到老子，才完成了对"无为"的哲学建构。在这个意义上，老子确可称作"无为"理论的创始人。①

老子对"无为"关键词的构建主要是针对道、统治者和圣人三种不同行为主体展开的。就本体层面来说，"无为"是"道"之"无为"。虽然"道"既生成宇宙万物，又是万物存在、发展的总根据。但是，"道"的行为是似有实无的，它并不直接控制、干涉万物，只是顺物自然而

---

① 原文内容为"老子被认为是无为理论的创始者，因为《老子》第一次使用了无为的概念"。（参见刘笑敢著，陈静译：《"无为"思想的发展——从〈老子〉到〈淮南子〉》，《中华文化论坛》1996 年第 2 期）

已；就政治实践层面来说，"无为"是统治者之"无为"。在老子的时代，战乱纷纷、民不聊生，统治者对财富的欲望和对享乐的追逐，都成为加诸百姓身上的重担。因此，他极力号召统治者既不可妄自作为又必须有智慧地为；就人生实践层面来说，"无为"是圣人之"无为"。"无为"从实践准则向形而上价值观念的回归是一种超越的精神境界，这种境界非圣人不能实现。当然，老子之"无为"在价值层面的超越还只是一种趋向，直到庄子才真正完成了"无为"关键词在精神境界上的建构。与老子不同，《庄子》中的"无为"是要求人的生命过程尽可能退到自然物的程度上，"绝圣弃智"，以超世、遁世与顺世实现无所羁绊的"游世"。超世即是"对人间世务的鄙弃和世俗道德的否定"；遁世乃是由于精神上对自由超越的追求而产生的自信，导致"对世俗生活的冷漠"[①]；而顺世的思想，是因为人毕竟难以找到一个"无何有之乡"（《应帝王》）而成就一种"真人"理想，那么他便只有在现实中与世周旋、虚与委蛇。庄子所论的"无为"是一种彻底的无为思想，其理想是将人的社会属性尽可能地剔除，把人放进一个纯自然的境地。

其次，中古是"无为"关键词不断产生新意的时期，使得"无为"以坐标方式呈现。自老庄以后，"无为"逐渐向社会化发展，以"无为而治"被后世广泛接受。黄老道家在综合道儒法等思想基础上，从政治层面对"无为"进行了新的创造。以《淮南子》为例。《淮南子》中《原道训》《诠言训》《修务训》三篇都对"无为"概念进行了明确的阐释，将"无为"发展为不为先、不为私、不违势等，使得老庄之"无为"真正成为统治者治理国家的政治策略，对后来"无为"关键词的发展产生了深远的影响。魏晋时期，玄学家围绕"名教"与"自然"，对"有为"与"无为"也进行了深入的讨论。在儒道融合的基础上，他们虽然主张

① 崔大华：《庄学研究》，人民出版社1992年版，第185—186页。

"自然无为"，却并不偏废名教礼治，于是，"无为"关键词也呈现出新的面貌，与"有为"从对立逐渐走向调和。以王弼和郭象为例。王弼借助"无"与"有"的本末、体用关系调和"无为"与"有为"，并指出"无为"与"有为"是不可分割的体用关系，就好像"象"与"音"，若是没有具体的四象和五音，那么，大象、大音的作用也无法体现。但是王弼并没有彻底解决"无为"和"有为"的矛盾问题。直到郭象提出"名教即自然"，才真正完成了"无为"与"有为"的融合。郭象指出，"无为"和"有为"并非两个彼此对立的观念，满足一定条件的"有为"就是"无为"。具体来说，率性而动即为真为，真为即为无为。于是，率性而动也就成为"无为"。可以说，郭象通过对"无为"概念的重新定义，统一了"无为"和"有为"，使其合二为一，完成了魏晋玄学的历史使命。

第三，近现代以来，"无为"关键词从被否定到再生，成为当代中国不可忽视的文化精神之一。乾嘉之后，西学涌入，社会危机加深，传统儒家思想的枷锁逐渐松弛，在经世致用思想的指导下，传统士大夫、学者试图将西方思想和传统文化结合起来为中国社会寻找出路。魏源、曾国藩等传统士大夫在近代中国"经世致用"思潮的影响下，对传统道家"无为"思想进行改造，他们着力挖掘"无为"思想的经世价值，使传统道家思想呈现出独特的时代特色。五四新文化运动以后，在"德先生"和"赛先生"的深情呼唤下，改革旧传统和创建新社会的呼声日益高涨，"无为"作为道家传统关键词受到了强烈质疑。一部分知识分子有感于国家的贫困和落后，大力主张"有为"，呼吁政府机关及国民个人都要积极投身建设，以"迎头赶上世界各先进国家"①。当然，也有一批知识分子有感于现实，主张"无为的政治"，号召政府以消极救济的

① 胡适：《迎头赶上世界先进国家》，载欧阳哲生编：《胡适文集》（12），北京大学出版社1998年版，第664页。

方法解除人民苦痛，减轻人民负担。总的说来，此时关于"无为"的阐释具有鲜明的时代特点，其历史贡献不在于哲学层面的分析，通过此次辩论，充分讨论了"无为"在政治实践、政治制度以及文化建设等方面的作用，这无疑是具有积极意义的。

（四）"逍遥"的考索

"逍遥"是道家元典核心关键词之一，是道家思想体系中的重要观念。自庄子以后，历代道家不断对其进行阐释和解读，使得"逍遥"成为中国思想史中的一个重要概念，甚至成为"某种自由的代名词"①，深刻影响着中国人的精神世界。

首先，就"逍遥"的本义来说。"逍遥"二字不见于《说文》，徐铉《说文》新附有："逍，逍遥，犹翱翔也。从辵，肖声。臣铉等案诗时只用消摇，此二字，字林所加。相邀切"；"遥，逍遥也，又远也。从辵，䍃声。余招切。"可见，"逍遥"的本义应与行走、行动相关。正如《汉字源流字典》中所指出的，"逍"字用作联绵词"逍遥"，本义为缓步行走的样子。②从现存文献看，"逍遥"一词最早出现于《诗经》中，表示形体徘徊之义并引申为游戏、游乐，其心情指向不一定是悠闲自在的，但也并不排斥悠闲自在的情绪。

《老子》一书中没有出现"逍遥"二字。但是，老子以"道"为最高本体，将人的精神境界提升到"道"的层面，无疑为"逍遥"关键词的哲学建构提供了重要基础。可以说，在老子这里，"逍遥"表现为对世俗"锁闭的情境"的超越，是"同于道"的精神状态，而"致虚守静"则是实现老子"逍遥"的重要途径。正是这种精神无所掣肘的虚静状态，

---

① 刘笑敢：《庄子哲学及其演变》，中国人民大学出版社 2010 年版，第 349 页。

② 参见谷衍奎编：《汉字源流字典》，语文出版社 2008 年版，第 1037 页。

凝聚含藏了无穷的创生力，超越了日常生活"伎巧"，使精神在开放旷达的境界中实现"逍遥自适"。可以说，老子的"致虚守静"为"逍遥"奠定了基础，而直到《庄子》才真正完成了"逍遥"关键词的建构。"逍遥"作为庄子哲学的核心范畴之一，是庄子精神世界的主要特色和最高理想。具体来说：首先，"逍遥"是具有超越意义的概念，是庄子对理想人生境界的追求；其次，"逍遥"是面向现实生活，并进一步开拓出用以安放心灵的精神空间；第三，"心斋"和"坐忘"是实现"逍遥"的重要途径。

其次，自庄子以来，"逍遥"关键词便成为道家思想的典型代表，历来受到广泛关注和不断阐释。特别是魏晋时期，"逍遥"关键词经玄学家和修道士以及诗画家的发展，衍生出更为丰富的义涵。玄学家对"逍遥"的阐释以郭象、僧人支遁为代表。郭象通过《庄子注》，以注释的形式建构起一个全新的不同于老庄的哲学体系，把庄子超越现实的"精神逍遥"变为安于性分的"适性逍遥"。支遁的"逍遥"更为超越，他运用佛教即色空义来释庄子之"逍遥"，使"逍遥"从普通大众唾手可得的寻常状态提升为至人自由无待的精神境界。葛洪是晋代著名的道教思想家，他主张儒道融合、道本儒末，并在此基础上，以修道者的独特的宗教体验，使逍遥理想从虚幻缥缈的神仙世界转为现实可感的精神家园。同时，在文学艺术领域，"逍遥"关键词亦完成了其多元演化。在文艺理论中，围绕"逍遥"形成了"神与物游""思与境偕"等形成了一系列文学及美学理论；在文学创作中，"逍遥"亦被形象化为大鹏等独特的意象，成为后来文人生命理想的生动呈现。可以说，正是在后代文人、思想家的不断发展中，"逍遥"关键词的内涵也不断丰富，而成为道家思想中极具生命力的概念。

第三，"逍遥"关键的当代转义与"自由"是密不可分的。当代学术界多以"自由"来诠释道家"逍遥"思想。事实上，在传统中国，"自由"是一个含有多重意义的词汇，常常用来表示与规则制度相对抗的放肆、放纵之义，因此，传统中文"自由"多被主流社会所忌讳，是消极、否定的概念。近代以来，随着西学东渐的影响，西方现代国家的系列观念传入中国，传统"自由"的原义逐渐被遗忘，而成为与"平等""民主"等相对的现代话语。另一方面，伴随社会制度的完善和现代化进程的加快，人们开始意识到"自由"不仅是与现代国家相关的政治话语，更是关涉理性精神的价值超越，因此，越来越多学者回溯到庄子"逍遥"，并以"自由"释"逍遥"。可以说，伴随着"自由"思想的现代转换，"逍遥"关键词也完成了其现代转型，成为肯定性的精神价值，受到国人的关注和重视。

（五）"忘言"的考索

首先，关于"忘言"关键词的渊源考察。"忘言"涉及的是言与意的关系问题，在先秦首先表现为"言不尽意"，而"言不尽意"源于中国古代的"名实之辩"。春秋战国时期，正处于社会激烈变革的时期，旧的礼治规范已经不再适用，新的社会制度还未建构起来，于是，新名与旧实、新实与旧名之间出现分离。孔子强调名实之间的对应关系，极力主张"正名"，并试图通过"正名"整顿社会秩序，回归传统的礼乐文明。墨子认为"名"是要根据实际内容来判断的，并没有一成不变的"名"。荀子则在综合孔墨思想的基础上，提出"制名以指实"。事实上，先秦名实之辩已经包含着对言意关系的思考。然而，需要注意的是，"名实之辩"强调的是"可及于实物"的认知领域，而"言意之辩"则跳脱于"可及于实物"之域。可以说，在"不可及于实物"的情感、评价领域，"言意之辩"的实质不在探讨语言概念与指称对象的对应关系问题，而在探讨语言形式与表达主体和合与否，探讨语言能否充分传达言者的主观情感和意向。正是在此基础上，老庄道家提出"言不尽意"

的问题。在老庄道家这里，"意"与"言"是息息相关的，"言不尽意"源于"道不可言"。在老庄看来，作为宇宙天地之始的"道"，是不能被日常语言所解析的超名言之域。日常语言具有主观性、片面性、有限性等局限，无法准确把握恒一、大全、无限的"道"，它的运用结果只会远离"道"和遮蔽"道"。于是，老庄哲学在"言"与"道"的问题上，首先便设置了一个潜在的逻辑前提："道"非语言言说的对象。面对"道不可言"而言又"不得不言"的悖论，老庄亦有其独特的解决方式。老子采取"希言自然""正言若反"等独特的言道方式，以解决言道之间的矛盾。庄子则以"卮言曼衍"和"得意忘言"为基础，在道言悖论的基础上对传统的言意论辩方式进行了改造与扬弃，形成了自己独特的诗性语言体系。

其次，关于"忘言"关键词的多元转变。言意关系是魏晋玄学家思考的重点之一。他们在吸收先秦思想的基础上，围绕"言能否尽意"的主题先后形成了"言尽意"论、"言不尽意"论和"得意忘言"论三派观点。其中，王弼继承了易老庄的主要思想，并将三家理论糅合在一起，以"得象忘言""得意忘象"等发展了"言不尽意"论，成为魏晋时期"得意忘言"论的代表理论。王弼不执着于名言，把语言和思想的关系看成是一种动态的充满矛盾的活动过程，而且认为作为最高本体的"道"即"无"，是不能用语言、概念表达的，因此，王弼强调通过"言"而超越"言"是得"象"的必要条件，通过"象"而超越"象"是得"意"的必要条件。如果不忘言、忘象，仅仅停留在"存言""存象"的表层，那么将不能获得真正的"意"。受到魏晋玄学言意之辨的影响和启发，禅宗融合老庄思想和佛教教义，要求人们破除对语言文字的执着，形成"不立文字"的语言观，强调以心印心、明心见性。以《坛经》为例。《坛经》虽然没有明确使用"不立文字"一语，但是其"不立文字"的观念却是贯穿全篇的。一方面，所谓"不立文字"，并非说文字本身或是文字背后的意义不重要，而是指对佛法的研究，不能执着于文字。另一方面，"不立文字"要求人们能够超越成见，直契内心真如。同时，"不立文字"还要求人们要超越语言文字的局限，重视宗教实践和宗教体验。

第三，就"忘言"关键词的现代转义来说。在现代文化体系中，"忘言"的典型表现之一就是在西学背景下，对中国传统直觉体认式思维方式的现代阐释。以冯友兰、汤用彤为例。冯友兰先生对中国哲学的现代转化具有重要贡献，他以"接着讲"为核心思路，赋予传统思想以时代意义，使传统哲学观念成为具有逻辑理性的现代概念。正是在此基础上，"忘言"关键词也呈现出不同于传统的时代特性。首先，就形上学的方法来说，"忘言"表现为形上学的"负底方法"。其次，作为一种意义言说方式，"忘言"还是诗的言说，即通过具体可感的意象表显出超越语言之外的意蕴。第三，"忘言"作为一个形上学的哲学概念，在新理学中表现为对人的精神境界的关注。与冯友兰先生不同，汤用彤先生对"言意之辨"的研究是以之为中心建立起阐释魏晋玄学的系统。他指出，"言意之辨"是魏晋玄学家治学的新方法，特别是"得意忘言"之说，对魏晋名士解经治学、生活行事等方面均产生重要影响。同时，汤用彤先生不仅在理论层面关注言意问题，更是在方法论意义上亲身实践着"忘言"。他将"忘言"发展为"同情之默应"的研究方法，强调学术研究要借助文字考证实现思想解悟，超越言说对象实现心灵相通。在西学大量涌入的时代，汤用彤对"同情默应"学术研究方法的呼吁与实践，对中国现代学术的发展以及传统文化的传承产生了重要的作用。

三、道家元典关键词研究综述

当前学术界对关键词的研究主要集中在文化研究以及文学理论研究两方面，针对元典关键词的研究成果还不多见。但是，元典关键词研究并不孤立，事实上，近代以来的概念范畴研究、观念史研究等，都可以看作是广义的元典关键词研究。具体来说，当代学者对道家元典关键词的研究，主要有以下几种研究范式：

一是历史语义研究。这类研究是线状研究，以关键词语义的历史演变为研究对象。以张岱年、张立文、葛荣晋等先生为代表。张岱年先生在《中国古典哲学概念范畴要论》一书中，把中国古典哲学的概念范畴分为自然哲学的概念范畴、人生哲学的概念范畴和知识论的概念范畴三大类，并在此基础上对相关哲学概念范畴的提出、演变、分化、会综的历史过程进行梳理和总结。葛荣晋先生《中国哲学范畴通论》，围绕"究天人之际"的中心问题，选取了中国哲学中最基本的二十八对（个）哲学范畴为研究对象，以它们的演变过程勾勒传统哲学对"天""人"及其关系的认识历程。张立文先生主编的《中国哲学范畴精粹丛书》，以"道""气""理""心"等范畴为专题，采用系统分析的方法，对相关范畴的形成、演变、发展的脉络和规律进行梳理和总结。上述几位学者的研究是以中国传统哲学为整体进行研究的，并没有单独以道家关键词为线索进行专题研究。近年来，一批以道家元典关键词为研究对象的研究成果也逐渐形成。比如叶蓓卿的《庄子逍遥义演变研究》。该书以逍遥意义的演变为线索，较为系统全面地梳理了从魏晋时期到明清的逍遥义。

二是经典原义研究。这一类研究是点状研究，是对《老子》《庄子》元典本义的分析和考证。例如刘笑敢先生所著的《庄子哲学及其演变》。该书中编部分以《庄子》的"道""天与命""德与气"等概念范畴为切入点，通过对它们多层含义的分析和总结，客观地展现《庄子》的哲学体系。可以说，刘笑敢先生的研究既有扎实的考据基础又有深刻的理论阐释，是当代《庄子》研究的重要成果之一。同时，此类研究还呈现出从"原"向"元"的转向，表现为对道家元典本义的还元和当代阐释。

以萧无陂、林光华为例。萧无陂在《自然的观念》中，以"自然"观念为研究重点，通过哲学语义学和观念史的研究方法，分别对"自然"的语词结构、历史生成以及《老子》《庄子》文本中的自然观念进行考察。作者在引言中强调，希望以此突破概念范畴研究方式，"尝试直接从这些语词所包含的意蕴出发，探析其内在的真实意蕴（meaning），然后将这些意蕴贯穿起来，形成比较完整的观念"①。林光华在《〈老子〉之道及其当代诠释》中，围绕《老子》之"道"，选取了古代及当代的典型阐释进行对比研究，并对《老子》之道作出当代诠释。在研究方法上，她提出"诠释的还元"，"'诠释的还元'不是回到历史上的原意，而是通过'理解'还'元典'以原始生命力"②。可以说，萧无陂、林光华等学者的研究是具有原创意义的。他们所提出的"真实意蕴""诠释的还元"等说法，实质上是对道家元典的回归，是对道家经典元义的当代诠释。

三是综合影响研究。这一类研究是发散性的研究，以元典关键词为中心，全面研究其对相关文化领域的影响及作用。这类研究主要有两种趋势，一是围绕特定的学科领域进行的研究。比如李春青在《道家美学与魏晋文化》一书中，以"老子美学关键词"为题分析"道""自然""朴"等关键词在《老子》文本中的哲学和美学义涵；另一种是多学科的综合研究。比如李生龙的《无为论》一书。该书采取横向分类的论述方法，系统分析"无为"在天道观、认识论、政治观、道德情欲观、人生观、养生论、文艺观七个方面的不同含义。

除此以外，还有辞典释义研究。如张岱年先生主编的《中国哲学大辞典》，就有专门的章节对道家哲学的相关范畴进行概念界定。

可以说，上述研究范式各有侧重也各有利弊。历史语义研究侧重于

---

① 萧无陂：《自然的观念》，湖南人民出版社 2010 年版，第 37 页。

② 林光华：《〈老子〉之道及其当代诠释》，中国人民大学出版社 2015 年版，第268 页。

意义变迁的历史梳理，但是却容易成为断章取义的意义展现，而忽略了关键词的生命延续性；经典原义研究侧重于原典意义的阐释，但是却容易成为固定程式的静态阐释，而忽略了关键词的动态生长性；综合影响研究侧重于文化影响阐释，但是却容易成为零落分散的意义排比，而忽略了关键词建构的针对性；辞典释义研究侧重于清晰直接的意义界定，但是却容易成为知识普及式的固化解读，而忽略了关键词内涵的丰富性。有鉴于此，我们提出以"元典关键词"为切入点的研究方法。元典关键词研究是以元典为文本依据，以关键词为切入点，以历代注疏、诗文书画等非元典文本为辅助，对关键词的意义创生、语义变迁、现代转换等问题的研究。我们希冀能够借"元典关键词"的研究将关键词的生命历程作更为生动的还原，从而对传统文化精髓的现代传承提供思想启迪。

第一章　原"道"

　　"道"是道家思想的核心，是道家元典中的元关键词。可以说，道家思想体系基本上是围绕"道"这一关键词展开的。同时，"道"是中国文化的最高观念和象征符号，对中国传统文化产生了极其深远的影响，金岳霖先生曾将其喻为中国思想"最基本的原动力"①。因此，认识道家，自然要由"道"开始。

第一节　"道可道，非常道"："道"之生成与传衍

一、"道"关键词之渊源及形成

　　根据《说文》的说法，"道"最初是一个形而下的概念，指人"所行道也"。而其发展为规则、准则、本原等有关形而上的概念并非一蹴而就，而是一个漫长的历史过程，有着悠远的文化渊源。

　　从现有文献来看，"道"字最早见于西周早期的金文《貉子卣》。在《貉子卣》中，"道"字被写作"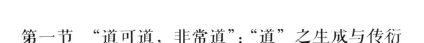"，从造字结构看，是"（行）中

---

　　①　金岳霖：《论道》，商务印书馆 1987 年版，第 16 页。

间夹着一个"🖋"（首）字，从首从行。"首"，许慎《说文》云，"首，百也"，"百，头也"，其本义指人之头；而"头"为人一身之要，故此处是以"首"代人，后来的古籀"道"字便写为"𧗟"，改"首"为"人"了。"行"，在甲骨文中写作"𣥠"，罗振玉《殷墟书契考释》指出："𣥠象四达之衢，人之所行也。"《尔雅·释宫》云，"行，道也"，故"行"的本义是指道路。"道"从首从行，是取人行于路途之象，本义就指道路。故《说文》云："道，所行道也。从辵从𩠐，一达谓之道。"即指按照一定方向到达者便是道路。而正由于"道"字取人行于路途之象，作为"道路"的名词性的"道"，也具有了动词性的"行道"的内涵。段玉裁在对《说文》中"道，所行道也"条作注时云："道者人所行，故亦谓之行。"《释名·释道》亦曰："道，蹈也；路，露也。言人所践蹈而露见也。"指出了"道"本义中的动词性内涵。因此，"道"字的最初义包含两个方面，一是名词性的"道路"，一是动词性的"行路"。

通过对"道"字源意义的梳理，我们可以看到隐含在其内部的可向形而上引申的因素。如，作为动词性的"行路"，"道"本身带有指向性，指示着到达目的的方向和路径，潜含着被引申为"规律""准则"的可能性；同样，作为名词性的"道路"，"道"连接着起点和终点，是人们到达目的地必须要经历的过程，又隐含着被引申为"本原"、事物运动变化的可能性。

"道"的含义从形而下向形而上的引申，是人类社会实践不断发展的结果。根据现存文献资料，这一倾向最迟在《诗经》时代已然开始出现萌芽。[①] 作为现存中国最古老的诗歌总集，《诗经》收集了西周初年至春秋中叶（前 11 世纪至前 6 世纪）大约 500 年间的诗歌作品。由于

---

① 《易经》成书于商周之际，其卦爻辞中已数见"道"字，不过这些"道"字均指"道路"而言，尚未发现有引申倾向。

目前文献缺失，我们很难清晰地勾勒出"道"内涵的发展脉络，但是从现有的材料，我们还是可以看出其内涵从具象到抽象发展的倾向。从现存版本看，《诗经》中大部分"道"字仍然没有离开本义，如：

　　瞻彼日月，悠悠我思。道之云远，曷云能来。（《邶风·雄雉》）
　　所谓伊人，在水一方。溯洄从之，道阻且长。（《秦风·蒹葭》）
　　杨园之道，猗于亩丘。寺人孟子，作为此诗。（《小雅·巷伯》）
　　周道如砥，其直如矢。君子所履，小人所视。（《小雅·大东》）

　　上述例子中的"道"字都是"道路"的意思，这是"道"字在《诗经》中较为常见的义项。但是，我们可以看到，"道"内涵在《诗经》中已经开始呈现出引申的萌芽和倾向。如"道"从"道路"向"方法"的过渡：

　　发言盈庭，谁敢执其咎？如匪行迈谋，是用不得于道。（《小雅·小旻》）

　　这句话的意思是：虽然议论发言的人很多，谁又敢真正指出弊病呢？就好像向行路人问询，很难得到正确的路。从表面上看，"道"在这里仍然是道路的意思，我们却不能忽视其背后的比喻意义。在这里，"道"被借喻为"方法"，"是用不得于道"即"得不到正确的方法"。显然，"道"已经呈现出从基本义"道路"向引申义"方法"过渡的倾向了。而在《大雅·生民》中，这种借喻式的过渡正式完成，"道"的引申义完全脱离本义而独立存在：

> 诞后稷之穑，有相之道。茀厥丰草，种之黄茂。(《大雅·生民》)

这首诗中，"道"已经完全脱离了本义"道路"，而是指达到目的所运用的方法、办法。"道"从具体的名词性概念"道路"，向抽象的名词性概念"方法"的过渡，是其向形而上哲学范畴引申迈出的关键一步。此外，《诗经》对"道"的引申还有其他的表现，如：

> 中冓之言，不可道也。所可道也，言之丑也。(《鄘风·墙有茨》)

这句话中，"道"也已不再是"道路"的意思，而是指"言说"了。"道"的"言说"意义的出现，是其动词性内涵被进一步引申的结果。

除了《诗经》外，在同样记载了西周时期文献的《尚书》之《周书》中，"道"的引申义也已出现。如：

> 无偏无陂，遵王之义；无有作好，遵王之道。(《周书·洪范》)

这首诗中，"道"作为与"义"相对应的概念，显然不能仅仅作为具体的名词性概念"道路"来理解。事实上，这里的"道"还有"原则""法度"等意义。所谓"遵王之道"，即要遵循周王规定的原则、法度等。

> 乃有大罪，非终，乃维眚灾，适尔，既道极厥辜，时乃不

可杀。(《周书·康诰》)

这句话的大意是，一个人虽然犯了大罪，但他并不是一贯如此，只是由于偶然的过失造成灾害，这样的人可以按照法律给予适当的惩罚，而不必杀之。正如清人焦循在《尚书补疏》中，以"听讼之理"解释"道"①。"道"完全没有了"道路"的本义，而是引申为法律、准则，即审判的道理和判罚的规则。

《诗经》《尚书》历来都是研究中国古代思想文化的重要典籍。通过文本细读，我们能够明显看到，从西周初期到东周初期，"道"的内涵正从本义"道路"向"方法、原则、准则"等抽象意义过渡。当然，受社会发展水平的制约，"道"还没有被完全抽象化，所谓的"方法、原则、准则"等意义都还指向具体对象，系统的"道"范畴也并未形成。而随着人类认知水平的不断提高，直至春秋以降，"道"内涵的抽象程度不断提升并开始具有哲学意味。

《左传》《国语》是两部重要的古史书，记载了我国春秋时期政治、军事、外交等基本情况。在这两部文献中，"道"的用法更为丰富，在"道路、方法、准则"的基础上，出现了"人道""天道"等更为抽象化和哲学化的内涵。

首先，我们看《左传》《国语》中关于"人道"的阐述：

> 非我生乱，立者从之，先人之道也。(《左传·昭公二十七年》)
>
> 天灾流行，国家代有，救灾恤邻，道也。(《左传·僖公十三年》)

---

① 顾颉刚，刘起釪：《尚书校释译论》，中华书局 2005 年版，第 1321 页。

思乐而喜，思难而惧，人之道也。(《国语·晋语》)

报生以死，报赐以力，人之道也。(《国语·晋语》)

上述例子中，不论是"先人之道"还是"人之道"，"道"都已经完全脱离了"道路"的本义，指向人类社会生活的规范准则，带有人伦法则的意思。可以说，"人之道"体现在社会生活各种人伦关系之上，因此，我们可以看到《左传》《国语》中对具体"人道"的大量阐述。如：

敌惠敌怨，不在后嗣，忠之道也。(《左传·文公六年》)

毋绝其爱，亲之道也。(《左传·文公十五年》)

敬王命，顺之道也；成礼义，德之则也。(《国语·周语上》)

夫正，德之道也。(《国语·周语下》)

上述"忠之道""亲之道""顺之道""德之道"，都是"人之道"在社会人伦法则中的具体体现。同时，"人之道"不仅是调节人与人之间关系的人伦法则，而且是维护国家正常秩序的重要准则。自西周礼制社会建立以来，"道"越来越多指向国家秩序。在《左传》《国语》中常常看到诸如"存亡之道"(《左传·昭公十三年》)、"君无道"(《左传·文公十六年》)、"不可以废道于天下"(《国语·晋语三》)、"杀无道而立有道"(《国语·晋语三》)等等。在这些例子中，"道"的引申义虽然还是"规则""法则"，但与《诗经》《尚书》中的"规则"之"道"比，其抽象程度显然已更高，已更具有哲学意味了。

其次，我们再来看《左传》《国语》中关于"天道"的阐述：

盈而荡，天之道也。(《左传·庄公四年》)

盈必毁，天之道也。(《左传·哀公十一年》)

天道盈而不益，盛而不骄。(《国语·越语下》)

天道皇皇，日月以为常。(《国语·越语下》)

"天道"是万物运行的自然规律，"人"取法于"天"以规划社会生活。春秋时期，"天之道"从自然现象延伸到人类社会，为"人之道"的合理性提供终极依据。同时，"人之道"必须遵循和符合"天之道"。在《左传》《国语》中，有大量通过"天之道"阐明"人之道"，将"人道"统一于"天道"的论述。如：

礼以顺天，天之道也。(《左传·文公十五年》)

忠信笃敬，上下同之，天之道也。(《左传·襄公二十二年》)

叔孙氏惧祸之滥，而自同于季氏，天之道也。(《左传·昭公二十七年》)

天道无亲，惟德是授。(《国语·晋语六》)

蚤晏无失，必顺天道。(《国语·越语下》)

在上述例子中，"天道"之"道"的内涵不仅仅指万物运行的规律，而且隐含着世界存在依据的意义。"道"在此时已经成为一个具有浓厚哲学意味的概念了。

从上文论述中，我们可以看到，"道"内涵不断从具象向抽象过渡。由西周到春秋，从《尚书》《诗经》到《左传》《国语》，"道"从其本义"道路"中不断引申出更为丰富的义涵，逐渐发展为具有哲学意味的"方法""准则"和"人道""天道"等意义。而这一切，为老子最终将"道"提升到哲学本体高度做好了铺垫。虽然在老子之前，"道"已经具有"法则""规律"等哲学性内涵，但它们基本还是限制在"天""人"等具体对象之中，并未抽象为统摄一切的实体或本体。老子最终完成这一工作，第一次赋予了"道"以形而上之本原论、本体论意义①，并因此影响到整个中国传统文化。因此，称老子是赋予"道"以形而上之本体意义的第一人，应该是毫无争议的。

二、《老子》对"道"关键词的建构

据统计，"道"在通行本《老子》中共出现过 73 次②，这 73 个"道"字的内涵并非始终一致，而是多层次多角度的，既有形而下之语言学意义上的"道"③，也有形而上之哲学意义上的"道"。诚如陈鼓应先生所说，"道"是老子预设的虚拟问题，他把在经验世界中所体悟的道理附托于"道"，以作为"道"的特性和作用。④ 于是，在形而上的哲学意义上，"道"既是经验世界之上的宇宙本原，又是经验世界之中的社会准则。可以说，老子对"道"关键词的建构，主要是通过本原论、认识论和价值论三个维度实现的。

（一）"道"的本原论建构

在《老子》之"道"具有世界本原内涵这一点上，学术界的意见基

---

① 参见张岱年：《中国哲学大纲》，中国社会科学出版社 1982 年版，第 17 页。

② 参见陈鼓应：《老子注译及评介》（修订增补本），中华书局 1984 年版，第 13 页。

③ 所谓语言学意义上的"道"，是指含义简单明确的作名词用的"道路"（如第五十三章"大道甚夷"）、"道理"（如第五十九章"生长久视之道"）和作动词用的"言说"（如第一章"道可道，非常道"）之"道"等。参见崔大华：《庄学研究》，人民出版社 1992 年版，第 118 页。

④ 参见陈鼓应：《老庄新论》，商务印书馆 2008 年版，第 138 页。

本上是一致的。老子在为我们描述世界由原点而生成万物的过程时是这样说的：

> 道冲，而用之或不盈。渊兮，似万物之宗。（《老子·四章》）
>
> 道生一，一生二，二生三，三生万物。（《老子·四十二章》）
>
> 道生之，德畜之，物形之，势成之。是以万物莫不尊道而贵德。……故道生之，德畜之；长之育之；亭之毒之；养之覆之。（《老子·五十一章》）

老子视"道"为世界的本原和开端。"道"是天地万物之"母"，是一切存在的根源，同时也是万物发生发展的根据和动力。"道"具有无尽的创造力，它创生万物、生长万物、兴作万物、长养万物，却不自恃骄狂。

既然"道"是"万物之宗"，是世界本原，那么，它又是以什么样的方式存在的呢？老子认为，"道"是真实存在的"物"：

> 道之为物，惟恍惟惚。惚兮恍兮，其中有象；恍兮惚兮，其中有物。窈兮冥兮，其中有精；其精甚真，其中有信。（《老子·二十一章》）
>
> 有物混成，先天地生。寂兮寥兮，独立而不改，周行而不殆，可以为天地母。吾不知其名，强字之曰"道"。（《老子·二十五章》）

当然，"道"之为"物"，并不是一般概念上的物，而是一种永恒变动中的超验实体。我们可以从老子的阐述中看出，"道"作为物，是超越于万物之上的，是万物的根本，是使"万物"之所以能成为"万物"的最高的物。"道"的存在方式不同于"万物"。在老子这里，"道"是无形无声的，它不可言说，不可用概念来命名，"道可道，非常'道'；名可名，非常'名'"（一章），勉强用"道"字来称呼它，只是为了方便而已。同时，"道"又并非虚无，而是永久长存、不断变动、独立不改的超验实体。它"周行而不殆"，不断地变动。万物由此产生，世界因此发展。

（二）"道"的认识论建构

老子之"道"作为最高的本体是不可见不可言的，但这并不是说老子之"道"不可认知，相反，老子认为"道"是能够认识而且必须认识的。正如陈鼓应先生所论述的："'道'体固然是无形而不可见，恍惚而不可随，但它作用于万物时，却表现了某种规律，这些规律却可作为我们人类行为的效准。因而《老子》书上，除了描述实存意义的'道'之外，许多地方所说的'道'，乃是规律性的'道'。"①

"道"作用于"天"，有"天之道"；作用于"人"，有"人之道"；作用于"万物"，则各有其道。不过，将各种具体的规律总括起来，人们一般认为，"道"作用于万物的总的规律集中体现在"反者道之动"这句话中。作为"道之动"的总规律的"反"有两种内涵：即"反"（相反）与"返"（返回）。因此，"反"之规律便有了两种表现形态。

一是相反相成。老子认为，世间万物创生于"道"，并从"道"那里禀受了运动变化的本性。"道"的这种运动和发展是向对立面的转化，它作用于万物，使天地万物皆"负阴而抱阳"，在相反对立状态下形成，如"有无相生，难易相成；长短相形，高下相盈，音声相和，前后相随"

---

① 陈鼓应：《老子注译及评介》（修订增补本），中华书局 1984 年版，第 6—7 页。

（二章）等等，而万物这种"相反相成"的形态又是推动事物发展变化的动力。同时，万物这种相反对立的状态又不是一成不变的，而是经常相互转化，正所谓"祸兮，福之所倚；福兮，祸之所伏"（五十八章）；"故物或损之而益，或益之而损"（四十二章）。老子哲学中常被提及的刚柔、荣辱、进退、强弱等对立范畴之间的关系也是如此。

二是返本复初。老子认为，处于相反相成、对立转化状态中"道"和万物的运动、发展最终都表现出返本复初的特点：

> 万物并作，吾以观复。夫物芸芸，各复归其根。（《老子·十六章》）

> 有物混成，先天地生。……周行而不殆，可以为天地母。吾不知其名，强字之曰"道"，强为之名曰"大"。大曰逝，逝曰远，远曰反。（《老子·二十五章》）

在这里，老子所说的"反"含有返回本根的意思。[1] 老子认为，"道""独立而不改，周行而不殆"，是循环运动且生生不息的。自然万物从"道"生发出来以后，周流不息地运动着，并逐渐离"道"远去。不过，剥极必复，物极必反，纷纷纭纭的万物最终必然会各自返回到它的本根，循环回它的原点。"道"与"万物"便是这样"周行而不殆"地运动发展着。

（三）"道"的价值论建构

老子"道"关键词的建构源起宇宙生成，而最终落实到社会人生问题上，成为指导社会生活和个体修养的行为校准。

---

[1] 参见陈鼓应：《老子注译及评介》（修订增补本），中华书局 1984 年版，第 11 页。

首先，"道"是社会生活的准则。老子常常将本体之"道"落实到现实生活中，将其视为社会生活的基本准则。"道"在现实生活中的这种落实常被老子名之为"德"：

> 故道生之，德畜之；长之育之；亭之毒之；养之覆之。生而不有，为而不恃，长而不宰，是谓"玄德"。（《老子·五十一章》）

那么，"道"在现实社会中是怎样一种准则呢？老子认为，"道"的本质特征是自然无为，故"道"以及由其生发的万物都应该顺应这一原则去运动发展，老子所说的"人法地，地法天，天法道，道法自然"（二十五章）就是这个意思，因此，本体之"道"落实到现实生活中呈现的根本准则便是自然无为。如老子要求"以道莅天下"（六十章），便是强调将"道"的自然无为准则作为治理国家社会的重要原则，也就是老子常说的"无为而治"。这一原则在《老子》中还有多处论及：

> 以道佐人主者，不以兵强天下。（《老子·三十章》）
>
> 上德无为而无以为；下德无为而有以为。（《老子·三十八章》）
>
> 弱者道之用。（《老子·四十章》）
>
> 为学日益，为道日损。损之又损，以至于无为。无为而无不为。（《老子·四十八章》）
>
> 古之善为道者，非以明民，将以愚之。（《老子·六十五章》）
>
> 天之道，利而不害；人之道，为而不争。（《老子·八十一章》）

上面老子倡导的"不争""柔弱"等社会生活的准则，其实质还是"自然无为"原则的具体体现。在老子看来，遵循这一根本原则行事，则可"无不为"；而违反这一原则行事，则是"不足以取天下"的。

其次，"道"是个体修养的境界。"道"是老子的最高本体。个人对"道"的体悟与执持的过程，也是提高个体精神境界的过程。《老子》中的"道"常常成为个体修养的最高境界的标志：

> 古之善为士者，微妙玄通，深不可识。夫唯不可识，故强为之容：
>
> 豫兮若冬涉川；犹兮若畏四邻；俨兮其若客；涣兮其若释；敦兮其若朴；旷兮其若谷；混兮其若浊；孰能浊以静之徐清，孰能安以动之徐生。保此道者，不欲盈。夫唯不盈，故能蔽而新成。（《老子·十五章》）

老子在这里为我们描述了"古之善为道"者所呈现出的人格修养，它慎重、警戒、威仪、融和、敦朴、旷达、虚怀、深远。老子所谓"保此道者"，便是指具有这样一种精神境界的人，老子认为他们境界高但并不自满，也正因为他们不自满，所以才能不断地去故更新。老子认为，这便是个体的最高境界，这样的个体老子称之为"圣人"：

> 是以圣人执一为天下式。不自见，故明；不自是，故彰；不自伐，故有功；不自矜，故能长。夫唯不争，故天下莫能与之争。（《老子·二十二章》）
>
> 故物或行或随；或嘘或吹；或强或羸；或载或堕。是以圣人去甚，去奢，去泰。（《老子·二十九章》）
>
> 故圣人云："我无为，而民自化；我好静，而民自正；我无

事，而民自富；我无欲，而民自朴。"(《老子·五十七章》)

是以圣人方而不割，廉而不刿，直而不肆，光而不耀。
(《老子·五十八章》)

是以圣人自知不自见；自爱不自贵。故去彼取此。(《老子·七十二章》)

圣人不积，既以为人己愈有，既以与人己愈多。天之道，利而不害；圣人之道，为而不争。(《老子·八十一章》)

显然，圣人追求的人格境界，便是按照"道"的标准行事，以体道行道为最高追求。道是自然无为的，因而圣人的修养也以返回自然纯朴的本性为目标。因此，圣人常常愚朴纯真，虚静无欲，慈爱俭啬，生而不有，为而不恃，长而不宰，柔弱不争，居下取后，功成身退，一切纯任自然。这些也正是"道"对人格修养提出的最高标准。

三、"德"者道之用

"道"与"德"是老子哲学思想中最为根本的两个观念。"道"是自然万物的本原，是关于体的范畴；"德"是"道"的体现和作用，是关于用的范畴。正如张岱年先生的论述："德是分，道是全。一物所得于道以成其体者为德。德实即是一物之本性。"①陈鼓应先生也认为："混一的'道'，在创生的活动中，内化于万物，而成为各物的属性，这便是'德'，简言之，落向经验界的'道'，就是'德'。"②要准确理解"道"与"德"的关系，我们还要从《老子》的具体文义中着手。

---

① 张岱年：《中国哲学大纲》，中国社会科学出版社 1982 年版，第 24 页。

② 陈鼓应：《老子注译及评介》（修订增补本），中华书局 1984 年版，第 12 页。

一方面，"德"是顺任自然之玄德。如：

> 孔德之容，惟道是从。(《老子·二十一章》)
>
> 道生之，德畜之，物形之，势成之。是以万物莫不尊道而贵德。道之尊，德之贵，夫莫之命而常自然。故道生之，德畜之；长之育之；亭之毒之；养之覆之。生而不有，为而不恃，长而不宰。是谓"玄德"。(《老子·五十一章》)
>
> 古之善为道者，非以明民，将以愚之。民之难治，以其智多。故以智治国，国之贼；不以智治国，国之福。知此两者，亦稽式。常知稽式，是谓"玄德"，玄德深矣，远矣，与物反矣，然后乃至大顺。(《老子·六十五章》)

从上述例子中，我们可以看到，老子之"德"是形而上的玄德。"德"蓄养万物，并赋予万物以成其自身的属性。"生而不有，为而不恃，长而不宰。是谓'玄德'。""玄德"就是顺任自然，不加干涉的"莫之命而常自然"。同时，正因为"德"是"道"作用于物的显现，所以，"德"不可避免地涉及人为因素。陈鼓应先生也指出："'道'是指未经渗入一丝一毫人为的自然状态，'德'是指参与了人为的因素而仍然返回到自然的状态。[①]"正因为"德"不能完全排除人为因素，老子又以深矣、远矣的"玄德"表达其顺任自然的意蕴。"常知稽式，是谓'玄德'。""稽式"是法则、准则的意思，而"玄德"所指涉的法则就是"与物反矣"，是返本复初，也是复归真朴，只有这样才能实现真正的自然和顺。

另一方面，"德"是人们生活行为的准则，是就人的德性主体而言的，是"道"在道德境界的体现。在人生准则方面，老子之"德"表现

---

① 陈鼓应：《老子注译及评介》(修订增补本)，中华书局1984年版，第12页。

出不同于儒家伦理道德的淳朴自然。因此，老子常用婴孩比喻有德之人，如：

> 我独泊兮，其未兆，如婴儿之未孩；儽儽兮，若无所归。（《老子·二十章》）

> 含德之厚，比于赤子。蜂虿虺蛇不螫，攫鸟猛兽不抟。骨弱筋柔而握固。未知牝牡之合而朘作，精之至也。终日号而不哑，和之至也。（《老子·五十五章》）

老子认为，含德深厚的人就像初生的婴儿一样，不受成见和机心的影响，"昏昏""闷闷"，淳朴而真实。婴儿是生命的象征，"复归于婴儿"，并不是抛弃知见、回归愚昧，而是少思寡欲、安定宁静。正所谓"为学日益，为道日损。损之又损，以至于无为"（四十八章）。也就是说，学习知识要不断积累，越多越好；体察悟道则要损之又损，复归于朴，最终回到心灵自然本真的状态。

在具体的社会实践层面，老子指出：

> 善为士者，不武；善战者，不怒；善胜敌者，不与；善用人者，为之下。是谓不争之德，是谓用人，是谓配天，古之极也。（《老子·六十八章》）

> 修之于身，其德乃真；修之于家，其德乃余；修之于乡，其德乃长；修之于邦，其德乃丰；修之于天下，其德乃普。（《老子·五十四章》）

> 是以圣人执左契，而不责于人。有德司契，无德司徹。（《老子·七十九章

老子之"德"在社会实践层面，也表现出自然无为的特点。老子所处的时代是诸侯争霸、战乱不息的时代，诸侯打着正义的旗号发动战争，战乱纷繁，民不聊生。因此，老子指出，有德之人不武不怒不斗，就好像持有借据的人那样宽裕却不向人索取苛责。老子哲学中，"道"是宇宙本原的存在，而人唯有修"德"才能实现"道"。关于修德，老子指出：

故飘风不终朝，骤雨不终日，孰为此者？天地。天地尚不能久，而况于人乎？故从事于道者，同于道；德者，同于德；失者，同于失。（《老子·二十三章》）

万物之变化是天地使然，但天地也是"物"，故不能长久。人生于天地之间，就其形体生命而言，同样不能长久。欲以有限之生命透过同样有限的万物去把握无限之"道"，就必须"从事于道"。所谓"从事"，就是体认、体会、体验，包括亲身实践。也就是说，只有亲身实践和体验，才能最终"同于道"或"与道合一"。而"同于道"实为一种精神境界，也就是老子所说的"明"之境界："夫物芸芸，各复归其根。归根曰静，静曰复命。复命曰常，知常曰明。"（十六章）对达到这一境界的人，老子是这样描述的："知常容，容乃公，公乃全，全乃天，天乃道，道乃久，没身不殆。"（十六章）能"明"常道者能包容一切，故能坦然大公，故能无不周遍，故能符合自然，故能与道同一。与道同一便能永久，即所谓"死而不亡者寿"（三十三章），此句王弼注为"身没而道犹存"，其意则更为清晰，这就是一种精神境界，是自我修养、自我认识、自我体验所达到的心灵境地。

四、"反"者道之动

老子认为世界万物都处于永恒不息的运动变化之中。万物运动变化的动力既非神意，也非外力，而是事物内部自行运动所产生的力。万物从"道"那里禀受了形质，同时也从"道"那里禀受了运动变化的本性，这种由"道"赋予的本性就落实和表现在一个"反"字上。正如"反"字具有"反"与"返"的双重含义一样，其运动和发展也呈现出这两种规律。

一方面，"反"表现出"相反相成"的特点。在老子看来，事物总是向着相反的方向运动发展。所谓"相反"，是指世间万物都是处于相反对立的状态下。在上文中我们曾指出，老子在阐述道生万物的过程时曾说：

> 道生一，一生二，二生三，三生万物。万物负阴而抱阳，冲气以为和。(《老子·四十二章》)

老子在此用"一"来命名"道"，显示"道"最初是一个浑然一体的东西，是一个混沌未分的"混成"之物，是世界的原本状态。"二"则是指"道"在自身中所蕴含的两种对立相反的力量——"阴"和"阳"，"二生三，三生万物"是说正是由于存在这两种力量的作用，"道"才具有了运动的本性，能够"周行而不殆"。而在"周行而不殆"的运动中，阴阳这两种相反对立的势力相互排斥、相互交感，从而化生出天地万物。"道"中有阴阳，由"道"化生的万物也必然在自身中包含着阴阳，所以老子又说："万物负阴而抱阳，冲气以为和。"万物都是一阴一阳、一正一反的统一，因而"相反"的现象普遍地存在于一切事物之中，这种内在的相反双方既互相排斥又互相吸引，推动了事物的运动变化。

所谓"相成"，是指老子认为统一于万物中的相反双方又是相互依存、相互渗透，以至于相互转化的关系。老子说：

> 天下皆知美之为美，斯恶已；皆知善之为善，斯不善已。有无相生，难易相成，长短相形，高下相盈，音声相和，前后相随。（《老子·二章》）

老子指出，美与丑、善与恶是相对而存在的，没有丑，就无所谓美；没有恶，也无所谓善。同样，有与无、难与易、长与短、高与下、前与后等等对立面，都是由于有了相反的方面才得以存在，如果失去了对立一方，另一方也就失去了存在的前提。像这样的相对概念，在《老子》书中随处可见，如刚柔、动静、进退、终始、雌雄、强弱、重轻、兴废、损益、利害、生死、贵贱、荣辱、奇正、巧拙、辩讷、知行、清浊、亲疏、主客等等，表明宇宙万物中相反关系的普遍性。

老子还进一步指出，万物中相对双方不仅是相依存的关系，而且它们相互渗透。他说：

> 曲则全，枉则直，洼则盈，敝则新，少则得，多则惑。（《老子·二十二章》）
> 祸兮，福之所倚；福兮，祸之所伏。（《老子·五十八章》）

老子认为，曲与全、枉与直、洼与盈、敝与新、少与多、祸与福之间是相互依存的关系，但在"曲"中却有"全"，在"枉"中却有"直"，在"洼"中却有"盈"，在"敝"中却有"新"，在"少"中却有"多"，在"祸"中却有"福"，它们之间是相互包含的，你中有我，我中有你，很难将它们绝对分开。老子还认为，对立双方这种相互依存、相互渗透的关系，在一定的条件下，还可能导致彼此相互转化，所谓"物极必反"就是这个意思。老子曾举出许多这方面的例子，如：

> 甚爱必大费；多藏必厚亡。(《老子·四十四章》)
> 物壮则老。(《老子·五十五章》)
> 是以兵强则灭，木强则折。(《老子·七十六章》)

老子认为，事物的发展达到顶盛后，必然会开始走向衰落。因此，过分吝啬反而会造成重大破费；储藏过多反而会造成严重损失；物若强壮到了极点，就会走向衰老；树木强硬了就会失去柔韧性，反而容易折断；用兵过于强硬反而容易灭亡。当然，老子并不认为这种转化是突然完成的，而是有个过程，所以老子说："合抱之木，生于毫末；九层之台，起于累土；千里之行，始于足下。"(六十四章)

另一方面，"返"指"返本复初"。陈鼓应曾指出："老子重视事物相反对立的关系和事物向对立面转化的作用。但老子哲学的归结点，却是返本复初的思想。"① 所谓"返本复初"，是指事物的运动发展总要返回到原来开始的状态，这揭示的是事物循环运动的规律，而这一规律则是"道"所表现出来的。关于"道"的循环运动，老子曾说：

> 有物混成，先天地生。寂兮寥兮，独立而不改，周行而不殆，可以为天地母。吾不知其名，强字之曰"道"，强为之名曰"大"。大曰逝，逝曰远，远曰反。(《老子·二十五章》)

对"周行而不殆"一句王弼注曰："周行，无所不至而免殆。"河上

---

① 陈鼓应：《老子注译及评介》(修订增补本)，中华书局1984年版，第10页。

公注曰："道通行天地，无所不入，在阳不焦，託阴不腐，无不贯穿，而不危殆也。"宋林希义《老子口义》亦曰："周行于万物之中，无不遍及而未尝穷匮，故曰不殆。""不殆"是指"道"可以永恒存在，而"道"之所以能够永恒存在，正是由于它处在"周行"状态。"周"即循环之意，"周行"即循环运动。那么，"道"是如何进行"周行"的呢？老子说，"道"广大无边，万物由"道"生发出来以来，便不停息地运动着，万物的运动使其离"道"越来越远，剥极必复，最后又回复到原点。这就是"道"的循环运动，即老子所谓的"大"——"逝"——"远"——"反"。无名氏《道德真经解》对引句注曰："惟其大也，故能涉天下之用，无所不往，穷四海之物，无所不至。无所不往，故曰'逝'；无所不至，故曰'远'；道至于远，故返以复初，而使终而有始，以周行焉，此所以曰'远曰反'也。"①河上公注亦曰："大者高而无上，罗而无外，无不包容，故曰'大'也。其为大，非若天常在上，非若地常在下，乃复'逝'去，无常处所也。言'远'者，穷乎无穷，布气天地，无所不通也。言其远不越绝，乃复反在人身也。"他们都指出"道"的运动方式是循环周行，最终会返回原点，老子将这一运动方式称为"复"：

　　致虚极，守静笃。万物并作，吾以观复。夫物芸芸，各复归其根。归根曰静，静曰复命。复命曰常，知常曰明。不知常，妄作凶。（《老子·十六章》）

老子指出，纷纷芸芸的万物，最终都会返回到自己的根源之处，而万物的根源之处便是一种虚静的状态，也就是"道"的状态。因此，一

---

① 转引自詹剑锋：《老子其人其书及其道论》，湖北人民出版社1982年版，第301页。

切存在的本性，可以说就是虚静的状态，返回到虚静的本性，就是"复命"。那么万物为什么一定要"复命"呢？河上公对此句的注释可以给我们一个合理的解释："万物无不枯落，各复返其根而更生也。"万物之所以要"复命"，是为了从本源处"再生"。万物回到本源处后获得新的生命力，然后再次投入到新一轮循环，这种终而复始的循环运动生生不已，永不止息，万物正是在这样一个"复命"的运动中不断向前发展的。

从上面分析可知，老子通过"反者道之动"向我们展示了世界万物辩证运动的主要规律：一方面，万物的运动都是向相反方向的运动；另一方面，万物的运动又都是循环运动，最终都会返回原点。这既是万物运动的总规律，也是"道"运行的总规律。

第二节　先秦诸家"道"之比较

"道"是先秦诸家频繁使用的概念之一，自春秋以降，它便经常处在各种思想系统或潮流的形上之处，作为一种始基性的共设原点而出现，被各个学派所用，渗透到各家言说的每一个缝隙中，成为各家各派之"道"。下面，我们主要以儒、墨、法、兵元典中的"道"为例，分析先秦诸家"道"观念的异同。

一、儒、墨、法、兵各家元典中的"道"

（一）儒家之"道"

"道"在儒家学派中的意思相对明确，即关于人世的行为规范与准则，更近"道德"之意。例如：

有子曰："其为人也孝弟，而好犯上者，鲜矣；不好犯上，而好作乱者，未之有也。君子务本，本立而道生。孝弟也者，其为仁之本與！"（《论语·学而》）

综合"本立而道生"的前后文，有子这里所言之"道"，是一种道德规训，是出于"本"的必然结果。又如：

子曰："参乎！吾道一以贯之。"曾子曰："唯。"

子出。门人问曰："何谓也?"曾子曰："夫子之道，忠恕而已矣。"（《论语·里仁》）

曾子将"道"进一步具体化，"道"不仅是一种道德规训，更是一种学问，而"忠恕"是其贯彻其中的精髓。除了表示"道路""技艺"外，《论语》中的"道"还是孔子"仁"说的道德性指称，并由此衍生出了"正确的方式、方法"之义。

在孔门儒学的意识图景里，"道"是一个由天命降及人世的行动范畴。《中庸》曰：

君子之道费而隐。夫妇之愚，可以与知焉，及其至也，虽圣人亦有所不知焉；夫妇之不肖，可以能行焉，及其至也，虽圣人亦有所不能焉。天地之大也，人犹有所憾。……君子之道，造端乎夫妇；及其至也，察乎天地。（《中庸·十二章》）

"道"的指称范围应该是在人世常务，"道"应该是一个行动范畴，其最高理想是合于一种不可测度的根本之理，故"道不远人。人之为道而远人，不可以为道"（《中庸·十三章》），"道"在这个意义上，不过中庸之"忠恕"二字；在"道"的更上一级，是有一个有"性"的"天"在，所谓"天命之谓性，率性之谓道，修道之谓教。道也者，不可须臾离也"（《中庸·一章》），由此便将"道"严格地规范在人世之内，"从各个人来说，是人之所以为人的价值的显现；如此，便是人；不如此，便不是人。从人与人的相互关系来说，道即是人人所共由的道路；共由此道路，便可以共安共进；否则会互争互亡"①，行而中庸，即得"诚"之性，"诚"在天，是为天道，人行"诚"，乃人道：

　　诚者，天之道也；诚之者，人之道也。诚者不勉而中，不思而得，从容中道，圣人也。诚之者，择善而固执之者也。博学之，审问之，慎思之，明辨之，笃行之。……果能此道矣，虽愚必明，虽柔必强。（《中庸·二十章》）

　　唯天下至诚，为能尽其性；能尽其性，则能尽人之性；能尽人之性，则能尽物之性；能尽物之性，则可以赞天地之化育；可以赞天地之化育，则可以与天地参矣。（《中庸·二十二章》）

　　人道能够通过下学上达而合于天道，但是其立足点终究是在人世中择善而尽中庸，故夫子罕言性与天道——循此理路直下，先秦儒学至《大学》而终于尽是君子从道修德的实践指南，多有类于孟子的人性之思与治化之想，再甚少有实质的"上达"之念。

（二）墨家之"道"

　　墨家是先秦时期一个重要的学派，是与儒家并称的"显学"。"道"

---

① 徐复观：《中国人性论史·先秦篇》，九州出版社2014年版，第107页。

在《墨子》中大约出现150余次，除道路、方法、教导、说讲等基本义项外，"道"多与墨子为政治国的理想相联系。墨子之"道"是"圣王之道"，是"尧舜禹汤文武之道"，适用于社会生活、宗教人伦、国家政治等各方面，由尚贤、尚同、兼爱、非攻、节用、节葬、天志、明鬼、非乐、非命"十事"组成。

"圣王之道"要求天下兼相爱。墨子思想以"兼爱"为中心展开，与儒家亲亲、尊尊的"仁爱"不同，"兼爱"主张平等无差别的爱。墨子认为，"天下兼相爱则治"（《墨子·兼爱上第十四》），只要人人都能爱人如爱己，就可以消除混乱，实现社会安定和谐。因此，兼爱是符合圣王之道的。"故兼者圣王之道也，王公大人之所以安也，万民衣食之所以足也。"（《墨子·兼爱下第十六》）在此基础上，墨子指出君主必须仁惠，臣子必须忠诚，父母对子女要慈爱，孩子对父母要孝敬，兄长对弟弟要友爱，弟弟对兄长要敬顺。如果想要做到这些就不得不实行兼爱，"此圣王之道而万民之大利也"（《墨子·兼爱下第十六》）。

同时，"圣王之道"亦数见于《尚贤》《尚同》《非攻》等诸篇之中，例如：

> 且今天下之王公大人士君子，中实将欲为仁义，求为上士，上欲中圣王之道，下欲中国家百姓之利，故尚贤之为说，而不可不察此者也。（《墨子·尚贤下第十》）
>
> 是以子墨子曰：今天下王公大人士君子，中情将欲为仁义，求为上士，上欲中圣王之道，下欲中国家百姓之利，故当尚同之说而不可不察。尚同为政之本，而治要也。（《墨子·尚同下第十三》）
>
> 今欲为仁义，求为上士，尚欲中圣王之道，下欲中国家百姓之利，故当若非攻之为说，而将不可不察者此也。（《墨

子·非攻下第十九》)

因此，我们可以看出，墨子的"圣王之道"是与其思想体系紧密相关的，是由尚贤、尚同、兼爱等"十事"从不同侧面表现出来的。

此外，墨子对"君子之道"也进行了论述：

> 君子之道也，贫则见廉，富则见义，生则见爱，死则见哀。(《墨子·修身第二》)

墨子心中理想的君子人格包含廉、义、爱、哀四个方面。真正的君子是贫困时能廉洁，富贵时能义气，对活着的人爱护，对死去的人哀悼的人。要能始终做到这四点是不容易的，所以，墨子又说："畅之四支，接之肌肤，华发隳颠，而犹弗舍者，其唯圣人乎!"(《墨子·修身第二》)

正如徐复观先生指出的，墨子对"知"的论述"似乎还只停顿在具体经验事物的指陈上面，尚没有达到从经验事实中抽出理论的阶段"[①]，对"道"，墨子亦是如此。在《墨子》一书中，"道"的指称范围是人道，是偏重实用的治国处世之道。

（三）法家之"道"

法家之"道"与先秦诸家相比，有很大不同。"法家讲道，是指以法治国之道。他们从天道与人道合一的思想出发，认为以法治国（人道）必须遵循自然规律（天道）。"[②]韩非是先秦法家思想的集大成者，他的"道法思想"可以算作法家之"道"的典型。

---

① 徐复观：《中国人性论史·先秦篇》，九州出版社 2014 年版，第 291 页。
② 张立文等：《道·绪论》，中国人民大学出版社 1989 年版，第 5 页。

韩非的道法思想来源于老子，却与老子不尽相同。他吸收道家、儒家、墨家各家之学，又发展了商鞅、申不害、慎到等人的法家思想，构建了其"因道全法"的道法体系。他一改老子"寂兮寥兮，独立不改，周行而不殆"（《二十五章》）的思想，揭开"道"的神秘面纱，把"道"与政治法术结合在一起，为其以法治国的思想找到了合理性依据。

道者，万物之所然也，万理之所稽也。（《韩非子·解老第二十》）

道者，万物之始，是非之纪也。是以明君守始以知万物之源，治纪以知善败之端。（《韩非子·主道第五》）

在韩非看来，"道"是宇宙万物产生的本原。天地万物、日月星辰都源于"道"，产生于"道"。同时，他认为，"道"并不是先天地而生的，而是与天地一起产生。"道"是直至天地消亡都不会消失的永恒，"唯夫与天地之剖判也具生，至天地之消散也不死不衰者谓'常'"（《韩非子·解老第二十》）。这样，"道"不再占据着先于天地的至高位置，而成为可以被认识、被论说的对象，"圣人观其玄虚，用其周行，强字之曰'道'，然而可论。"（《韩非子·解老第二十》）

既然"道"是可以被认识的，那我们应该如何了解并掌握它呢？韩非提出"理"的命题，并把"理"作为连接"道"与具体事物之间的桥梁。

理者，成物之文也；道者，万物之所以成也。故曰：道，理之者也。物有理，不可以相薄，物有理不可以相薄，故理之为物之制。万物各异理，万物各异理而道尽。稽万物之理，故不得不化；不得不化，故无常操；无常操是以死生气禀焉，万智斟酌焉，万事废兴焉。（《韩非子·解老第二十》）

　　凡理者，方圆、短长、粗靡、坚脆之分也，故理定而后物可得道也。（《韩非子·解老第二十》）

　　在这里，"道"是事物运动变化的基本规律，"理"是事物运动变化的具体法则。"理"源于"道"且不能离开"道"，而"道"也必须通过"理"才能在具体事物中显现出来。因此，我们可以通过具体事物"方圆、短长、粗靡、坚脆"等性质来认识"理"，并通过"理"来了解"道"。这样，韩非就为其法治思想寻找到了形上依据。"法"作为人类社会的一部分，是治国理政之"理"，产生于"道"，受到"道"的制约，因此"法"是客观权威的，需要社会公知和遵守的。

　　关于"道"与"法"，韩非提出"因道全法"。他在《大体》篇中讲道：

　　因道全法，君子乐而大奸止；澹然闲静，因天命，持大体。故使人无离法之罪，鱼无失水之祸。如此，故天下少不可。（《韩非子·大体第二十九》）

　　"法"是人类社会的准则，遵循着"道"，体现着"道"，因此君子只要能顺应自然的规律，淡泊闲静，就不会触犯法律，"故天下少不可"。

（四）兵家之"道"

　　兵家讲"道"不同于其他诸家，正如张立文先生论述的，"先秦兵家道论的特点是以兵论道"[①]，他们并不对"道"本身进行形上探讨，而是从战争经验出发，对战争的规律特点进行总结概括。因此，兵家之

---

　　① 张立文等：《道》，中国人民大学出版社1989年版，第53页。

"道"是治军用兵之道、克敌制胜之术，更是治国理政之道。

《孙子兵法》是中国现存最早的军事著作，代表了先秦时代我国兵学体系的最高成就，被誉为"百世兵家之师"。《孙子兵法》从政治仁义、用兵作战、治国治军等方面深入论述了"道"，形成独特的兵道思想。

首先，"道"是王道，是政治仁义之道。《孙子兵法》开篇即说："兵者，国之大事，死生之地，存亡之道，不可不察也。"（《计篇》）孙武认为，战争是关乎国家兴败、百姓安乐的大事，可以使国兴也可以使国亡，可以使民安也可以使民怨，因而必须综合分析、准确预测，不可随意发动战争。关于决定战争胜负的关键因素，他总结为"五事七计"：

> 故经之以五事，校之以计，而索其情：一曰道，二曰天，三曰地，四曰将，五曰法。……凡此五者，将莫不闻，知之者胜，不知者不胜。（《计篇》）
>
> 故校之以计，而索其情，曰：主孰有道？将孰有能？天地孰得？法令孰行？兵众孰强？士卒孰练？赏罚孰明？吾以此知胜负矣。（《计篇》）

在上述文字中，我们可以看到，"五事"以"道"为首，"七计"亦以"主有道"为首，可见"道"是孙武兵道思想的核心内容。那么，孙武所谓的"道"是什么？

> 道者，令民与上同意也，故可以与之死，可以与之生，而不畏危。（《计篇》）

对于这句话，杜牧注曰"道者，仁义也"；张预注曰"以恩信道义

051

抚众，则三军一心，乐为其用"；李筌注曰"以道理众，人自化之，得其同用，何亡之有？"① 以上注解中的"道"字都有政治仁义的意思。"令民与上同意"，就是使民与君同心，不畏生死、不计得失。这样的同心同意，单靠政治命令是很难实现的，因此，仁义之道就成为战争胜利的关键因素。以仁义、恩信教化民众，则民无畏矣。

其次，"道"是兵道，是用兵作战之道。

> 兵者，诡道也。（《计篇》）
> 料地制敌，计险厄远近，上将之道。（《火攻篇》）
> 故知胜有五：知可以战与不可以战者胜；识众寡之用者胜；上下同欲者胜；以虞待不虞者胜；将能而君不御者胜。此五者，知胜之道也。（《谋攻篇》）

孙武并不赞同过分杀戮，他认为用兵作战要讲究谋略。善用排兵布阵、造势任势、出奇制胜等用兵之道，便可达到"不战而屈人之兵"的最高境界。

最后，"道"是军道，是治国治军之道。

> 主不可以怒而兴师，将不可以愠而致战；合于利而动，不合于利而止。怒可以复喜，愠可以复悦，亡国不可以复存，死者不可以复生。故明君慎之，良将警之，此安国全军之道也。（《火攻》）

孙武强调，战争是国家大事。他认为，国君主帅因个人喜怒而轻率

---

① 杨丙安：《十一家注孙子校理》，中华书局 1999 年版，第 3 页。

发动战争，不是安国全军之道。战争只有符合国家和民众的利益，才是合理的。

二、道家与其他各家"道"之联系与差异

如前文所述，"道"作为先秦各家始基性的共设元点，渗透到各家言说之中，具有各自不同的意蕴。而另一方面，作为中国哲学的基本范畴，"道"又呈现出一致性的特征。这种一致不是具体含义的吻合，而是思维方式的一致。陈鼓应先生将其定义为"道家思维"。他认为道家思维是中国历代哲学的主要思维方式，广泛影响着各家各派，"就先秦诸子而言，老、孔、墨思考问题的方法并不同，但在战国中期至秦汉以后，各家却逐渐趋同，这种趋同，是以老子所开创的道家思维方式成为依归的"①。同时，他进一步把这种道家思维归纳为两种原则，即推天道而明人事以及天地人一体观、对立及循环观。在这里，我们仅从"道"关键词说起，结合道家思维方式，尝试分析道家与其他各家"道"的联系与差异。

（一）"道"的对反与统一

在《老子》一书中，我们可以看到，阴阳、长短、善恶、美丑等正反概念遍及全书。正如前文所述，老子认为，"道"是相反相成的，万物在相反对立的状态下形成，并且对立的双方是相互依存，互相转化的。老子这种对立统一的思想，深刻影响到先秦诸子。我们可以看到，先秦诸子典籍中，几乎都有对反思维。如"一阴一阳谓之道，继之者善

---

① 陈鼓应：《道家在先秦哲学史上的主干地位》上篇，《中国文化研究》1995 年第 8 期。

也，成之者性也"（《易传·系辞上》），"道曰规始于一，一而不生，故分而为阴阳，阴阳合和而万物生"（《淮南子·天文训》）。

同时，各家"道"思维又呈现出各自不同的特点。

庄子发展并改造了老子的对反观点。他认为，从"道"的角度来看，细小的草茎和高大的庭柱，丑陋的女人和美丽的西施，甚至恢恑憰怪等各种事态都是相通混一的。"以道观之，物无贵贱；以物观之，自贵而相贱；以俗观之，贵贱不在己"。（《庄子·秋水》）庄子强调对反双方的统一，这是具有时代意义的。正如方东美先生所说："在相对系统里，你不能够拿'此'来否定'彼'，也不能拿'彼'来否定'此'，却必须容忍、容纳、承认别人对于这一个问题，也同样的有权利和自由去表达……"① 但是，庄子在强调对立面的统一时却忽略了对立双方的区别。

《孙子兵法》中的对反思维体现了其军事辩证法的思想。孙武认为，在决定战争胜负的因素中，强弱、劳逸、利害等对立的双方是相互依存的。在《孙子兵法·九变篇》中，孙武指出："是故智者之虑，必杂于利害。杂于利，而务可信也；杂于害，而患可解也。"就是说，为将者在考量战争时，要综合考虑利与害两方面的因素，既不能见利忘害也不能见害忘义，要趋利避害才能获得取胜的先机。同时，孙武认为，对立的双方是可以相互转换的。他在《军争篇》中提出，"以迂为直，以患为利"。就是要求将者能发挥主观能动性，把对战争的不利条件变为有利条件，以迂为直，变患为利。

韩非作《解老》《喻老》，进一步改造了老子的对反思维。老子认为，"祸兮，福之所倚；福兮，祸之所伏。"（《老子·五十八章》）福祸这对相反的概念，是可以相互转换的。但是，老子并没有说明转换的条件。

---

① 方东美：《原始儒家道家哲学》，中华书局 2012 年版，第 253 页。

韩非发展了老子的观点，认为对立双方的转换是有条件的。如福祸的转换，"人有祸则心畏恐，心畏恐则行端直，行端直则思虑熟；思虑熟则得事理，行端直则无祸害……"（《韩非子·解老》）人预感祸事来临时，心里会感到恐慌，感到恐慌就会态度认真、思虑成熟，而祸事可能也会因之成福。同时，韩非认为，虽然对反双方是相互依存相互转换的，但是，在特定的时间内，必有一方占据主导地位，"凡物不并盛，阴阳是也"（《韩非子·解老》）。

（二）推天道以明人事

表面看，老子之"道"似乎更侧重于天道。事实上，老子之"道"虽然若恍若忽、玄而又玄，但老子的真正目的不在"道"本身，而是要将"道"落实到社会人生层面，推天道而明人事。老子认为，天地人是一个整体，遵守着一个共同的法则，即"道"，而"道"取法自然。"人法地，地法天，天法道，道法自然。"（《老子·二十五章》）自然，即是"无"的状态，是一种不加成心的本来样子。同时，自然是一种可资取法的对象，要借自然而治人治世。因此，我们可以看到老子"道"思想虽然玄妙却有着入世倾向，其中包含着如"治大国若烹小鲜"（《老子·六十章》），"功遂身退，天之道也"（《老子·九章》）等圣王观念。

与老子相应，春秋战国时期的其他思想流派也都对天人自然进行思考，并有明显的推天道而明人事的趋向。如墨家的圣王之道。虽然《墨子》一书中没有出现"天道"一词，但是他所倡导的圣王之道却是以天志为法度的，"此诰文王之以天志为法也，而顺帝之则也"（《墨子·天志下》）。墨子把天志所推崇的原则与人类社会的法则统一起来，推天志而明人道，为其兼爱非攻的社会理想寻找合理性。"天"不再是随意控制人类的神，而是对人类社会进行赏罚的"法官"，"顺天意者，兼相爱，交相利，必得赏。反天意者，别相恶，交相贼，必得罚"（《墨子·天志上》）。

从儒家来看，虽然孔子罕言天道，但是儒家通过天道规律推寻人道准则的思维方式却并不少见。如《孟子》中关于天道的论述："是故诚者，天之道也；思诚者，人之道也。至诚而不动者，未之有也；不诚，未有能动者也。"（《孟子·离娄上》）"诚"是实而无伪的意思。朱熹注曰"诚者，理之在我者皆实而无伪，天之道之本然也；思诚者，欲此理之在我者皆实而无伪，人道之当然也。"①孟子并没有对天道进行过多的论述，而是以天道的客观规律"诚"作为人道的标准，以天之道约束人之道。《易传》吸收了儒家、阴阳家、道家等的思想，其关于天地人的认识更为系统。"立天之道曰阴与阳，立地之道曰柔与刚，立人之道曰仁与义。"（《说卦传》）在这里，"道"，即"阴阳"规律是天地人三才的共同准则。同时，《易传》要求天道要统摄人道，人道要能够效法天道，如"天行健，君子以自强不息"（《易传·乾·象》）。至于荀子，则关于天人之道的论述更为完善。荀子一方面抹去天道"神"的色彩，认为日月星辰、春夏秋冬、风雨雷电等都是正常的自然现象，并非天神的作用。他强调，天道和人道是相分的，"天道自然，人道有为"②。另一方面，他仍然以天道为社会的行为准则，"应之以治则吉，应之以乱则凶"（《天论》）。只有顺应天道，才能获得国家社会的稳定。

总的来说，"道"是先秦诸家共同使用的同一关键词。虽然各家基于各自不同的立场各有发展，但也表现出其内在一致性，因此，诸家之"道"是相互联系且各具特色的。

---

① （宋）朱熹：《四书章句集注》，中华书局 2011 年版，第 264 页。

② 张立文等：《道》，中国人民大学出版社 1989 年版，第 37 页。

第三节　"天道"与"神道"："道"的多元转义

当老子第一次将"道"定格为形而上之本体范畴后，"道"便成为中国哲学中最基本、最具活力的哲学概念之一。老子曰，"道可道非常道"，也就是说"道"的内涵是恍惚不定的，是不能被语言所制约的，而这种模糊性恰恰成就了"道"，于是"道"成为历代众多哲学家不断阐释、发挥的对象，对中国哲学思想的发展产生了长远的影响。

一、"引气释道"：黄老之"道"的新变

汉代黄老之学兴盛，道家思想有了新的发展，对老子之"道"的接受与阐释也有了新的变化。汉代学者对老子之"道"的阐释在宇宙本体内涵上基本继承了老子"道"论的主要思想。如：

> 万物所由，性命所以，无有所名者谓之道。(《老子指归·卷二》)
>
> 万物皆待道而生。(《老子道德经河上公章句·三十四章》)
>
> 道无形，浑沌而成万物。(《老子道德经河上公章句·二十五章》)

不过，汉代学者对老子之"道"的阐释也有重要发展，这主要表现在引"气"释"道"上。在老子那里，道是宇宙万物的根源，其特点是无形浑沌、惟恍惟惚、难以名状的。汉代学者在继承老子这一观点的同时，进一步指出这种无形浑沌之道，实际是一种原始状态的气，他们名之以"精气"：

无名者谓道，道无形，故不可名也。始者道本也，吐气布化，出于虚无，为天地本始也。（《老子道德经河上公章句·一章》）

一者，道始所生，太和之精气也，故曰一。（《老子道德经河上公章句·十章》）

道唯恍惚，其中有一，经营生化，因气立质。（《老子道德经河上公章句·二十一章》）

言道禀与，万物始生，从道受气。（《老子道德经河上公章句·二十一章》）

以今万物皆得道之精气而生，动作起居，非道不然。（《老子道德经河上公章句·二十一章》）

从上述引言可以看出，汉代学者在对老子不可名状之"道"进行阐释时，将有形质之"气"注入"道"之内涵，指出无形之"道"中蕴含"精气"，这种原始状态的"气"也就是道的实质。他们认为天地万物直接"从道受气"，因此也可以说是"元气生万物"（《老子道德经河上公章句·二章》）。

另一方面，黄老道家之"道"体现着治国养身的思想倾向，"道"既是"经术政教之道"，又是"自然长生之道"。正如王卡先生所论，黄老道家"从天道自然无为，元气化生万物的宇宙生成论出发，本着天人合一，国身相同的观点，用自然法则来论述治国养身之道，寻求能使国家太平长治，个人长生久寿的方法，这是自战国秦汉以来黄老道家学说的基本内容"①。在《老子道德经河上公章句》中，我们可以看到，治身与治国往往是相互联系、相互影响的，如：

---

① 王卡点校：《老子道德经河上公章句·前言》，中华书局 1993 年版，第 8 页。

> 治身者爱气则身全，治国者爱民则国安。治身者呼吸精气，无令耳闻；治国者布施惠德，无令下知也。（《老子道德经河上公章句·十章》）
>
> 治国者当爱惜民财，不为奢泰。治身者当爱惜精气，不为放逸。（《老子道德经河上公章句·五十九章》）

《淮南子》一书中，"气"也有治身治国的内涵，既是治身养神的关键，也是指导君主理政、协调君臣关系的根源。

> 天地之合和，阴阳之陶化万物，皆乘人气者也。是故上下离心，气乃上蒸，君臣不和，五谷不为。（《淮南子·本经训》）
>
> 夫精神气志者，静而日充者以壮，躁而日耗者以老。是故圣人将养其神，和弱其气，平夷其形。（《淮南子·原道训》）

汉代黄老道家"引气释道"，沟通了形上之"道"与实在之"万物"的联系，继承和创新了先秦道论，形成较为系统的思想体系。可以说，汉代学者对"道"的阐释是对老子"道"论的一次重要发展。

二、"神道设教"：道教对"道"的宗教改造

道教将《老子》视为重要的宗教经典，道教徒对老子"道"论阐释的最突出变化，便是将"道"的内涵宗教化、神学化。道教徒在阐释老子之"道"时，常常突出"道"（或玄、一）的世界本源、主宰内涵，并将之神秘化，从而使"道"这个老子的哲学概念逐渐转化为道教的宗教概念，并赋予其一种人格神的含义。如道教早期经典《太平经》中便说过："夫道乃洞，无上无下，无表无里，守其和气，名为神。"（《戒六

子诀》)另宋曾慥《道枢》卷三十引《太平经》也有"神者，道也"之句，可以看出道教早期已有将"道"神学化的倾向。这样一种倾向在道教理论的奠基者东晋葛洪的《抱朴子内篇》中表现得更为明确。葛洪一般喜欢将"道""玄""一"这几个概念统一起来，其在《道意篇》中对"道"有过这样的描述：

> 道者涵乾括坤，其本无名。论其无，则影响犹为有焉；论其有，则万物尚为无焉。

这里我们可以看到葛洪对老子"道"论的继承，不过，他的进一步论述，则可以让我们看到他对老子"道"论的发展。其在《畅玄篇》中曰：

> 玄者，自然之始祖，而万殊之大宗也。眇昧乎其深也，故称微焉。绵邈乎其远也，故称其妙焉。其高则冠盖乎九霄，其旷则笼罩乎八隅。光乎日月，迅乎电驰。

这里的"玄"（道）不仅是万物之本源，而且已然具有一种超自然的伟力，具有了造物主的特色。葛洪在《地真篇》对"一"（道）的阐释，更明显地反映出"道"的神学化：

> 老君曰：忽兮恍兮，其中有象；恍兮忽兮，其中有物。一之谓也。故仙经曰：子欲长生，守一当明；思一至饥，一与之粮；思一至渴，一与之浆。一有姓字服色，男长九分，女长六分，或在脐下二寸四分下丹田中，或在心下绛宫金阙中丹田也，或在人两眉间，却行一寸为明堂，二寸为洞房，三寸为上丹田也。此乃是道家所重，世世歃血口传其姓名耳。一能成阴

生阳，推步寒暑。春得一以发，夏得一以长，秋得一以收，冬得一以藏。其大不可以六合阶，其小不可以毫芒比也。

这里的"一"（道）已然具有了人格神的意义。而在其后的描述中，"一"（道）便俨然成了一位居于"北极大渊之中"，"陆辟恶兽，水却蛟龙；不畏魍魉，挟毒之虫；鬼不敢近，刃不敢中"的神了。老子的哲学之"道"经过葛洪的改造与转化，被注入了神的灵性，而这一阐释对道教理论产生了深远影响，"道"由此成为道教最重要的理论基石。

三、"儒道兼综"：玄学与"道"的儒学化

魏晋时期，玄学盛行，玄学家围绕儒家伦理规范之"名教"以及道家道法自然之"自然"进行讨论，他们"儒道兼综"，以求借助道学解除儒学名教衰落的困境。"道"作为道家的核心概念之一，被玄学家注入了新的义涵，开始了儒学化历程。

正始玄学以何晏、王弼为代表，他们把"道"从生成论发展为本体论，是对老子"道"论的一次重要提升。在对"道"进行阐释时，他们强调"道"的宇宙本体内涵，更喜欢以"无"来描述"道"的本质，在他们眼里，"无"也就是"道"。王弼说："道者，无之称也"（《王弼集校释·论语释疑》），何晏也曾说："夫道者，惟无所有者也，自天地已来，皆有所有矣；然犹谓之道者，以其能复用无所有也。"（《列子·无名论》张湛注引）不过，他们所描绘的"无"（道）与老子之"道"并非完全一致。他们认为，在天地万物纷繁复杂的现象之后，有一个抽象的本体存在，这个本体便是"无"（道）。王弼在其《老子注》中便说："天下之物，皆以有为生。有之所始，以无为本。将欲全有，必反

于无也。"①"以无为本"是何、王思想的核心内容，也是他们对老子"道"论的重要发展。这一思想源于老子，但又有着较大不同。在老子那里，"无"（道）是指宇宙和万物的生成本源，而在何晏、王弼这里，"无"（道）则发展为一切存在之物的抽象本体。关于"道"与名教的关系，王弼认为道为本、名为末，"本，母也；末，子也。得本以知末，不舍本以逐末也"（《老子注》）。也就是说，只要紧守无为之"道"就能自然而然实现仁义礼教之"名"，倘若舍本而逐末，"遂任名以号物，则失治之母也"（《老子注》）。

郭象是魏晋玄学的集大成者，他接受了前期玄学"道"就是"无"的观点，并对之进行了彻底的革新和发展。郭象反对把"无"（道）作为宇宙万物的本体。他认为，宇宙万物之外并没有天然的主宰者或操控者，万物以自身为本体。同时，他强调无不能生有，有亦不能化无。"无既无矣，则不能生有；有之未生，又不能为生。"（《庄子·齐物论注》）"非唯无不得化而为有也，有亦不得化而为无矣。"（《庄子·知北游注》）既然无不能生有，那么宇宙万物是如何出现的呢？郭象在其《庄子注》中指出，万物都是自生的，"外不资于道，内不由于己，掘然自得而独化也"（《庄子·大宗师注》）。也就是说，万物的存在和运动都是"独化"的，既不需要外在的力量，也不需要内在的根据。同时，他们又是相互联系，内在协同的，即"独化于玄冥之境"。正如《道论》一书在总结郭象之"道"时论述的，"道不能生成万物，不能使万物得性，不是一个运动，只不过是使万物在无形中联系为一个有机整体时，这种无形的联系就是道"②。郭象在其玄学本体论的基础上，还对"道"进行了儒学化的改造。他认为，名教即

---

① 本书引王弼《老子注》均出自（魏）王弼著，楼宇烈校释：《王弼集校释》，中华书局1980年版。

② ［韩］李顺连：《道论》，华中师范大学出版社2003年版，第113页。

自然。仁义礼乐等社会伦常是自得独化的，并非人为创造，顺应名教规范也就是实现个体的自然本性。郭象是魏晋玄学的集大成者，他把道学纳入儒家思想体系之中，"于是，玄学到他（郭象）这里便终结了"①。

四、"禅道妙悟"："道"的佛学新义

佛教在魏晋因依附玄学而盛行，对老子之学非常重视。"魏晋释子，雅尚老庄"，以佛释老遂也成为当时流行的一种学术风气，影响所及，隋唐亦然。受这一思潮的影响，老子"道"论又有了新的发展。佛教对老子之"道"的接受阐释，更多是基于自身发展的需要，因此常常是接受老子之"道"的概念形式，而对其内涵进行改造、发展，遂使老子之"道"具有了佛学色彩，在有些佛教学者那里甚至直接转成了佛教之"道"而加以运用。早在牟子《理惑论》中便已存在这一倾向：

> 道之言导也。导人致于无为。牵之无前，引之无后，举之无上，抑之无下，视之无形，听之无声，四表为大，蜿蜒其外，毫厘为细，间关其内，故谓之道。

牟子所描绘的"道"，无形无声，虚无恍惚，完全是老子所说的本原之"道"。但此处的"无为"，其实是早期佛经中对"涅槃"的意译，"致于无为"即进入涅槃境界。在牟子看来，引导人们最终涅槃成佛的乃是道，佛与道之间相互契合，这也是佛教初传时佛教徒常用的一种发展策略。东晋孙绰在其《喻道论》中也有过相似表述：

---

① 张立文等：《玄境——道学与中国文化》，人民出版社 2005 年版，第 42 页。

　　夫佛也者，体道者也。道也者，导物者也。应感顺通，无为而无不为者也。无为，故虚寂自然；无不为，故神化万物。

　　老子之"道"的本原内涵在此被借为佛教修持证悟的目标，佛教的最高境界。道家之"道"被转化成了佛教之"道"，这一转化被后来较多佛教学者采用。如刘宋竺道生曾说："道之名者，在用能通。不及，无用也，未极则转进无常，极则常也。"[①] 这里的"道"便是指佛道。这一现象在唐代禅宗表现得更为普遍。据《宗镜录》卷九载：

　　牛头初祖云："夫道者，若一人得之，道即不遍；若众人得之，道即有穷；若各各有之，道即有数；若总共有之，方便即空；若修行得之，造作非真；若本自有之，万行虚设。何以故？离一切限量分别故。"[②]

　　这是说"道"是离开一切限量和一切分别，是自然真如的本原、本体。这里的"道"显然来源于老子的本原论，但却被阐释为佛教的真如本体。洪州宗禅师也曾有过诸如"道即法界""道如虚空""触类是道"等论述。他们用"道"说明佛境、佛理、佛性，认为道与禅是具有同样内涵的概念。虽然洪州宗所讲的"道"与老子之"道"内涵并不同，但正如方立天先生所言："洪州宗人是运用道家的哲学范畴'道'来构筑其禅学思想体系的，也就是吸取道家'道'的抽象意义和思维方式来全面阐明其禅学解脱理论的。"[③]

　　佛教对老子之"道"的转化，反过来对道家学术也产生了较大影响，

---

① 《大般涅槃经集解》卷三二，《大正藏》本。
② 《宗镜录》卷九，《大正藏》本。
③ 方立天：《中国佛教哲学要义》，中国人民大学出版社 2002 年版，第 562 页。

唐初道家"重玄"思潮便是一个较为典型的例子。道家"重玄"哲学以采用佛教的思辨方法发挥老庄哲学为特质，是老庄哲学在佛学影响下的新发展，乃道释融合的产物。"重玄"学派对老子之"道"的阐释明显受到佛教影响。唐孟安排在《道教义枢》中对"道"曾有如下解释：

> 道者，理也，通也，导也。……言理者，谓理实虚无。……言通者，谓能通生万法，变通无碍。……言导者，谓导执令忘，引凡令圣。

孟氏在此便将佛教所言真如破除妄执之义引入对"道"的解释之中。唐成玄英《道德经义疏》中对道的阐释是："道以虚通为义，常以湛寂得名。所谓无极大道，是众生之正性也。……生我者道，灭我者情，苟忘其情，则全乎性。"成玄英在此以佛性为老子之"道"作疏，正是受佛教徒的影响所至。

五、"理一分殊"：理学背景下"道"的多元融合

唐季以后，佛、道兴盛，儒学却相对式微。于是，理学士大夫以振兴儒学为己任，他们在吸收阐发前人思想的基础上，不断深化哲学思考，完成了儒学形上本体的建构。一方面，他们主张回归元典，极力追溯孔孟儒学传统，又能打破桎梏，重新诠释经典文献；另一方面，他们看似反对佛道，致力于排佛排道，却又兼容并蓄，吸纳糅合佛道思想。正如《中国学术通史》一书所说："宋明理学是儒、释、道三教长期冲突、逐渐融合所创生和结晶出来的和合理论形态。"[1]伴随着理学的和合

---

① 张立文主编：《中国学术通史（宋元明卷）》，人民出版社2004年版，第237页。

兼容，"道"关键词也呈现出多元融合的新特点。

（一）程朱理学——以理言道

以程颐、程颢、朱熹等为代表的理学家"以理言道"，把"道"与"理"作为他们哲学体系的最高范畴，及其逻辑体系的出发点和归宿：

> 天地常久之道，天下常久之理，非知道者孰能识之？（《周易程氏传》）①
>
> 理便是天道也。（《河南程氏遗书》）
>
> 只说一阴一阳，便见得阴阳往来，循环不已之意，此理即为道也。（《朱子语类》）

从上述引文可以看出，"理"与"道"具有同一性，"理"就是"道"。然而，"理"与"道"并非完全相同的概念，正如陈淳在《北溪字义》中指出的："道与理大概只是一件物，然析为二字，亦须有分别。"② 那么，在程朱理学这里，"理"与"道"何以能相同？又有何不同呢？

首先，"道"与"理"的同一性取决于它们同为本体范畴，是绝对的形而上者。《河南程氏遗书》中有"阴阳，气也。气是形而下者，道是形而上者。形而上者则是密也"。《朱文公文集·答黄道夫》中也有"天地之间，有理有气。理也者，形而上之道也，生物之本也。气也者，形而下之器也，生物之具也"。"理""道"作为形而上的概念，与"器""气"等形而下的概念相对，获得了在本体范畴上的一致性。

其次，"理"与"道"也是有所区别的。"与理对说，则道字较宽，

---

① 本书引程颐程颢著作均出自《二程集》，中华书局 1981 年版。

② （宋）陈淳：《北溪字义》，中华书局 1983 年版，第 41 页。

理字较实，理有确然不易底意。"① 陈淳认为，"道"与"理"之别在于"宽"与"实"，这就把"道"与"理"放置于同一概念范畴中，而避免了"道"高于"理"的误解。但是，要真正理解它们的关系，还要结合程朱"理一分殊"的思维模式。"世间事，虽有千头万绪，其实只一个道理，理一分殊之谓也。"（《朱子语类》）以"理一分殊"来理解"理与道"，就是"道一而理殊"。二程在《易序》中说，"散之在理，则有万殊；统之在道，则无二致"。朱熹在《朱子语类》中也说，"道是统名，理是细目"；"道字宏大，理字精密"。也就是说，"道"是天地万物公共之理、本体之理，即"理一"；而"理"是散在万物之中的理，即"万殊"。万事万物都是"理"与"道"的统一，既是本体之"理"的表现，又各具其独特的"理"。另一方面，"道"是万事万物之理的综合，"则各事各成万个道理，四面凑合起来，便只是一个浑沦道理"（《朱子语类》）。

第三、程朱理学以"理"（道）为基点，把天地人三者联系起来，认为宇宙自然规律与社会伦理法则都是不容置疑的"天理"：

> 宇宙之间，一理而已！天得之而为天，地得之而为地，而凡生于天地之间者，又各得之而为性。其张之如三纲，其纪之如五常，盖皆此理之流行，无所适而不在。（《朱子文集·读大纪》）

> 万物皆有理，理皆同出一源，但所居之地位不同，则其理之用不一，如为君须仁，为臣须敬，为子须孝，为父须慈，物物各具此理，物物各异其用，然莫非一理之流行。（《朱子语类》）

① （宋）陈淳：《北溪字义》，中华书局1983年版，第41—42页。

总之，程朱理学"以理言道"，把"道"和"理"作为同一本体范畴。理（道）一方面指向自然规律，另一方面指向社会伦理准则，而这两方面又相互联系、相互依存，共同构成了以"理"（道）为本体范畴的理学逻辑。

（二）陆王心学——以心释道

不同于程朱理学的"以理言道"，以陆九渊、王阳明为代表的心学家"以心释道"，他们把道纳入心中，要求人们从内心去求道，而不是盲目向外索取，这在"道"范畴发展史上具有重要意义。

陆九渊认为"道"是天地万物的主宰，是万事万物都必须遵守的客观存在的规律，"不以人之明不明，行不行而加损"（《象山全集·与朱元晦》）。在此基础上，他进一步指出，这统摄天地万物的"道"不在心外，就在人的心中，由心的活动所体现。如他在《陆九渊集·敬斋记》中所说："道未有外乎其心者，自可欲之善至于大而化之之圣，圣而不可知之神，皆吾心也。"那么，这存在于人心之"道"究竟是什么呢？陆九渊认为，"道"体现在人身上就是伦理道德，也就是人的本心：

> 吾儒之道乃天下之常道，岂是别有妙道？谓之典常，谓之彝伦。盖天下之所共由，斯民之所日用，此道一而已矣，不可改头换面。（《与王顺伯》）
>
> 道塞宇宙，非有所隐遁，在天曰阴阳，在地曰柔刚，在人仁义。故仁义者，人之本心也。（《象山全集·与赵监》）

"道"是人心固有的，但也会因资质浅薄，或后天蒙蔽而导致本心之"道"迷失。因此，陆九渊提出"发明本心"，要求大家返归本心以求道。"诚能反而思之，则是非取舍盖有隐然而动，判然而明，决然无

疑者矣。"（《象山全集·思则得之》）

王阳明则进一步提出"心即道"的命题。他认为"道"无方体、无形象、无精粗、无穷尽，不可言、不可见，既不能向外索取，也不能拘泥于书本文义，只能在自己的心上体悟。他在《传习录》中指出：

> 道无方体，不可执著。却拘滞于文义上求道，远矣。如今人只说天，其实何尝见天？谓日月风雷即天，不可；谓人物草木不是天，亦不可。道即是天，若识得时，何莫而非道？人但各以其一隅之见认定，以为道止如此，所以不同。若解向里寻求，见得自己心体，即无时无处不是此道。亘古亘今，无终无始，更有甚同异？心即道，道即天，知心则知道、知天。

他反对朱熹将"心"分为道心、人心的二分法，认为"心，一也，未杂于人谓之道心，杂以人伪谓之人心。人心之得其正者即道心，道心之失其正者即人心，初非有二心也"（《传习录》）。那么，"道心"是什么呢？他继而指出："道心者，良知之谓也。""夫良知即是道，良知之在人心，不但圣贤，虽常人亦无不如此。若无有物欲牵蔽，但循着良知，发用流行将去，即无不是道。"（《王文成公全书·传习录中》）王阳明以"道"为中介，把"良知"和"心"统一起来，使道德良知成为了人的至善本能，只要能顺着良知的方向，知行合一，即是"道"。

第四节　"道"与"逻各斯"：中西文化交融中的"道"

《老子》之"道"丰富的哲学内涵和文化内涵，不但是中国古代哲学思想的重要理论源头，更是对近现代中国乃至世界思想文化产生了深远的影响。下面我们将以近现代国内外对"道"的解读和言说为例来了解"道"的现代转换历程。

一、不可不"道":"道"的外译

道家经典的外译历史可以追溯至唐朝。唐朝贞观年间,玄奘、成玄英、蔡晃等人奉命将《道德经》翻译为梵文,这可以说是最早出现的《道德经》译本。明清之际,大批传教士进入中国,真正开启了道家经典走向域外的历程。随着世界对中国文化的逐渐了解,以《道德经》为代表的道家经典获得越来越多的关注,各国译本和研究著作可谓汗牛充栋。正如辛红娟指出的,直至今日,对老子思想的译介已成为国际汉学界的时尚,"学术界甚至把《道德经》翻译和研究成果的多寡看作是衡量一个国家汉学研究是否发达的重要标准"①。

"道"关键词的外译是随着道家经典的域外旅程一同出现的,每一位翻译道家经典的译者都不可避免地遭遇"道"的外译问题,面临"道"所涵摄的本土思维与西方思维之间的矛盾张力。老子之"道"无形无象、先天地生,"吾不知其名,强字之曰'道',强为之名曰'大'"(《老子·二十五章》)。在道家文化中,"道"是不能言说的,不可由逻辑推理分析之,只能通过心灵的体验感悟来获得。而西方文化却更重视对真理本身的思考,以期通过逻辑、推理、概念等方式,准确地定义和表达真理。正如刘利民在《"道"与"Logos"之"说"——中西思想文化差异的语言视角》②一文中指出,汉语不特别注重语言表达与理

---

① 辛红娟:《〈道德经〉在英语世界:文本行旅与世界想象》,上海译文出版社2008年版,第8页。

② 刘利民:《"道"与"Logos"之"说"——中西思想文化差异的语言视角》,《当代外语研究》2014年第6期。

解的"精细性和准确性","一个字在汉语中完全有资格成为一个意义的全息整体",而西方的语言结构却表现出"一种严格的规定性","一个命题要能确定所表达的思想是正确的,那么语词不能有含糊歧义性,语句也不能不符合规则"。道家之"道"正是这样的"意义的全息整体",其中包含着丰富的意蕴和不确定性的阐释空间,而在西方很难找寻到与之完全对等的词语。因此,为适应西语语境的具体性、准确性要求,道家不可言说之"道",在西方译者这里成为不可不道之"道"。于是,"道"被西方译者赋予了不同的阐释意蕴,而呈现出各自不同的形象。

(一)以西方宗教立场来阐释"道"。

早期《道德经》的西译本主要出自传教士之手,他们带着使命,了解关注中国传统文化,以期寻找到能够支撑基督教在中国传播的文化依据。起初,他们并不关注道家经典,认为道教充斥着符咒、长生术、肉身升天等"谬说",而道教书籍则"叙说着各种胡言乱语","注入了多少欺骗"①。随着对中国文化的进一步了解,这些传教士发现,道家经典具有更为广泛的阐释空间,其玄妙、虚空的话语体系,包容、体悟的思维方式均更有利于他们传播基督教义。于是,传教士们开始关注《道德经》及道家思想,并以基督教义对其进行比附诠释。在第一部完整的《老子》拉丁文译本中,译者就明确指出这部书是要证明圣三一的真理和道成肉身的上帝早已为中华民族所认知。② 在基督教宗教叙事的影响下,《老子》之"道"被比附为上帝"God"。如传教士付圣泽曾指出的,"道

---

① [意]利玛窦等著:《利玛窦中国札记》,何高济等译,中华书局2010年版,第110页。

② 参见李艳:《20世纪〈老子〉的英语译介及其在美国文学中的接受变异研究》,湖北人民出版社2009年版,第10页。

字系指我们基督徒最高的神——造物主上帝"①。法籍传教士雷慕莎也认为,"道"类似西方的逻各斯,是创世主。其中,亚历山大的英译本《道德经》是 19 世纪末最流行的版本之一,对西方世界理解接受老子思想产生了深远的影响。他以"God"/"Greator"替换"道",并以"He"这个具有人格神意义的人称代词进行语义指涉,使老子之"道"通过语词转渡,成为基督教义中有意志和位格的造物主。②

(二) 以比较哲学立场来阐释"道"。

西方哲学界普遍认为,哲学是"盎格鲁—欧洲文化传统的专利",于是,在对待中国哲学传统的过程中,他们或者选择忽视之,或者选择以西方哲学的逻辑体系重构之。随着西方中心主义立场的解构,越来越多的海外哲学家开始正视中国哲学,并从事对《道德经》等中国经典的翻译和阐释工作,以期寻找到解决西方问题的解答。以安乐哲、郝大维为例③,他们试图摆脱中国哲学"被放在那些并非属于它本身的范畴和哲学框架中加以分析和诠释的命运",力图以中国哲学的立场去观照和诠释经典本身。在阐释"道"关键词时,一方面,他们尽量避免以宗教视野比附中国哲学。针对韦利(Arthur Waley)把"道"翻译为"the Way"的译法,他们并不十分赞同,认为"'Way'首字母的大写使得这个'道'在语义学的意义上也带有了'超验'和'神'的换喻意味"。另一方面,他们认为"道"即"way-making"。"道"不仅是名词性的道路,更是动

---

① 安田朴等:《明清间耶稣会士和中西文化交流》,巴蜀出版社 1993 年版,第154 页。

② 参见辛红娟:《〈道德经〉在英语世界:文本行旅与世界想象》,上海译文出版社 2008 年版,第 204 页。

③ 参见 [美] 安乐哲等著:《道不远人——比较哲学视域中的〈老子〉》,何金俐译,学苑出版社 2004 年版。

词性的行动，是一个不断构筑新的前行之路的行动，是一个具有流动性和自反性的过程。如果以名词性的"Dao"/"Way"进行阐释，则是用物质本体论抹杀了对过程的感受力，使"道"失去了不断变化的形态和可能性。

（三）以海外汉学立场来阐释"道"。

海外汉学家的研究和阐释是中国文化外译西行过程中不可忽视的主要力量。随着汉学家研究的不断深入，越来越多的海外学者尝试摆脱文化前见，以中国本土文化的立场研究老子思想。正如美国汉学家艾兰指出的："近年来，比较哲学家与汉学家愈来愈认识到，在对中国哲学的解读中摒弃我们固有成见的重要性。……然而，仅仅通过翻译与重译文献，我们不可能摆脱我们自己的文化范畴来解读中国文化。我们还应该不用'比较哲学'这样较为抽象的——但较少文化偏见的——专业哲学家的专门术语。"她继而指出："惟有认识到中国思想的本喻，我们才能在解读中国思想时摆脱我们概念体系的固有范畴。"[1] 因此，我们可以看到，不同于传统的中西对比研究，艾兰立足于中国文化传统，以"水和植物"的隐喻为原型，阐释中国传统经典。她认为，"道"作为抽象的支配宇宙的原则，"依托于水，不仅是水道的样式而且更一般的是依托于有各种特性的水"[2]。"道"像源源不断的深泉，"用之或不盈"；"道"似滋养万物的河流，"利万物而不争"；"道"是不断流逝的溪水，包容万物又无从把握，"大曰逝，逝曰远，远曰反"。艾兰认为，老子将"天"的至上权威转移至"道"，再将"道"的意象从水道扩展至水自身，最

---

① ［美］艾兰著：《水之道与德之端——中国早期哲学思想的本喻》，张海晏译，商务印书馆 2010 年版，第 28 页。

② ［美］艾兰著：《水之道与德之端——中国早期哲学思想的本喻》，张海晏译，商务印书馆 2010 年版，第 87 页。

后以"水"的无为、不争作为人的道德准则，并发展为其系统的哲学体系。

此外，在"道"的外译过程中，还出现了很多颇具个性的译本。比如 Wayne W.Dyer 的鸡汤《老子》(*Change Your Thoughts*，*Change Your Life*)、John Heider 的《领导之道》(*The Tao of Leadership*)、Ray Grigg 的《爱情之道》(*The Tao of Relationships: A Balancing of Man and Woman*)等①，这些译本虽然学术性不强，却在西方社会广为流传，成为人们津津乐道的老子思想解读，丰富了西方世界对中国传统的理解和诠释。

二、现代中国哲学视域中的"道"

胡适、冯友兰是现代中国哲学史研究的领军人物，"胡适将实效主义引入中国，完成了第一部以西方哲学眼光写成的《中国哲学史大纲》(上卷)，冯友兰则将新实在论引入中国哲学史研究，完成了在中国和西方均有重要影响的第一部完整的《中国哲学史》，这是中国哲学成为现代学科体系中一个科目的正式开始"②。他们自觉运用西方哲学的方法研究中国哲学，以西释中，确定了现代中国哲学史研究的基本方向和主流方法。因此，我们选取胡适和冯友兰为代表，分析现代中国哲学视域中对老子之"道"的认识和阐释。

(一)胡适：西方实验主义视角下的老子之"道"

胡适是中国现代哲学史上的"拓荒者"。他积极引入西方科学主义和杜威实验主义思想，并吸收和借鉴这些观念以阐发、评断中国哲学

---

① 详见［美］邰谧侠：《〈老子〉的全球化和新老学的成立》，《中国哲学史》2018 年第 2 期。

② 刘笑敢：《反向格义与中国哲学方法论反思》，《哲学研究》2006 年第 4 期。

问题，他"大胆怀疑，小心求证"，在现代中国学术史上具有开创意义。对于老子之"道"，胡适有两种不同倾向的评价，他既承认"道"破除迷信的开创意义，又对"道"存在的合法性发出质疑，提出"这里面也用不着一个可以先天地生而可以为天下母的'道'"的说法。[①]

从"道"的缘起来看，胡适认为，"道"是积极的，是具有革命意义的命题。他评价老子是旧思想的革命家，最大的功劳就是以"道"破"天"，在天地之外假设了一个"道"。胡适强调，老子是中国哲学的始祖，他的哲学思想是与时代和时代中的人紧密相关的、为了解决政治社会问题而生发的学问。老子在他所处的时代，眼见王朝政治腐朽，百姓生活艰辛，于是，提倡绝圣弃智以对抗时代，主张无为无事以对抗政治。为了从根本上解决问题，老子提出"天道"（"道"）观念，打破古代天人同类的说法。"天"不再是有知觉、有情感的最高统治者，而是自然之一。"天地不仁，以万物为刍狗"（五章）正是他破除前人迷信思维的印证。"仁"即"人"的意思，"不仁"也就是与人不同类的意思，天不再是有好生之德的神化人格。"老子说天地不仁，将有意志的天变为无往而不在，无为而无不为的天，是一个自然主义的天道观。"[②] 因此，在"破"的意义上，"道"是积极的。"道"是老子在解决时代疑难问题时的大胆假设，代表的是中国传统中大胆怀疑和积极假设的精神，也就是中国传统中的科学精神。

从"道"的发展来看，胡适又认为"道"是消极的，是放任无为的文化"惰性"。胡适认为老子创造"道"的观念是对社会的大胆革命，但是，"道"极端抽象，老子又赋予"道"以"无"的特性，"道"无为

---

① 参见胡适：《中国中古思想史长编》，载姜义华主编：《胡适学术文集·中国哲学史》上，中华书局1991年版，第368页。

② 胡适：《从历史上看哲学是什么》，载欧阳哲生编：《胡适文集》（12），北京大学出版社1998年版，第286页。

而无不为。老子哲学都受到这个观念的影响，成为无知无欲、无为无事的哲学系统，而道家也在这条路上越走越远。他们以"道"的无为作为出发点，把自然演变的宇宙论应用到人生和政治上，"道家承认万物都是'无动而不变，无时而不移'，守旧固不可能，革新也大可不必，只须跟着时变走就得了。这便是'不为物先'。万物各有自然的适应，尊重这自然的适应，不去勉强变换他，不扰动自然的趋势便是'不易自然'"①。胡适批评这种哲学是情愿落后的哲学，是"抱雌节"的人生观。另一方面，道家在发展老子之"道"时，渐渐忽略了"道"所代表的科学精神和怀疑精神，"不但认定（道）这个假设是必不可少的，并且相信这个假设是满意的，是真实的，故他们便大胆的咬定那个'无常操'而常存，'不得不化'而自身'无攸易'的道，便是'万物之所以成，万物之所以然，得之以死，得之以生，得之以败，得之以成'"②。胡适从科学主义的立场出发，否认永恒不变的真理。他质疑"道"的合法性，批评后来道家过分笃信"道"，把"道"当作一个实体概念。"道既是一个什么，在一般人心里便和'皇天''上帝'没有多大分别了。"③ 因此，在科学精神上，"道"又是消极的。

胡适对"道"的两种完全不同的评判，与他中西文化两种不同立场的调和有关。一方面，受实验主义的影响，胡适认为，道是认识的工具。他强调"科学的根本精神在于求真理"④，而"真理都是工具"。既然

---

① 胡适：《中国中古思想史长编》，载姜义华主编：《胡适学术文集·中国哲学史》上，中华书局1991年版，第370页。

② 胡适：《中国中古思想史长编》，载姜义华主编：《胡适学术文集·中国哲学史》上，中华书局1991年版，第364页。

③ 胡适：《中国中古思想史长编》，载姜义华主编：《胡适学术文集·中国哲学史》上，中华书局1991年版，第369页。

④ 胡适：《我们对于西洋近代文明的态度》，载姜义华主编：《胡适学术文集·哲学与文化》，中华书局1991年版，第193页。

是工具，就不是永恒的，而是随着时代和社会的变化而变化的。在老子的时代，"道"是破除迷信的工具。可是，后来道家却逐渐把"道"这个工具固化，当作万事万物总的真理本身，"道"成为认识的目的和终点。因此，胡适认为，"道"这个工具已经不再符合时代的要求，"科学"才是对宇宙万物的最好解释。另一方面，在中国传统的影响下，胡适又认为，"道"是真理本身。他认为"道"是一个过程，"一个周行天地万物之中，又有不变存在的过程。道是自然如此的，万物也是自然如此的"①。"道"这个过程就是万物自然演变的历程。于是，"道"作为真理本身成为认识的对象。"这个自然演变的历程是个什么样子？天地万物是怎样自然演变出来的？这些问题都不容易解答。二千年来的科学家的努力还不曾给我们一个完全的答案。然而二千多年前的道家已断定这历程是'无中生有'的历程。"②他进而批评道家在还未证明"道"的存在和"道"无的特性之时，就把它广泛运用到人生和政治上去，成为现代中国的达观主义、厌世主义的根源。

（二）冯友兰：中西哲学比较视域中的老子之"道"

1. 新实在论影响下的老子之"道"

冯友兰早年受柏拉图、新实在论影响，强调通过逻辑分析和概念分析的方法研究和阐释中国哲学问题。他在借鉴西方哲学的基础上，重新阐释中国哲学，使中国古代哲学思想更加明晰细腻。通过对《中国哲学史》《中国哲学简史》《贞元六书》等著作的梳理，我们可以看出，冯友兰早年对老子之"道"的阐释，受到新实在论影响，带有明显的逻辑研

---

①　胡适：《中国哲学里的科学精神与方法》，载姜义华主编：《胡适学术文集·中国哲学史》上，中华书局1991年版，第555页。

②　胡适：《中国中古思想史长编》，载姜义华主编：《胡适学术文集·中国哲学史》上，中华书局1991年版，第369页。

究倾向。

一方面，"道"是无名之名，是抽象的概念。冯友兰认为"道"是万物之所以生的总原理。因此，"道"不是任何具体的事物，"道是无名，是无"①。那么，"道"究竟是什么呢？老子并没有从正面回答这个问题。"道的观念，亦是一个形式底观念，不是一个积极的观念。这个观念，只肯定一万物所由以生成者。至于此万物所由以生成者是什么，它并没有肯定。不过它肯定万物所由以生成者，必不是与万物一类底物。"② 在《中国哲学简史》中，冯友兰对此有进一步的说明："道家的人这样想：既然有万物，必有万物之所以从生者。这个'者'，他们起个代号叫做'道'，'道'其实不是名。'道'的概念，也是一个形式的概念，不是一个积极的概念。就是说，这个概念，对于万物之所从生者是什么，什么也没有说。能够说的只有一点，就是，既然'道'是万物之所以从生者，它必然不是万物中之一物。因为它若是万物中之一物，它就不能同时是万物之所从生者。每类物都有一名，但是'道'本身不是一物，所以它是'无名，朴'。"③

另一方面，"道"是本体论意义上的"无"。冯友兰认为，老子之"道、有、无，都不是任何种类底事物，所以都是超乎形象底"④。"道"是一个近乎逻辑底概念，它是"无"却能生万物，自身无性却能使物有性。同样，"有"也不是万有，"有"只是一个有，万物在成为任何物之前，必须先是"有"。而在实际上，没有"有"，只有万有。于是，"有生于无"不是时间上的先后，也不是事实上的先后，而是逻辑上的涵蕴。"说'道

---

① 冯友兰：《新原道》，载《贞元六书》下册，中华书局 2014 年版，第 814 页。

② 冯友兰：《新原道》，载《贞元六书》下册，中华书局 2014 年版，第 814 页。

③ 冯友兰：《中国哲学简史》，涂又光译，北京大学出版社 1985 年版，第 110 页。

④ 冯友兰：《新原道》，载《贞元六书》下册，中华书局 2014 年版，第 815 页。

生一'等于说'有'生于'无'"①，因此，"道"生"一"也不是时间上的生，而是逻辑上的生，即"涵蕴"。这里所说的不是宇宙发生论，而是本体论上的概念，而"道"也成为本体论上的"无"。

2. 马克思主义哲学思想影响下的老子之"道"

20世纪50、60年代，随着马克思主义哲学在中国的传播，冯友兰的哲学思想和学术观点也发生了变化。他认为，唯物主义和唯心主义是哲学的两个对立面，"哲学史所讲的是哲学战线上的唯物主义与唯心主义的斗争、辩证法和形而上学观的斗争"②。于是，他开始了《中国哲学史新编试稿》（以下简称《试稿》）的写作，希望"写一部以马克思列宁主义、毛泽东思想为指南的中国哲学史"。但是这部《试稿》并未全部完成。20世纪70、80年代，80余岁高龄的冯友兰，在总结其大半生学术的基础上，以"马克思主义的立场、观点和方法"重新思考中国哲学史，并以阶级斗争和民族斗争为线索重新编写《中国哲学史新编》（以下简称《新编》）。可以说《试稿》及《新编》是冯友兰在马克思主义哲学观照下对中国哲学史的全新思考，是对他早年中国哲学史研究的超越。同时，从《试稿》到《新编》，冯友兰对马克思主义理论的思考也在不断变化，这种变化在《老子》及其"道"论中有明显的表现。

第一，《中国哲学史新编试稿》中的"道"。

在《试稿》中，冯友兰认为《老子》哲学是素朴的唯物主义，因此，老子之"道"也有明显的唯物主义特征。

一方面，"道"否定了上帝创世说和目的论，"道"不是精神性的实体，而是未分化为特殊物质的原始物质。冯友兰指出，《老子》之"道"虽是无限的，但也需有一些规定以说明这无限的"道"究竟是什么，这

---

① 冯友兰：《中国哲学简史》，涂又光译，北京大学出版社1985年版，第111页。

② 冯友兰：《中国哲学史新编试稿》上，中华书局2017年版，第4页。

些规定正是"道"是物质性的证明。他认为，可以从三个方面来阐释《老子》对"道"的规定：首先，"道"是万物生灭的原则，是用之不尽且独立而不改的；其次，"有"和"无"是道的两个方面，"从'道'之为'无'这一方面看，就可见万物的'不定'的微妙状态。从'道'之为'有'这一方面看，可以看到万物的各种各样的差别和界限，而这些差别和界限又都不能超过'道'中所已有的'象'和'物'的范围"①，因此，"有"和"无"并不是抽象的，而"道"也不是"有"和"无"的抽象的统一；第三，"道"是连续的混沌的东西。在这些规定的基础上，冯友兰认为，老子之"道"跟古希腊哲学家阿克西曼德所说的"无限"类似，都是未分化的物质。

另一方面，冯友兰亦指出，《老子》之"道"包含有客观唯心主义的因子，给客观唯心主义开了后门。首先，老子强调"道"是无名。无名，就是没有任何规定的"物质一般"，"离开了具体的物质存在的'物质一般'，即使说是物质性的东西，其实是不可能有客观存在的概念"②。其次，老子强调"道"的"无"，甚至把"无"绝对化了。"'无'成了没有任何规定性的'本体'，接近了'虚无'的概念"③。第三，"道"所涵摄的"一"是具有神秘性质的概念。因此，冯友兰认为，老子作为没落奴隶主阶级的代言人，虽然建立起了唯物主义哲学的一些范畴，但是受其阶级属性的制约，他的"道"不能不含有否定一切客观存在性质的因素，因此，老子之"道"所表现的素朴的唯物主义自然观有不可避免的漏洞，为唯心主义开了后门。

第二，《中国哲学史新编》中的"道"。

在《新编》中，冯友兰则进一步认为《老子》的哲学体系是客观唯

① 冯友兰：《中国哲学史新编试稿》上，中华书局 2017 年版，第 285 页。

② 冯友兰：《中国哲学史新编试稿》上，中华书局 2017 年版，第 290 页。

③ 冯友兰：《中国哲学史新编试稿》上，中华书局 2017 年版，第 290 页。

心主义的，代表的是没落的奴隶主阶级，表达的是这个阶级在面对"新兴地主阶级的新政权、地主阶级专政的新社会"时"以退为进"的策略和"逃避现实"的态度。① 因此，老子之"道"，也随之表现出客观唯心主义的倾向。

首先，"道"是万物的共相，既是有，也是无。因为"道"是万物的共相，因此它可以是这种物也可以是那种物，从这个意义上说"道"就是有。而另一方面，道既不是这个物也不是那个物，因此有就成为了无。冯友兰进一步指出，"道、有、无"是《老子》宇宙观中最主要的范畴，而且这三个范畴是"异名同谓"的。"不可以说'道'是有、无的统一，也不可以说有、无是道的两个方面。说统一就多了'统一'两个字。说两个方面就多了'两个方面'四个字。因为道、有、无虽然是三个名，但说的是一回事。"② 他强调，在这种情况下，有是抽象的有，与天地万物的有是不同的，"有是一个最概括的名，因为最概括，它就得是最抽象，它的外延是一切事物，它的内涵是一切事物共同有的性质。……一切事物，只有一个共同的性质，那就是存在，就是'有'。……但是，没有一种仅只存在而没有任何其他规定性的东西，所以极端抽象的'有'就成为'无'了。这就叫'异名同谓'。'有'是它，'无'也是它"③。

其次，"道"是无始无终的过程。在有无"异名同谓"的基础上，冯友兰继而指出对于具体事物来说，这就是一个过程。"这个过程就是从无到有，从不存在到存在，又从有到无，从存在到不存在的过程。"④ 而对于整个宇宙来说，这个总的过程就是"道"，是从"逝"到"远"到"反"

---

① 参见冯友兰：《中国哲学史新编》上卷，人民出版社 2007 年版，第 225—226 页。

② 冯友兰：《中国哲学史新编》上卷，人民出版社 2007 年版，第 239 页。

③ 冯友兰：《中国哲学史新编》上卷，人民出版社 2007 年版，第 239 页。

④ 冯友兰：《中国哲学史新编》上卷，人民出版社 2007 年版，第 240 页。

的过程,"这是一切事物发展变化的过程。每一个这样的过程,就是道的一个'周行'。这种'周行'没有停止的时候。这就是'周行而不殆'"①。

在《新编》中,冯友兰对《老子》"道、有、无"的范畴概念给予很高的评价,认为这是一个真正的哲学问题,是一般和特殊、共相和殊相的问题,尽管只是寥寥几句的闪光,却"照耀了人思辨能力发展的道路"。同时,他亦指出,《老子》说"道生一,一生二,二生三,三生万物"是把一般和特殊、共相和殊相的问题说成是母子的关系,而没有看到其辩证统一的特性,因此,《老子》思想是客观唯心主义的。

胡适、冯友兰"以西释中"的方法是近代中国哲学在西方文化冲击下的自觉,具有创造性和突破性的意义。"正是新的思想方法的运用,《老子》研究才突破了解经、注经的传统方法,才有'新解'、'研究'之类的老学著作出现,大量使用归纳、演绎,乃至逻辑、辩证等方法。"② 当然,他们的研究也具有明显的局限,他们对老子之"道"的阐释也不可避免地带有西方哲学的"成见",而不能完全凸现中国哲学的特质。因此,现代中国哲学界对老子思想以及老子之"道"的阐释并未止步,而是呈现出多样的趋势,或是进一步融合中西哲学思想,或是站在传统哲学的基础上回归中国立场,或是综合多学科进行多元研究等等。也正是这种多样性的研究,使得老子之"道"能始终作为"活的形态",影响着当代中国乃至世界。

三、中西对话语境下"道"的当代价值

当代是全球化的时代,中西文化的碰撞与交流频繁紧密,不仅西方

---

① 冯友兰:《中国哲学史新编》上卷,人民出版社 2007 年版,第 241 页。
② 熊铁基等:《二十世纪中国老学》,福建人民出版社 2002 年版,第 6 页。

文化全方位融入现代中国，中国文化也越来越受到世界的关注和肯定。"道"作为传统道家的核心观念，是老子与世界对话的重要中介，它从来都不是固化的旧物，而是时代发展的思想宝库和智慧源泉，具有积极的现实意义。正如诺贝尔化学奖获得者普里高津所说："中国的思想对于那些想扩大西方科学的范围和意义的哲学家和科学家来说，始终是个启迪的源泉。"[①]"道"在当代社会的影响已经深入到各个方面，下面我们以"道"对现代科学和人文价值的影响为例来了解"道"是如何对当代社会发生影响的。

　　"道"对现代科学的发展具有积极作用。从表面看，中国传统之"道"似乎与现代科学关系不大，但是越来越多学者却发现"道"不仅与现代科学有内在的一致性，甚至还能启迪现代科技的发展。从自然科学方面看，"道"之有无相生、无为而无不为的特点，与现代物理学不谋而合。罗发海在《"道"与现代物理学》一书中，介绍了国内外学者将"道"与计算物理学、混沌学、量子力学、亚核粒子学说等现代物理学进行比较研究的例子，指出现代物理学中"似乎都有'道'的灵魂附体"。他指出："从更广泛的意义上看，两者确实在某些方面是可以比较的，在道家哲学的多种多样的形式中，差不多可以找到现代物理学各种观点的胚胎和萌芽，即'道'与现代物理学的发展图景有着惊人的相吻合之处。"[②] 在社会科学方面，"道"同样发挥着作用。美国道学会创始人张绪通博士以"道"为其理论的出发点，结合当代管理实践，提出了道学的管理方法（水式的管理），得到西方学术界的普遍赞誉，并被广泛应用于实际。葛荣晋教授在其主编的《道家文化与现代文明》一书中指出，老子之"道"与现代企业文化的管理理念是一致的，"老子'道可道非

---

　　① 转引自朱晓鹏：《传统思想的现代维度》，中国社会科学出版社 2011 年版，第 295 页。

　　② 罗发海等：《"道"与现代物理学》，安徽大学出版社 2006 年版，第 32 页。

常道'在管理上的理论价值，就在于它指导人们在求索物质财富、精神财富，同社会交往中，去努力寻找'可道'之'道'的同时，又引导着人们深入地探寻似乎是'寂兮廖兮'的，但又确实存在着的浑然一体的那个'非常道'之'道'即'企业文化'"①。

"道"能够引导人生价值的实现。近代以来，随着科技水平的提升和生产率的发展，人类对自然的征服与索取日渐繁多，对物质的算计与追逐也渐趋膨胀。正如马克思·韦伯在《新教伦理与资本主义精神》一书中强调的："随着资本主义的发展，宗教的动力开始丧失，物质和金钱成为了人们追求的直接目的，于是工具理性走向了极端化，手段成为了目的，成了套在人们身上的铁的牢笼。"② 工具理性和价值理性本是人的理性中相互依存的两部分，但是，当工具理性逐渐脱离价值理性的引导时，人也慢慢被欲望和金钱控制，成为"单向度的人"。而当经济利益和实用价值成为人们唯一的价值标准时，幸福也就离人类远去。正是在这样的时代背景下，老子成为引导价值理性的救命良药，是"人类历史上高扬这种人道主义准则或价值理性的典范"③。如前所述，"道"不是悬空于宇宙万有之上的抽象概念，更是社会生活的准则和个体修养的境界。"道"所表现出的愚朴纯真、致虚守静的文化心态，正是对当代人极度追名逐利的纠偏。方东美先生在《原始儒家道家哲学》一书中，正是从相对价值和绝对价值出发，把"道"的精神视为一种解脱精神。他强调"（人）要有超脱解放的精神，才能追求真正超越的价值、真正高尚的理想。拿这么一种精神显现在人类价值理想中，达到一切价值最高

---

① 葛荣晋主编：《道家文化与现代文明》，中国人民大学出版社 1991 年版，第124 页。

② ［德］马克思·韦伯：《新教伦理与资本主义精神》，于晓译，生活·读书·新知三联书店 1987 年版，第 56 页。

③ 董京泉：《论老子哲学思想与当代全球性哲学问题》，《文史哲》2016 年第 6 期。

的平面。站在价值最高的层次看下层的价值世界，才晓得许多价值世界是虚妄的领域，不是真实的领域，不是美的领域，不是善的领域"①。当我们一再追问是否该扶起摔倒的老人、帮助陷入困境的陌生人时，当我们一度陷入对金钱的算计和无尽追求时，不妨跳出世俗的价值系统，从"道"的角度观照世界，以"道"的解脱精神指导实践，也许会得到不期而遇的幸福。

当然，老子之"道"对当代社会的影响还表现在医学、政治学、生态学等各个领域。可以说，在当代中西对话语境下，"道"与人类社会的关系已经越来越紧密,21 世纪不仅"是寻找老子的伟大时代"②，亦将是老子之"道"闪耀光芒的时代。

---

① 方东美：《原始儒家道家哲学》，中华书局 2012 年版，第 192—193 页。
② 赵保佑：《老子与华夏文明传承创新》上册，社会科学文献出版社 2013 年版，第 110 页。

第二章 "道法自然"

"自然"是道家思想体系的重要观念，是"道家哲学的中心价值"①。自老子最早提出"自然"一词后，"自然"便成为中国思想史中不可忽视的重要范畴，不断被历代学者充实和发展，对后世思想、文学、美学等都产生了深远影响。

第一节 "天道自然"："自然"内涵之建构

"自然"一词在中国古代是作为状词的"自然而然"，不同于近现代作为名词的"自然界"的概念。因此，欲透彻了解道家元典中"自然"关键词的发展及其影响，就必须对"自然"的内涵及其建构作一番详细考察。

一、"自然"关键词渊源考

从现有文献来看，"自然"作为一个整体范畴的出现是稍晚之事，

---

① 刘笑敢：《老子之自然与无为概念新诠》，《中国社会科学》1996 年第 6 期。

其出现的时期不早于老子的时代。而在早期文献中，"自"与"然"二字分列出现是比较常见的。因此，要考察"自然"一词的渊源，我们必须从查考"自""然"二字开始。

"自"在甲古文中作"𦣻"，本是鼻子的象形，义谓人指鼻子以自指。《说文》云："自，鼻也。象鼻形。"这里指出了"自"的本义，正是在这个意义上，"自"又有"自己"的意思，先秦典籍中这一意义比较常见。如《易·干》："天行健，君子以自强不息。"《诗·小雅·节南山》："不自为政，卒劳百姓。"《孟子·离娄上》："夫人必自侮，然后人侮之；家必自毁，而后人毁之；国必自伐，而后人伐之。"除"自己"以外，"自"在早期还有以下几种常用意义：一、开始。《说文》："皇，大也。从自、王。自，始也。"如《韩非子·心度》："故法者，王之本也；刑者，爱之自也。"二、由来。《易·需卦》："自我至寇，敬慎不败也。"《礼记·中庸》："知远之近，知风之自，知微之显，可以入德矣。"郑玄注："自，谓所从来也。"三、用。《广韵·玉韵》："自，用也。"《书·皋陶谟》："天秩有礼，自我五礼有庸哉。"孔颖达疏："自，用也。"《诗·大雅·绵》："民之初生，自土沮漆。"毛传："自，用；土，居也。"《荀子·儒效》："知之曰知之，不知曰不知，内不自以诬，外不自以欺。""自"字还有一些做连词、介词、副词的用法，这里不再一一列举。

"然"原是"燃"的本字，今见"然"字最早于金文之中，写作"𤆎"，《说文》谓"然，烧也。从火"。徐铉注曰："然，今欲别作燃。"其本义先秦时期依然比较常见，如《孟子·公孙丑上》："若火之始然，泉之始达。"除了表"燃烧"义，"然"尚有如下几个重要意义：一、作词尾，表事物之状貌，如《诗经·邶风·终风》："终风且霾，惠然肯来。"《孟子·梁惠王》："天油然作云，沛然下雨，则苗浡然兴之矣。"二、可作"是这样"解，《玉篇·火部》："然，如是也。"《诗·大雅·皇矣》："帝谓文王，无然畔援！无然歆羡！"郑玄笺："无如是拔扈……无如是贪羡。"《礼记·学记》："故君子之于学也，藏焉，修焉，息焉，游焉。夫然，故安其学而亲其师，乐其友而信其道。"孔颖达疏："然，如此也。"又《庄子·逍遥游》："奚以知其然也?"《庄子·齐物论》："道行之而成，物谓之而然。"三、"然"可用来肯定陈述之真，《广韵·先韵》："然，是也。"《论语·雍也》："子曰：雍之言然。""然"字还有一些其他意义，也可用作虚词，这里也不再一一列举。

分别讨论了"自"与"然"这两个汉字的原初字义之后，我们就比较容易理解"自然"合在一起作为一个词的意义了。从现存文献看，"自""然"二字合为"自然"一词最早出现于《老子》之中，在先秦典籍中这一词已比较常见。如：

> 是以圣人欲不欲，不贵难得之货；学不学，复众人之所过，以辅万物之自然而不敢为。(《老子·六十四章》)
> 无名人曰：汝游心于淡，合气于漠，顺物自然而无容私为焉，而天下治矣。(《庄子·应帝王》)
> 安国之法，若饥而食，寒而衣，不令而自然也。(《韩非子·安危》)

从上述例子看，"自然"都为"自然而然"之意。在汉语中，倘若"自"字后面跟有一个名词，尤其是表明方位、地点、时间的名词，例如上下左右、东西南北、古今始终，那么，这个"自"字就应当被理解为介词，意为"从……而来"。倘若"自"字后面跟有一个表示行动的动词，诸如"自乐"，"自成"，"自治"，"自发"等时，这个"自"字就应当被理解为具有自身反指作用的代词。依照这一汉语语言学的规律或惯例，在"自然"一词中，尽管跟在"自"字之后的"然"字在这里可能不作"动词"解，但它应当是对某一行为、动作状态的认定和指称。如果这样的理解正确的话，"自然"的"自"就是反指的"自己""自身"，而"然"则是对这种自己和自身行为、行动状态的肯定和认定。所以，"自然"讲的不过就是宇宙万事万物原原本本的"自己而然""自身而然"罢了。①正如郭象②解释"自然"之意所说：

> 谁得先物者乎哉？吾以阴阳为先物，而阴阳即所谓物耳。谁先阴阳者乎？吾以自然为先之，而自然即物之自尔耳。……明物之自然，非有使然也。（《庄子注·知北游》）
>
> 然则生生者谁哉？块然而自生耳。自生耳，非我生也。我既不能生物，物亦不能生我，则我自然矣。自己而然，则谓之天然。天然耳，非为也，故以天言之。以天言之，所以明其自然也，岂苍苍之谓哉！……故天者万物之总名也。莫适为天，谁主役物乎？（《庄子注·齐物论》）

在郭象对"自然"的解释中，"自然"是指万物一种存在的状态，而非一种实际之存在物，与今天所谓"自然界"的称谓意义是完全不一样的。

在中国古代，"自然"一词的意义，始终只停留于作为状词的"自然而然""无外力强迫"之义，而没有出现名词性的"自然界"之义。所谓"返自然""妙造自然""肇于自然""自然英旨"等都是说要回到、达到或追求不假人为或不受社会文化束缚的心灵、艺术或审美境界，追求自然或崇尚自然并不是追求崇尚自然物、自然界，而是追求自然而然

---

① 参见王庆节：《老子的自然观念：自我的自己而然与他者的自己而然》，《求是学刊》2004 年第 6 期。

② 本书引郭象《庄子注》均出自郭庆藩撰，王孝鱼点校：《庄子集释》，中华书局 2013 年版。

的心境或行为。中国古代并非没有对"自然界"的称谓，只是不被称为"自然"，而称为"天"，或"天地"而已。"自然"的名词性内涵是到了近代以后才开始出现的。① 对这一观点学术界曾有不同认识。阮籍《达庄论》曾曰："天地生于自然，万物生于天地。自然者无外，故天地名焉。天地者有内，故万物生焉。当其无外，谁谓异乎？当其有内，谁谓殊乎？"张岱年先生认为："自然是至大无外的整体，天地万物俱在自然之中。阮籍以'自然'表现天地万物的整体，可以说赋予'自然'以新的含义。近代汉语中所谓'自然'表现广大的客观世界，'自然'的此一意义可谓开始于阮籍。"② 对阮籍所谓"自然"是指"客观世界"的观点，一些学者提出了不同看法，指出张先生的观点"恐怕是一个失误"③，并认为："阮籍此处所谓'自然'，仍为一状词，而非名词。'天地生于自然'，其意即天地是自然产生的，因其自然产生，无有外在的力量，所以谓'自然者无外'。如以自然为万物的整体，'天地生于自然'则不可理解。因为天地指天地万物，又指天地之间，天地万物即是整体，作为万物之整体之自然就是天地，在这个意义上二者是等同的，自然并不比天地范围更大。所以，谓'阮籍以自然表现天地万物的整体，可以说赋予自然以新的含义'的说法并不成立。"④ 这一说法显然更接近阮籍本意。日本学者池田之久也曾说过："中国的'自然'与西洋的 nature 是根本由来不同且从无关系的两个词，后者在近代日本虽译作'自然'，可两

---

① 参见罗安宪：《虚静与逍遥——道家心性论研究》，人民出版社 2005 年版，第 57 页。

② 张岱年：《中国古典哲学概念范畴要论》，中国社会科学出版社 1989 年版，第 81 页。

③ 陆玉林：《老庄哲学的意蕴》，经济管理出版社 1999 年版，第 119 页。

④ 罗安宪：《虚静与逍遥——道家心性论研究》，人民出版社 2005 年版，第 57 页。

者意思似乎还是毫无共通之处。"①

由上述分析可知，"自然"一词最先由老子使用，其内涵主要指"自然而然"，为一状词，而在整个中国古代，其意义都与此义相关，而未出现名词性的"自然界"之义。

二、"道法自然"：《老子》对"自然"的建构

"自然"是老子哲学最重要的一个观念。老子认为任何事物都应该顺任它自身的情状去发展，不必让外界的意志去制约它。事物本身就具有潜在性和可能性，不必由外附加。因而老子以"自然"这一观念来说明不加一毫勉强作为的成分而任其自由伸展的状态，老子哲学也因此被称为"自然"哲学。那么，老子是如何建构"自然"范畴的呢？在回答这一问题前，有必要对《老子》一书中"自然"范畴的具体意义作一考辨。在《老子》一书中"自然"共出现五次：

> 悠兮其贵言。功成事遂，百姓皆谓："我自然。"（《老子·十七章》）
> 希言自然。故飘风不终朝，骤雨不终日。（《老子·二十三章》）
> 人法地，地法天，天法道，道法自然。（《老子·二十五章》）
> 道之尊，德之贵，夫莫之命而常自然。（《老子·五十一章》）

---

① ［日］池田之久：《中国思想史上"自然"之产生》，雷安平译，《民族论坛》1994 年第 3 期。

　　是以圣人欲不欲，不贵难得之货；学不学，复众人之所过，以辅万物之自然而不敢为。(《老子·六十四章》)

　　十七章所说的"百姓皆谓我自然"是说明政府的作为以不干扰人民为上策，政府的职责在于辅助人民，功成事遂，百姓并不感到政府力量的存在，反而觉得是自我发展的结果。在人民丝毫不感到政府干预的情况下，大家都觉得十分的自由自在。

　　二十三章说的"希言"是合于自然的。"希言"按字面的解释是"少说话"的意思。老子所说的"言"，其实是指"声教法令"。因而"希言"乃是指不施加政令的意思。这和"不言之教"的意思相通。老子认为，为政不宜扰民，不扰民就合于自然了。反之，如果政令烦苛，犹如飘风骤雨，对人民构成侵害，那就不能持久了。暴政之所以不能持久，就是因为它不合于自然的缘故。

　　五十一章很清楚地说明了"道"之所以受尊崇，"德"之所以被珍贵，就在于它不干涉，而让万物顺任自然。

　　六十四章所说的"以辅万物之自然而不敢为"和五十一章"夫莫之命而常自然"意义是相通的，都说明了"道"在万物中是居于辅助的立场，所谓辅助，只是依照万物的本然的状态去发展。体"道"的"圣人"——理想中的治者，他的为政也能表现这种精神，辅助百姓的自我发展而不加以制约。

　　从上述论说我们可以看出，《老子》之"自然"的哲学内涵建构主要是从道之自然、政之自然、人之自然三个层面进行的，具体如下：

（一）道之自然：道法自然

　　这是从本体层面对"自然"关键词建构。

　　何谓道法自然？老子说："人法地，地法天，天法道，道法自然。"

这里的"法"是效法、取法的意思：人以地为法则，取法于地，地取法于天，天取法于"道"，"道"则取法于"自然"。对"法自然"，王弼《老子注》曾解释为："道不违自然，乃得其性，法自然也。法自然者，在方而法方，在圆而法圆，于自然无所违也。自然者，无称之言，穷极之辞也。"这里是说"自然"是一个普遍的、根本的原则，任何具体的事物，都要与所处客观环境保持和谐，顺遂外界的变化而不干涉，不破坏外界事物之自然，这样，其自身的存在也就保持着自然的状态了。而"道"不是具体的事物，它是没有任何对待的最高的存在，对它来说不存在自我与非我、主体与客体、自我与环境，无须对他物保持和谐，但它同样也要遵循和效法自然的原则。因此，所谓"道法自然"，其一是说，"道"以它自己的状况为依据，以它内在的原因决定了本身的存在和运动，而不必靠外在的其他原因；其二是说，"道"对待万物也是遵循这一自然的原则。

因此，"道法自然"，非谓道之外更有自然。吴澄曰："道之所以大，以其自然，故曰法自然，非道之外别有自然也。自然者，无有无名是也。"（吴澄《道德真经注》卷二）"自然"不过是对道之状态与作为之形容。正如蒙培元先生指出的："'自然'是一个状词而不是名词，也不是形容词。既然在'道'之外没有更高的实体存在，那么，'自然'就应是'道'的存在状态。"① 因此，"道法自然"实际上即是"道性自然"。河上公曰："道性自然，无所法也。"（《老子道德经河上公章句·象元第二十五》）"道法自然"，亦即道以顺乎自然为法，以自然为法，以自己为法。

道虽然创造和成就了万物，但道并不含有意识性，也不带有目的

---

① 蒙培元：《论自然——道家哲学的基本观念》，载《道家文化研究》第十四辑，生活·读书·新知三联书店 1998 年版。

性，而完全是自然而然，完全是自然无为的，从不将万物据为己有而宰制之，也不奢望有所回报。《老子·五十一章》云：

> 道生之，德畜之，物形之，势成之。是以万物莫不尊道而贵德。道之尊，德之贵，夫莫之命而自然。故道生之，德畜之；长之育之；亭之毒之；养之覆之。生而不有，为而不恃，长而不宰，是谓"玄德"。

"道"创生了万物，又内在于万物，成为万物各自的本性，并受到万物尊崇。"道"之所以受到万物的尊崇，正在于它对万物不加干涉，完全顺其自然地任万物自我化育、自我完成，而不加以丝毫外力的限制与干扰。道的这一种品德，就是"玄德"。

因此，"道法自然"既是说"道"要遵循"自然"的原则，也是说天、地、人也都要遵循"自然"的原则，而"道"与万物之关系也是完全自然的，都遵循着自然的原则。

（二）政之自然：希言自然

这是从政治层面对"自然"关键词的建构。

何谓希言自然？老子曰："听之不闻，名曰'希'。"（《老子·十四章》）"希"的原义是"稀"，即稀少义。《老子》一书多言及希。如：

> 大音希声，大象无形。（《老子·四十一章》）
> 不言之教，无为之益，天下希及之。（《老子·四十三章》）
> 知我者希。（《老子·七十章》）
> 夫代大匠斫者，希有不伤其手矣。（《老子·七十四章》）

"希声"并非无声，老子之所以讲"大音希声"，而不讲"大音无声"，其义正在于此。因此，"希言"即是少言。李荣曰："希，少也。多言数穷，少言合道，故曰自然。"①"希言"的反面即是"多言"。"多言数穷，不如守中。"（《老子·五章》）"数"即速，"数穷"，即速穷。吴澄曰："数犹速也，穷谓气乏。人而多言则其气耗损，是速其匮竭也。不如虚心固守其所，使外物不入，内神不出，则其虚也无涯，而所生之气亦无涯矣。"（《道德真经注》卷一）蒋锡昌曰："老子'言'字，多指声教法令而言，……多言者，多声教法令之治；希言者，少声教法令之治。故一即有为，一即无为。"②所以，在老子看来，治世之道，其要正在于顺乎自然。因此老子提倡"行不言之教"，老子所谓"行不言之教"即不轻易发号施令，只是身体力行，进行潜移默化的引导。

从上述分析可知，"希言自然"就是施行清静无为的政治，以不扰民为原则，扰民就不符合自然了。人民和政府之间相安无事，相忘于无为，这就是自然无为。这种无为之为，正如钱钟书先生所言："老子所谓'圣'，尽人之能事以效天地之行所无事耳。"③"尽人之能事"正是一种政之"自然"的理想境界。

对于政之"自然"的具体表现，老子曾作过这样一个比较："太上，下知有之；其次，亲而誉之；其次，畏之；其次，侮之。"（《老子·十七章》）意思是最好的统治者，人民虽然知道他的存在，却不必去理会他的存在。在老子看来，这是最好的政治，人民根本感觉不到政府力量的存在，这样的政府是最理想、最成功的，生活在这样的政治条件下的人民也是最自然、最幸福的。至于那种努力为人民做

---

① 李荣：《道德真经注》，《中华道藏》本。
② 蒋锡昌：《老子校诂》，成都古籍书店1988年版，第156页。
③ 钱钟书：《管锥编》第二册，中华书局1986年版，第421页。

事，人民对他感恩戴德而亲近并赞美他的统治者，正是儒家心目中的圣王标准，可是在老子看来，这样的君主做事已经不是出于真实的自然，而是有了居心，这已经是多事之政了，因而算不上是最好的政治。再次一等的是昏聩的统治者，他们会做出伤害人民的事，令人民畏惧而逃避之。最差的统治者令人民憎恨，这就是连昏君都不如的暴君了。老子认为，理想的政治莫过于"希言""不言"，统治者悠然自处而不轻易发号施令，"辅万物之自然而不敢为"，任凭人民自由自在地生活，人民丝毫感觉不到政府的干预，政府和人民相忘于无为，大家都觉得自由自在。在这样一种理想政治环境之中，才会有"百姓皆谓：我自然"。

（三）人之自然：为无为，事无事

这是从人生层面对"自然"关键词的建构。

老子说："道常无为而无不为。"（《老子·三十七章》）老子"道"之本性便是"自然无为"。"自然无为"是老子哲学之基本观念。刘笑敢说："老子所追求、所推崇的最高价值就是'自然'，'自然'是老子哲学体系的中心价值，而'无为'则是老子提出的实现或追求这一价值的基本方法或行为原则。这两者是老子所要强调的主要内容，是老子哲学所要传达的主要信息。"[1]"自然无为"既可合而言之，亦可分而论之。合而言之：自然即无为，无为即自然，故曰自然无为。分而论之：自然是道之本性，亦可称为道体；无为是道之动作，是人之所应效法者，亦可称为道用。而人要"法自然"，就是要"为无为，事无事"。

所谓"为无为"，是指"以无为的方式去为（做），即以顺任自然的

---

① 刘笑敢：《老子哲学的中心价值及体系结构》，载《道家文化研究》第十辑，上海古籍出版社 1996 年版。

态度去处理事务"①。显然,"无为"并非什么事都不做,其本身也是一种"为",以"无为"为"为",以"无事"为"事","是以圣人处无为之事,行不言之教;万物作而不为始,生而不有,为而不恃,功成而弗居"(《老子·二章》),这便是圣人所遵循的"自然"原则。由此我们可以看到,"为无为"的原则其实包含着三个层面,正如徐梵澄所说:"'无为'者,非谓无所作为也。倘人皆无所作为,则人事皆息,而文明亦于是乎止,此即西哲康德所谓不善,不可普遍化者也。老氏之所谓'无为',兹出其三语曰:弗治,任人民自然而治;弗恃,即不所负,无所赖;弗居,于事不居其功。由是则弗去,即不违,亦不离也。"② 就为政而言,是要采取无为而治的方式,这在"政之自然"中已有详论,此处不再赘述。就待物而言,则要采取"弗恃"的方式,也就是不逐物,不贵物,"虽有荣观,燕处超然",以超然的态度来对待事物。就待人而言,则要采取"弗居"的态度,也就是要"不争",要"无私","无唯不争,故天下莫能与之争","以其无私,故能成其私",在老子看来,这是个人安身立命的根本原则。

从"为无为"这一原则来看,老子所谓的"柔""弱""慈""俭""虚""静"等其实都属于这一原则。正如卢育三所言:"无为,没有意志、没有目的的作为,或不勉而为。其它如无知、无言、无事等都属于无为的范畴。从更广大的范畴来说,诸如为小不为大,为弱不为强,为柔不为刚,为下不为上,为雌不为雄等,也都属于无为的范畴。人皆欲大不欲小,我为小即是为无为;人皆争雄而不敢为雌,我为雌也是为无为,如此等等。"③

---

① 陈鼓应:《老子注译及评介》(修订增补本),中华书局1984年版,第69页。

② 徐梵澄:《老子臆解》,中华书局1988年版,第4页。

③ 卢育三:《老子释义》,天津古籍出版社1987年版,第167页。

三、"法天贵真":《庄子》对"自然"的发展

"自然"一词在《庄子》原文中出现六次。①《庄子·德充符》:"吾所谓无情者,言人不以好恶内伤其身,常因自然而不益生也。"这里强调人应顺应自然而不以人为去增益生命。《庄子·应帝王》:"顺物自然而无容私焉,而天下治矣。"这里指出治理天下的方法在于顺应万物的自然本性而不藏半点私心,这样天下自然就太平了。《庄子·渔父》:"礼者,世俗之所为也;真者,所以受于天也,自然不可易也。"这里指出人的真性禀于自然,是自然而然,不可以改变的。《庄子·天运》:"吾又奏之以无怠之声,调之以自然之命。"这里是指用自然之节奏来调和。《庄子·缮性》:"当是时也,莫之为而常自然。"《庄子·田子方》:"无为而才自然矣。"这两者都强调了自然的无为特性。表面上看,庄子的"自然"内涵没有超出老子的"自然"范畴,然而,要真正理解庄子的"自然",我们还必须结合其文本本身。

"自然"对老子来说是一种可资取法的对象,借自然而治人治世,落脚处是社会;而庄子的取法自然,是要回到人的生命层次上,落脚点是生命与精神。当代学者罗安宪认为,庄子哲学中的"自然"是一种人的存在状态,这种状态不仅是一种原初的精神状态(即淡漠),也是一种情感的自然状态(即无物之情)。②"法天贵真"也许是对这种自然的人生状态最恰当的归纳,"自然"既是行为上的顺物自然、寂寞无为,也是精神上的逍遥自由、虚静恬淡。

---

① 《庄子·秋水》有"知尧、桀之自然而相非"句,此处"然"犹"是","自然"意为"自以为是",而非老子"自然"范畴之意。参见陈鼓应:《庄子今注今译》,中华书局1983年版,第421页。

② 参见罗安宪:《存在、状态与"自然"——庄子哲学中的"自然"》,《现代哲学》2018年第3期。

庄子常常以"天"指代"自然"，在他的思想中"天"与"自然"是相互联系的。叶舒宪先生曾指出："'天'在庄书中常作为自然的同义语来使用，'天德'也就是自然之德，此乃人类所效法的生命原则。"① 冯友兰先生也说："天即自然之义……'道兼于天'即《老子》所说的'道法自然'之意也。"② 正因为庄子惯于用"天"表明"自然"，因此我们可以结合庄子之"天"更为全面地了解庄子之"自然"。一方面，天是"万物之总名"的自然界。《庄子·大宗师》中有"不忘其所始，不求其所终；受而喜之，忘而复之，是之谓不以心捐道，不以人助天。是之谓真人。"这里的"天"即自然界，是与人类相对的客观存在。这一层意义相对独立，不是我们在此要集中讨论的。另一方面，天是自然而然的自发性。《庄子·秋水》直接提出"何谓天？何谓人？"的问题，回答是"牛马四足，是谓天；落马首，穿牛鼻，是谓人。故曰：无以人灭天，无以故灭命，无以得殉名。谨守而勿失，是谓反其真"。成玄英疏："夫牛马禀于天，自然有四脚，非关人事，故谓之天。"在这里，天是与人为相对的天然，万物随性生成而不加诸人力，便是"天"，谨合"天"之所出的一切即为"真"，也即"无为为之之谓天"（《庄子·天地》）。另外，天还是天时命运的必然性。《庄子·养生主》中有"公文轩见右师而惊曰：'是何人也？恶乎介也？天与，其人与？'曰：'天也，非人也。天之生是使独也，人之貌有与也。以是知其天也，非人也'"。这里的"天也，非人也"带着命运的意味，是人力不可改变的必然。《庄子·庚桑楚》中有"备物以将形，藏不虞以生心，敬中以达彼，若是而万恶至者，皆天也，而非人也，不足以滑成，不可内于灵台"。具备万物以顺其成形，不包藏思虑以修养心志，敬重神智以沟通万物，这些如果都做到

---

① 叶舒宪：《庄子的文化解析》，陕西人民出版社 2004 年版，第 600 页。

② 冯友兰：《中国哲学史》上，生活·读书·新知三联书店 2009 年版，第 252 页。

了，却还是引来万恶，这就是天的意志，而非人可为之了。这里带有十分浓厚的命运意味。成玄英疏也以文王被拘，孔子被困为例，说明"智非不明也，人非不圣也，而遭斯万恶穷否者，盖由天时命运耳，岂人之所为哉"。正如刘笑敢先生指出的："天对万物的决定作用是一种必然性力量，这种必然性力量不是神的意志，也不是事物的内在规律，而是一种抽象的自然而然的必然性。"[1] 正因为"天"具有自发性、必然性的特性，因此，庄子强调人要顺应自然，寂寞无为，尽可能地避免一切非生而有之的、不必要的欲望与行动。据此，我们再看《庄子·德充符》中的"常因自然而不益生也"，《庄子·应帝王》中"顺物自然而无容私焉"等关于"自然"的论述，会发现其中的"自然"既有万物自发而生的内在性，也有不可抗拒的必然性。

　　同时，庄子的"自然"还表现为对"真"的追求，通过"真"实现精神的彻底自由和解放。庄子思想中的"真"，不仅是与"伪"对立的概念，它是一种卓然独立的情状，对于所有需要预设与前提的规定性情境皆无所挂碍，这可以引《庄子》中众多有关"真人"的描述为证，其中《庄子·大宗师》尤为集中：

　　　　古之真人，不逆寡，不雄成，不谟士。若然者，过而弗悔，当而不自得也。若然者，登高不慄，入水不濡，入火不热。是知之能登假于道者也若此。古之真人，其寝不梦，其觉无忧，其食不甘，其息深深。真人之息以踵，众人之息以喉。屈服者，其嗌言若哇。其耆欲深者，其天机浅。古之真人，不知说生，不知恶死；其出不訢，其入不距；翛然而往，翛然而来而已矣。不忘其所始，不求其所终；受而喜之，忘而复之，

----

① 刘笑敢：《庄子哲学及其演变》，中国人民大学出版社 2010 年版，第 128 页。

是之谓不以心捐道，不以人助天。是之谓真人。若然者，其心志，其容寂，其颡頯；凄然似秋，煖然似春，喜怒通四时，与物有宜而莫知其极……古之真人，其状义而不朋，若不足而不承；与乎其觚而不坚也，张乎其虚而不华也；邴邴乎其似喜乎！崔乎其不得已乎！滀乎进我色也，与乎止我德也；厉乎其似世乎！謷乎其未可制也；连乎其似好闭也，悗乎忘其言也……故其好之也一，其弗好之也一。其一也一，其不一也一。其一与天为徒，其不一与人为徒。天与人不相胜也，是之谓真人。

在现实世界的评价体系中，"真人"可谓"超脱"与"神异"，颇有几分神秘主义色彩。"真人"的境界已经超出了世俗之人可理解的知识范围，随物流化而无所用心，一呼一吸、屈曲伸张皆出于无心无意，有所行动却体现出一种至静，无可无不可，生犹夏花而无虞绚烂，死如秋叶却不耽静美。"真"对于《庄子》而言，是精神上最彻底的自由与解放，是超越了一切关系的"独"，这种状态就是"逍遥游"，也就是"法天贵真"的自然状态。庄子认为"人生之所以受压迫，不自由，乃由于自己不能支配自己，而须受外力的牵连。受外力的牵连，即会受到外力的限制甚至是支配……要达到精神的自由解放，一方面要自己决定自己，同时要自己不与外物相对立，以得到彻底地谐和"①。

四、"以天合天"：老庄哲学中人与自然的关系

根据上文论述，我们知道老庄哲学中的"自然"不同于今天所说"自然界"，而是作为状词的自然而然、无外力强迫之义。事实上，从人的

---

① 徐复观：《中国人性论史·先秦篇》，九州出版社2013年版，第355—356页。

主体性来说，"自然"是内在于人而存在的①，离开了人的"自然"是没有意义的。正如方东美先生把"自然"看作人的绝对自由精神，"假使拿西方哲学思想来看，那个'自然'便是斯宾诺莎（Spinoza）所说的'natura naturans'（能产的自然），而不是'natura naturata'（所产的自然）。不是机械的自然界、物质的自然界，而是表现精神绝对的完满、无所限制、足以享受内在的自由。是 perfect spontaneity，the spirit of perfect spontaneity（圆满的自发性的精神）"②。可以说，方先生对"自然"的论述是精准的。人是"自然"的实现者和体验者，人与自然的关系不能简单归纳为和谐相处的关系。事实上，在早期道家哲学思想中，人与自然的关系是逐渐清晰且不断丰富的。

（一）"一天人"：《老子》中的人与自然

老子关于人与自然关系的起点是"天人一"。《老子·二十五章》云："故道大，天大，地大，人亦大。域中有四大，而人居其一焉。人法地，地法天，天法道，道法自然。"老子把人与道、天、地并称为宇宙四大，这是对人卓越地位的肯定。诚如前文所说，"道法自然"并不是在道外别有一物，而是指道的本性就是自然。"人法地，地法天，天法道，道法自然"不是逻辑上的承接关系，而是说人、地、天、道都是以自然为归、体自然而行的。"道无所法，是自然的；而天之法道，亦法其自然而已。人究竟言之，也是法道，即当法其自然。"③天地万物包括人都是由道化生而成的，源于"道"且法其自然，因此，天与人是平等的，是相契合的。老子认为，自然是人本来即有的内在本性，因此，

---

① 参见蒙培元：《老庄哲学思维特征》，《道家文化研究》第二辑，上海古籍出版社 1992 年版。

② 方东美：《原始儒家道家哲学》，中华书局 2012 年版，第 258 页。

③ 张岱年：《中国哲学大纲》，中国社会科学出版社 1982 年版，第 421 页。

刚出生的婴孩"专气致柔",最符自然。《老子·十章》"专气致柔,能如婴儿乎";《老子·二十章》"我独泊兮,其未兆,如婴儿之未孩;儽儽兮,若无所归";《老子·二十八章》"为天下谿,常德不离,复归于婴儿"……这些都是老子对婴孩状态的赞美。然而,婴孩必然会长大,人面对社会生活,难免会偏离"自然"的轨迹,开始汲汲于名利富贵。"五色令人目盲;五音令人耳聋;五味令人口爽;驰骋田猎,令人心发狂;难得之货,令人行妨。"(《老子·十二章》)对物欲生活的追求使人离其自然的本性越来越远,人之道也逐渐偏离天之道。"天之道,其犹张弓与?高者抑之,下者举之;有馀者损之,不足者补之。天之道,损有馀而补不足。人之道,则不然,损不足以奉有馀。孰能有馀以奉天下,唯有道者。是以圣人为而不恃,功成而不处,其不欲见贤。"(《老子·七十七章》)因而,老子强调要返本复初、复归于朴,"回到自身,通过'自知'之明,实现'自然'之性"①。

那么,人在背离自然之后,要如何回归自然呢?老子也给我们提供了方法,即从事于道,"故从事于道者,同于道"(《老子·二十三章》)。具体来说,就是要以"虚静"("澄怀")的状态去体认"自然"。老子说:

> 致虚极,守静笃。万物并作,吾以观复。夫物芸芸,各复归其根。归根曰静,静曰复命。复命曰常,知常曰明。不知常,妄作凶。知常容,容乃公,公乃全,全乃天,天乃道,道乃久,没身不殆。(《老子·十六章》)

致虚、守静,以观万物之变。物虽千变万化,而不离其根本,其根本是静。这就是说,通过虚静状态可能观察到事物的本质所在。老子还

---

① 蒙培元:《中国哲学主体思维》,东方出版社1993年版,第35页。

指出，致虚、守静就是要"涤除玄览"（《老子·十章》）。河上公注曰："当洗其心使洁清也。心居玄冥之处，览知万事，故谓玄览也。"王弼注曰："玄，物之极也。言能涤除邪饰，至于极览，能不以物介其明，疵其神乎？则终与玄同也。"所谓"涤除"，就是涤除人心之欲，亦即保持人心之虚静，如此方可"与玄同"，也就是与"道"同。

可以说，在老子的天人关系的论述中存在一条模糊的线索，即"天人一"到"天人离"最后回归于"一天人"。具体到人与自然的关系来看，就是人同于自然、背离自然，最后回归自然。然而，这条线索在老子这里还较为模糊，直到庄子才逐渐趋于清晰深刻。

（二）"以天合天"：《庄子》中的人与自然

庄子在老子的基础上进一步明晰了天与人的关系。正如张岱年先生所说："在老子尚没有以天与人两个观念相对立。分别天人，始于庄子。"[①] 庄子认为，人在宇宙间是渺小的，犹如小石、小木之于大山，毫末之于马体。"吾在天地之间，犹小石小木之在大山也。""此其比万物也，不似毫末之在于马体乎？"（《庄子·秋水》）《庄子·知北游》中也有："是天地之委形也；生非汝有，是天地之委和也；性命非汝有，是天地之委顺也；孙子非汝有，是天地之委蜕也。"人在天地之中是卑微的，身体、性命、子孙都不归自己所有，都不是人所能自己主宰的。正因为人在天地间是渺小卑微的，因此，人只有随顺天然，不可改变天然。庄子认为人世的一切作为与行动，无不是人的后天主观能动性作用于先天本性的过程，其结果必定会影响乃至伤害到内在的自然，就如伯乐驯马：

夫马，陆居则食草饮水，喜则交颈相靡，怒则分背相踶。

---

① 张岱年：《中国哲学大纲》，中国社会科学出版社 1982 年版，第 421—422 页。

马知已此矣。夫加之以衡扼，齐之以月题，而马知介倪闉扼鸷曼诡衔窃辔。故马之知而能态至盗者，伯乐之罪也。（《庄子·马蹄》）

伯乐相马而治，显然是一种为马所不能忍受的事情，"马，蹄可以践霜雪，毛可以御风寒，龁草饮水，翘足而陆，此马之真性也。虽有义台路寝，无所用之"（《庄子·马蹄》），驯马正是将马的一种自发本性一点点变成为人所用的过程，那么马因驯服而产生狡诈之知，去马的本性已然不可以道里计。由此演绎，小到器物生产，大到治理天下所产生的一切仪则，无不是害天伤性的行为：

烧之，剔之，刻之，雒之，连之以羁馽，编之以皂栈，马之死者十二三矣；饥之，渴之，驰之，骤之，整之，齐之，前有橛饰之患，而后有鞭笑之威，而马之死者已过半矣。陶者曰："我善治埴，圆者中规，方者中矩。"匠人曰："我善治木，曲者中钩，直者应绳。"夫埴木之性，岂欲中规矩钩绳哉？然且世世称之曰"伯乐善治马而陶匠善治埴木"，此亦治天下者之过也。（《庄子·马蹄》）

在庄子看来，由生产到制度，都应该以保全人或物的一种自然状态为出发点及最终目的，由自然天性为社会最高宗旨的思想落实到现实，必然导致的结果就是否定生产与社会制度，进而否定社会发展过程中产生的用以维持社会运作的一切伦理规范：

夫至德之世，同与禽兽居，族与万物并，恶乎知君子小人哉！同乎无知，其德不离；同乎无欲，是谓素朴；素朴而民性得矣。及至圣人，蹩躠为仁，踶跂为义，而天下始疑矣；澶漫为乐，摘僻为礼，而天下始分矣。故纯朴不残，孰为牺尊！白玉不毁，孰为珪璋！道德不废，安取仁义！性情不离，安用礼乐！五色不乱，孰为文采！五声不乱，孰应六律！夫残朴以为器，工匠之罪也；毁道德以为仁义，圣人之过也。(《庄子·马蹄》)

在庄子的思想体系中，与现实有关的一切活动及其背后观念都是要求被超越的，只有在最大可能的程度上安于自然之性，也即做到自然无为，才能实现自然之性。任何具有社会实践性的标准与规则都与自然相悖，因此，表面上看似乎人与天是对立的，人为与自然也是相悖的。如果我们仅仅这样理解庄子，恐怕贬低了庄子的思想内涵。庄子理想的天人关系是天人之间绝对的和谐统一，这既是庄子天人关系的起点，也是终点。天人本是合一的，但是人在私心、机心、成心的引导下逐渐与天分离、对立。因此庄子强调"不以人助天"(《庄子·大宗师》)、"无以人灭天"(《庄子·秋水》)，以使人合于道、合乎天。故而《庄子》的"天人合一"不仅是回归自然，更是超越物我之分的"以天合天"，即以人之自然合于天之自然。在《庄子·达生》篇中，《庄子》以"梓庆削木为鐻"的故事为例解释道：

　　梓庆削木为鐻，鐻成，见者惊犹鬼神。鲁侯见而问焉，曰："子何术以为焉？"对曰："臣工人，何术之有！虽然，有一焉。臣将为鐻，未尝敢以耗气也，必齐以静心。齐三日，而不敢怀庆赏爵禄；齐五日，不敢怀非誉巧拙；齐七日，辄然忘吾有四枝形体也。当是时也，无公朝，其巧专而外骨消，然后入山林，观天性，形躯至矣，然后成见鐻，然後加手焉，不然则已。则以天合天，器之所以疑神者，其是与！"

梓庆虽然只是个木匠，但却能通过心斋养气的虚静工夫，做到以自己的自然来合于树木的自然，做出具有鬼斧神工效果的鐻来。《庄子》的言下之意是，梓庆之所以成功，根本原因不在于他本人的技艺有多么厉害，而在于他知道用自己的自然本性去应合比自己高远的道的自然本性。这里的"以天合天"，林希逸的注解是："以我之自然，合其物之自然"；王先谦的注解是："以吾之天，遇木之天"；陈鼓应先生的注解更为直白："用（我的）自然来合（树木的）自然。"①《庄子》的"以天合天"思想，可以看作是对《老子》"天人合一"思想的继承和发展。在其他篇目中，还换用"人与天一也""与天为一""天与人不相胜也"等语汇来表述这一思想，如：

无受天损易，无受人益难。无始而非卒也，人与天一也。（《庄子·山木》）

夫形全精复，与天为一。（《庄子·达生》）

道通为一。（《庄子·齐物论》）

天地与我并生，而万物与我为一。（《庄子·齐物论》）

自其异者视之，肝胆楚越也；自其同者视之，万物皆一也。（《庄子·德充符》）

其一也一，其不一也一，其一与天为徒，其不一与人为徒。天与人不相胜也，是之谓真人。（《庄子·大宗师》）

游乎天地之一气。（《庄子·大宗师》）

通天地一气耳。（《庄子·知北游》）

---

① 上述三家注解，均引自陈鼓应：《庄子今注今译》，中华书局1983年版，第490页。

但是，人毕竟是一种生命体，要经历一个生命过程，怎样才能做到"以天合天"呢？庄子认为，这就要求人从精神层面去推究、去体察，在自然无为中将人的主观自我泯合于物，通过"物化"实现"人合于天"的境界。

总而言之，在中国哲学中，人与自然不是区隔对立的，而是内外合一、自然交融的。尽管有学者认为，这种心物合一的思维方式，是中国哲学没能产生正式科学的原因。但是，这恰恰是中国哲学的独特之处。诚如张岱年先生指出的："天人既无二，于是亦不必分别我与非我。我与非我原是一体，不必且不应将我与非我分开。于是内外之对立消弭，而人与自然，融为一片。西洋人研究宇宙，是将宇宙视为外在的而研究之；中国人则不认宇宙为外在的，而认为宇宙本根与心性相通，研究宇宙亦即是研究自己。"①

第二节　从本质化到审美化："自然"之传衍与转换

"自然"作为道家的核心观念，自老子提出后，对后世产生了深远影响，后来者对这一概念进行了广泛的接受与阐释，使这一概念的内涵获得了极大丰富。

一、先秦诸家"自然"义比较

先秦典籍中，"自然"一词主要见于道家文献，除《老子》《庄子》外，《列子》《鹖冠子》《关尹子》等典籍中也可见。除道家外，法家《韩非子》

---

① 张岱年：《中国哲学大纲》，中国社会科学出版社 1982 年版，第 7 页。

八见、《慎子》二见、《管子》一见；儒家《荀子》一见；墨家《墨子》一见。因《墨子》中"自然"一语见于《经说》，而《经说》属后期墨家之作，故我们在此主要以法家《韩非子》、儒家《荀子》中的"自然"义为主进行分析。

韩非思想受道家影响颇深，在《韩非子》中，"自然"一词可见八次。如其《喻老》载："以一人之力，则后稷不足；随自然，则臧获有余。故曰：'恃万物之自然而不敢为也。'"这是要求人们"随""恃"自然，反对自作聪明的雕虫小技。《安危》载："安国之法，若饥而食，寒而衣，不令而自然也。"《功名》载："若水之流，若船之浮。守自然之道，行毋穷之令，故曰明主。"这两者都特别要求"治者"遵循"自然"之道。《难势》载："势者，名一而变无数者也。势必于自然，则无为言于势矣。吾所为言势者，言人之所设也。"《大体》载："守成理，因自然。"这两者都强调了要顺应自然之势，要自然而然。由此可见，韩非对"自然"范畴的接受依然基本继承了老子的意思。但是，老子之"自然无为"与韩非刑名法治的思想是有所违背的，正如吴秀英论述的："韩非因袭之（老子思想）而用之于政治，化自然为必然，使道家之道落实为必定之法术。"① 因此，我们在理解韩非之"自然"时，还需将之置于法家统治思想的背景中。

《荀子》中"自然"仅出现二次。一见于《荀子·正名》："生之所以然者谓之性；性之和所生，精合感应，不事而自然谓之性。"杨倞注曰："事，任使也。言人之性，和气所生，精合感应，不使而自然。"也就是说，未经后天教化的自然而然，就叫作人的本性。一见于《荀子·性恶》："若夫目好色，耳好听，口好味，心好利，骨体肤理好愉佚，是皆生于人之情性者也；感而自然，不待事而后生之者也。"杨倞

---

① 吴秀英：《韩非子研议》，文史哲出版社1979年版，第53页。

注曰："受性自尔，不待学而知也。"这是说，人的眼睛喜欢美色、耳朵喜欢悦耳的声音、嘴巴喜欢美味，而这些都是自然产生的感受，是不依靠后天习得的。可以说，《荀子》所使用的"自然"都有自然而然的意思，是与后天教化相对立的自然本性。正如荀子所说："不可学、不可事而在人者谓之性，可学而能、可事而成之在人者谓之伪。是性、伪之分也。"（《荀子·性恶》）荀子认为，道德不属于人的自然本性，是需要后天习得的社会秩序。虽然人的自然本性是恶的，但是人可以通过对礼仪法度、社会秩序的学习而改造本性，实现"性伪合"（《荀子·礼记》），最终"涂之人可以为禹"（《荀子·性恶》）。

二、"天""人"合一：黄老道家论"自然"

秦汉时期，黄老之学盛行，"自然无为"观念作为黄老之学的中心观念，在汉初的政治实践中得到充分的运用，这无疑使"自然"范畴在这一时期获得了较为广泛的关注，并在理论探讨中获得了新的内涵。具体来说，这一时期对"自然"范畴接受阐释最具代表性的著作是《淮南子》和《论衡》。

《淮南子》是一部融会了各家思想观念的杂家著作，但其中心思想仍属道家。高诱《淮南子序》说："其旨近老子，淡泊无为，蹈虚守静，出入经道。"它的这一特色使得它对"自然"范畴的阐释虽有继承，但与老庄之意又有所不同。在《淮南子》看来，事物和现象都有其自身的性情和趋势，都是自然和无为。如《原道训》载："萍树根于水，木树根于土，鸟排虚而飞，兽蹍实而走，虎豹山处，天地之性也。两木相摩而然，金火相守而流，员者常转，窾者主浮，自然之势也。"《泰族训》亦载："天致其高，地致其厚，月照其夜，日照其昼，阴阳化，列星朗，非其道而物自然。故阴阳四时，非生万物也；雨露时降，非养草木也。神明接，阴阳和，而万物生矣。……天地四时，非生万物也。神明接，阴阳和，而万物生之。……夫物有以自然，而后人事有治也。"《原道训》载："天下之事不可为也，因其自然而推之。"又曰："万物固以自然，圣人又何事焉！"天地万物既是自然和无为，作为自然一部分的人，其行为和活动，也就应遵循自然无为的方式，这基本继承了老子的自然观念。不过，《淮南子》首次明确提出"自然无为"绝不是"无所事事"，而是因循自然而为，这在《老子》之中未曾出现。其在《修务训》中曰：

> 若吾所谓"无为"者，私志不得入公道，嗜欲不得枉正术，循理而举事，因资而立，权自然之势，而曲故不得容者。事成而身弗伐，功立而名弗有。非谓其感而不应，攻而不动者。若夫以火熯井，以淮灌山，此用己而背自然，故谓之有为。

《淮南子》在此更为明确地提出，凡符合自然规律，而又出于公心、不杂私念的作为，都是"自然无为"，只有违背自然规律的轻举妄为才是"有为"。依据这一思路，《淮南子》进一步指出："天地四时非生万物也，神明接、阴阳和而万物生之；圣人之治天下，非易民之性也，拊循其所有而涤荡之。……民有好色之性，故有大婚之礼；……故先王之制法也，因民之所好而为之节文者也：因其好色而制婚姻之礼，故男女有别；……"（《泰族训》）这就是说，儒家礼乐制度是因民之天性而建立起来的，所以也是顺乎自然的，从而将道家的自然观与儒家的礼乐论相调和。这一观点与老庄思想显然是不同的，这是对老庄"自然"范畴内涵的新发展。

《淮南子》之后，针对董仲舒的天人感应论，王充标举道家"自然"理论而对这一神学思想进行了深刻批判。他曾专门撰《论衡·自然》篇来批驳"天人感应"说，以恢复"天"的自然无为本性。从其朴素唯物主义观点出发，他对老子"自然"范畴也作了进一步发展。首先，王充认为，天道无为，万物都是天地自然无为的结果，并没有目的和意识。《自然》篇云：

> 天地合气，万物自生，犹夫妇合气，子自生矣。万物之生，含血之类，知饥知寒，见五谷可食，取而食之；见丝麻可衣，取而衣之。

为何说"天"是自然无为的呢？《自然》篇云："何以知天之自然也？有嗜欲于内，发之于外，口目求之，得以为利欲之为也。今无口目之欲，于物无所求索，夫何为乎！何以知天无口目也？以地知之。地以土为体，土本无口目。天地，夫妇也，地体无口目，亦知天无口目也。"这显然是一种非常朴素的论证。其次，王充对"自然"的意义作了自己的解释。《自然》篇曰："天地之动行也，施气也，体动气乃出，物乃生矣。由人动气也，体动气乃出，子亦生也。夫人之施气也，非欲以生子，气施而子生矣。天动不欲以生物，而物自生，此则自然也。施气不欲为物，而物自为，此则无为也。谓自然无为者何？气也。恬淡无欲，无为无事者也。"将"自然"解释为"无为无事"显然是对老子观念的继承。但是，王充又认为，对于人来说，虽应"自然无为"，但亦需有人事作为辅助，正如《自然》篇载：

> 然虽自然，亦须有为辅助。耒耜耕耘，因春播种者，人为之也；及谷入地，日夜长大，人不能为也。或为之者，败之道也。宋人有闵其苗之不长者而揠之，明日枯死。夫欲为自然者，宋人之徒也。

符合自然规律的"有为"可以辅助自然，而违背自然规律的"有为"会起破坏作用，对"有为"作了部分肯定，这是不同于老庄观念的。同时，王充将自然与天命结合起来，《偶会》云："命，吉凶之主也。自然之道，适偶之数。"将人的贫富、贵贱、寿夭、智愚等归之于先天禀受的自然之气的多少，将"自然"与"偶然"联系在一起，这也是老庄"自然"范畴中未曾有过的观念。

三、"名教即自然"：玄学中的"自然"

魏晋时期玄学盛行，《老子》作为"三玄"之一受到当时学者的重视，"自然"也成为玄学的核心范畴之一。因为玄学的主题之一便是"自然"与"名教"的关系问题，因而"自然"观念在当时也受到了特别的关注。当时对"自然"范畴作出理论阐释的以王弼和郭象为代表。

王弼曾作《老子注》，同时还作有《周易注》和《论语释疑》[1]，其思想是以儒释道，以道释儒，会通孔老，调和自然与名教。他在《老子注》中对"自然"的解释是："自然，其端兆不可得而见也，其意趣不可得而睹也。"（十七章注）又说："法自然者，在方而法方，在圆而法圆，于自然无所违也。自然者，无称之言，穷极之辞也。用智不及无知，而形魄不及精象，精象不及无形，有仪不及无仪，故转相法也。"（二十五章注）把"自然"的实质归结为"无"，这是与其"以无为本"的玄学本体思想相一致的，而"自然"的特征正在"无所违"，即完全遵循事物的规律，这与老子观念是基本一致的。王弼还曾说：

> 天地任自然，无为无造，万物自相治理，故不仁也。仁者

---

① 下引王弼著作均出自楼宇烈：《王弼集校释》，中华书局 1983 年版。

必造立施化，有恩有为。造立施化，则物失其真。有恩有为，则物不具存。物不具存，则不足以备载。天地不为兽生刍，而兽食刍；不为人生狗，而人食狗。无为于万物而万物各适其所用，则莫不赡矣。若慧由己树，未足任也。（《老子·五章》注）

指出天地万物的自然存在状态。不过，《论语释疑》中的"自然"，显然与此有所不同。如释"孝悌也者，其为仁之本与"时说："自然亲爱为孝，推爱及物为仁也。"释"巍巍乎唯天为大，唯尧则之"时说："若夫大爱无私，惠将安在？至美无偏，名将何在？故则天成化，道同自然，不私其子而君其臣。"在此王弼将儒家礼制也纳入到"自然"范围之中，由此而会通儒道，调和了自然与名教之间的矛盾。由于王弼在形上学区分"本末""体用"关系，所以作为形上的"自然"同政治和名教的关系，也就相应地具有了"本末""体用"的关系。也就是说，在"名教"与"自然"的关系上，"自然无为"作为"本"和"体"，统御作为"末"和"作"的名教。

郭象著有《庄子注》，在这部著作里他对"自然"范畴作了不同的阐释。郭象对"自然"的阐释包含两个层面。首先他以"无为"释"自然"，指出所谓"自然"，是"不为而然"，其《逍遥游注》云：

天地者，万物之总名也。天地以万物为体，而万物必以自然为正。自然者，不为而自然者也。故大鹏之能高，斥鴳之能下，椿木之能长，朝菌之能短，凡此皆自然之所能，非为之所能也。不为而自能，所以为正也。故乘天地之正者，即是顺万物之性也。

他还反对所谓"无为"就是"一无所为"的观点，他在《在宥注》中云：

"无为者，非拱默之谓也，直各任其自为，则性命安矣。"这就是说"无为"仍是"有所为"，只不过是"因自然而为"之为，这层观点与老子思想基本相符。

其次，郭象还以"独化"释"自然"。《齐物论注》云："无既无矣，则不能生有；有之未生，又不能为生。然则生生者谁哉？块然而自生耳。自生耳，非我生耳。我既不能生物，物亦不能生我，则我自然矣。"《大宗师注》又曰："知天人之所为者皆自然也，则内放其身，而外冥于物，与众玄同，任之而无不至也。天者，自然之谓也。""人之所因者，天也；天之所生者，独化也。""然则凡得之者，外不资于道，内不由于己，掘然自得而独化也。"所谓"独化"，即"块然自生""掘然自得"，郭象在此将"自然无为"说成是万物各因其性自为自长，这与老子思想已是完全不同，甚至否定了老子所说的"道生一，一生二，二生三，三生万物"的观点。从这种"自然"观念出发，郭象力求把"名教"与"自然"统一起来，即认为"名教"也就是"自然"，《齐物论注》曰："臣妾之才，而不安臣妾之任，则失矣。故知君臣上下，手足内外，乃天理自然，岂真人之所为哉！"《骈拇注》亦曰："夫仁义自是人之性情，但当任之耳。恐仁义非人情而忧之者，真可谓多忧也。"把"仁义""君臣"等级名分完全"自然化"，既是对玄学"名教"与"自然"对立观念的逆转，也是对老庄思想的创造性阐释。

四、"美在自然"："自然"的审美化

如前所述，"自然"在老庄思想中主要是作为哲学意义的概念，尽管其中涉及一些美学义涵，但是，从主观方面来说，它们并不以"审美"为目的。"自然"作为中国传统艺术的重要审美原则，是自魏晋时期开始的。宗白华先生在《中国美学史中重要问题的初步探索》一文中指出：

"汉魏六朝是一个转变的关键，划分了两个阶段。从这个时候起，中国人的美感走到了一个新的方面，表现出一种新的美的理想。那就是认为'初日芙蓉'比之于'镂金错采'是一种更高的美的境界。"① 钟嵘《诗品》曾引用汤惠休评颜延之诗歌的一段话："谢诗如芙蓉出水，颜诗如错采镂金。"指出谢灵运与颜延之两人不同的艺术风格，原本并无褒贬之义，但颜延之却因为这一段评论"终身病之"。这正反映了六朝时期人们审美观念上更看重"芙蓉出水"的清新自然之美。这里所说的"芙蓉出水"之美可以看作是"自然"关键词美学转化的结果。这种审美倾向对后世文艺理论及作品创作产生了深远影响。例如唐代张彦远《历代名画记》中就把"自然"作为最高审美标准，"夫失于自然而后神，失于神而后妙，失于妙而后精，精之为病也，而成谨细。自然者为上品之上，神者为上品之中，妙者为上品之下，精者为中品之上，谨而细者为中品之中。"② 具体来说，"自然"的美学内涵主要表现为以下几种形式：

首先，自然之美表现为"浑融之美"。

从美学的角度看，作为自然之美表现形式之一的"浑融之美"具有两种特性。其一是整一性，表现为对"全美"的追求。郭绍虞《诗品集解》载："何谓'浑'？浑，全也，浑成天然也。"可见，这种浑成之美的特征正在一个"全"字。在老子哲学里，"道"是一种整一性的存在，不可分而得之。而"自然"作为"道"的存在状态，也就包含了"道"的这种整一性，于是，"全美"就成为自然之美的典型表现。中国古代文学理论很重这种自然混成的整体之美，宋叶梦得曾将诗分为三层境界："其一为随波逐浪句，谓随物应机，不主故常；其二为截断众流句，谓超出言外，非情识所到；其三为涵盖乾坤句，谓泯然皆契，无间可伺。

---

① 宗白华：《艺境》，商务印书馆 2011 年版，第 396 页。
② 潘运告：《中国历代画论选》上册，湖南美术出版社 2007 年版，第 116 页。

以深浅以是为序。"(《石林诗话》卷上）叶氏以为诗歌的最高审美境界是能"涵盖乾坤"，这与"泯然皆契，无间可伺"的"浑成"之美相吻合。宋严羽赞汉魏诗时也曾说："汉魏古诗，气象混沌，难以句摘。"(《沧浪诗话》）所赞亦指浑融之美的整一特性。明王世贞《书李西涯古乐府后》云："大篇贵朴，天然浑成；小语虽巧，勿离本色。"明胡应麟论汉诗亦曰："汉人诗，文中有质，质中有文，浑然天成，绝无痕迹，所以冠绝古今。"清刘熙载将这种整一性概括为"语疏情密，天之全也"(《艺概·文概》），即用极简洁的语言传达极丰富的思想感情，表现出客观世界的完整面貌。古代艺术家认为这种艺术表现方式是很难达到的，因此，"至于浑，而无可复进矣"(冯煦《蒿庵词论》）。

其二是圆融性，表现为对"和美"的追求。《老子·四十二章》曰："万物负阴而抱阳，冲气以为和"；《老子·五十六章》又有："挫其锐，解其纷；和其光，同其尘。是谓玄同"；《庄子·天道》亦有："夫明白于天地之德者，此之谓大本大宗，与天和者也。所以均调天下，与人和者也。与人和者，谓之人乐；与天和者，谓之天乐。"可以看出，"和"在老庄思想体系中均占有重要作用。"和"是"道"遵循自然法则运动的结果，"道"内在于万物之中，顺其自然地任万物自我化育、自我完成，最终实现宇宙万物的彼此涵溶、浑然一体。这种彼此涵溶、浑然一体的"和"思想，表现在美学领域即为"和美"。从创作过程上看，"和美"是主体与客体、心与物的对立消解，是物我两忘、以物观物的美学实践。苏辙《墨竹赋》中借文与可画竹的经验，形象描写了这种物我两忘的创作体验。"始也，余见而悦之；今也，悦之而不自知也。忽乎忘笔之在手与纸之在前，勃然而兴，而修竹森然。虽天造之无朕，亦何以异于兹焉。"也就是说，起初，文与可画竹时是以我观物，将竹视为外在于己的客观对象；如今画竹却是心物合一的，竹已经成为内化为他自身的一部分。所以苏轼在《书晁补之所藏与可画竹三首》中指出："与可画竹时，见竹不见人。岂独不见人，嗒然遗其身。其身与竹化，无穷出清新。庄周世无有，谁知此疑神。”

其次，自然之美表现为"灵动之美"。

从创造方法上看，"灵动之美"表现为"无法"。在中国古代文艺理论中，"法"是一个很重要的范畴，主要指法度、原则、规范和技法等。"法"本是历代文艺理论家创作经验的总结，对后来创作者起到指导作用。不过，从另一角度来看，"法"对后来创作者又是一种限制，一种约束，它常常会阻碍艺术家艺术思维的自由驰骋，从而阻碍艺术创作达到自然天成的艺术境界。而"无为"之法正是突破人为制约，达到自然境界的艺术方法，它是对"法"的否定和超越，因此，人们常常称其为"无法"。古代艺术家是非常重视"无法"的，对"无法"之创作也给予极高评价。如袁宏道《答张东阿》评唐诗云："唐人妙处，正在无法耳。如六朝、汉、魏者，唐人既以为不必法，沈、宋、李、杜者，唐之人虽慕之，亦决不肯法，此李唐所以度越千古也。"明陆时雍《诗境总论》评杜诗："少陵五言律，其法最多，颠倒纵横，出人意表。余谓万法总归一法，一法不如无法。水流自行，云生自起，更有何法可设？"清沈德潜论诗歌创作之法时亦曾说："诗贵性情，亦须论法；乱杂而无章，非诗也。然所谓法者，行所不得不行，止所不得不止，而起伏照应，承接转换，自神明变化于其中。若泥定此处应如何，彼处应如何，不以意运法，转以意从法，则死法矣。试看天地间水流云在，月到风来，何处著得死法？"（《说诗晬语》卷上）同时，"灵动之美"还表现为"气韵生动"。宗白华在评价中国绘画艺术时指出："（中国绘画）所表现的精神是一种'深沉静默地与这无限的自然，无限的太空浑然融化，体合为一'。它所启示的境界是静的，因为顺着自然法则运行的宇宙是虽动而静的，与自然精神合一的人生也是虽动而静的。它所描写的对象，山川、人物、花鸟、虫鱼都充满着生命的动——气韵生动。但因为自然是顺法则的

（老、庄所谓道），画家是默契自然的，所以画幅中潜存着一层深深的静寂。"①

第三，"自然"之美表现为朴素之美。

在道家看来，"朴"是"道"的自然无名的真实状态，因此，要与"道"同一，便必须"见素抱朴，少私寡欲"（《老子》十九章），就要"敦兮其若朴"（《老子》十五章），这其实就是要"无为"，也就是要"自然"。道家强调，人们不应追求表面外观的繁缛华丽，而应以自然无为的"道"作为指导人生行为的根本法则，以素淡清远为理想的人生境界。这一观念影响到文艺领域便成为对创作方法的一种审美要求，因此古代文艺创作在审美倾向上表现为重"真"、尚"淡"、守"拙"。

"朴素之美"首先表现为"真"。本真是人的自然本性，即人的自然之道，自然之德。因此，"真"就是最朴素的自然，"朴素"首要在"真"。素朴之美首先表现为"真"。金王若虚在《文辨》中强调："文章唯求真是而已。"明王文禄《诗的》曰："诗贵真，乃有神，方可传久。"清贺贻孙《水田居文集·答友人论文一》曰："凡天下之事，假难而真易，真属天机，假因人力，以人力而夺天机，是岂容易能之乎？"清潘德舆《养一斋诗话》卷二曰："文章之道，传真不传伪，亦观其平日胸次行止为何如耳。"清朱庭珍《筱园诗话》卷四曰："是以诗贵真意。真意者，本于志以树骨，本于情以生文，乃诗家之源，即诗家之先天。"可以看出，"真"的审美观念在中国古代艺术理论中占有重要地位。

"朴素之美"其次表现为淡。《老子·三十五章》曰："道之出口，淡乎其味，视之不足见，听之不足闻，用之不足既。"老子认为，当我们用言辞将道从口中说出时，它是淡淡的，基本没有什么味道，看它看不见，听它也听不着，但用它却用不完。因此，合道之辞，其味为淡。

---

① 宗白华：《艺境》，商务印书馆2011年，第102页。

在文学理论中,"淡"亦是一个十分重要的概念。《二十四诗品》中曾这样归纳"冲淡"之美:"素处以默,妙机其微。饮之太和,独鹤与飞。犹之惠风,荏苒在衣。阅音修篁,美曰载归。遇之匪深,即之愈希。脱有形似,握手已违。"可以看出这一归纳深得老子"恬淡"真义。后人对"恬淡"之美有更多阐发,如宋张表臣云:"篇章以含蓄天成为上,破碎雕锼为下。……以平夷恬淡为上,怪险蹶趋为下。"(《珊瑚钩诗话》卷一)明王世贞《书谢灵运集后》曰:"其体虽或近俳,而其有似合掌者,然至秾丽之极,而反若平淡,琢磨之极,而更似天然。"清陈廷焯《白雨斋词话》卷五云:"唐人词,所传不多,然皆见作意。即于平淡直率中,亦觉言近旨远。"

"朴素之美"还表现为拙。老庄所谓"拙",是对凡俗技艺、浮艳工巧的否定,但这并不是说他们反对巧美,而是强调一种妙合天成的"大巧"。宋苏辙释"大巧若拙"云:"巧而不拙,其巧必劳。付物自然,虽拙而巧。""在老子看来,真正的巧并不在违背自然规律去卖弄自己的聪明,而在于处处顺应自然规律,在这种顺应之中使自己的目的自然而然地获得实现。相反,企图违背自然规律去想方设法实现自己的目的,看来好像是非常聪明,其实最后是达不到目的的。"[1]老庄这一思想影响到中国古代文学批评,从而在文学创作中形成"守拙"一派思想。如宋张戒《岁寒堂诗话》卷上云:"王介甫只知巧语之为诗,而不知拙语亦诗也。山谷只知奇语之为诗,而不知常语亦诗也。"宋严羽《沧浪诗话·诗评》亦云:"盛唐人有似粗而非粗处,有似拙而非拙处。"宋陈师道《后山诗话》曰:"宁拙毋巧,宁朴毋华,宁粗毋弱,宁僻毋俗,诗文皆然。"金王若虚《滹南诗话》卷上曰:"以巧为巧,其巧不足;巧拙相济,则使人

---

① 李泽厚、刘纲纪:《中国美学史(先秦两汉卷)》,安徽文艺出版社 1999 年版,第 208 页。

不厌。唯其巧者，乃能就拙为巧，所谓游戏者。一文一质，道之中也。雕琢太甚，则伤其全；经营过深，则失其本。"明谢榛《四溟诗话》云："拙则浑然天成。"

综上所述，道家"自然"观念在审美理想、创作技艺、创作方法等方面都对传统文艺观念产生了深刻影响，这也使得"自然"关键词转换成为一个重要的审美范畴，并对中国文艺创作及观念产生了深远影响。

第三节　冲突与融合："自然"之新变

"自然"是道家文化的核心关键词之一，影响着中国文化的特质。近代以来，随着西学的不断引入，"自然"观念也在与西学的冲突与融合中不断发展，呈现出新的变化。

一、西方"自然"观念的发展

对多数现代人来说，"自然"一词是我们生活中习以为常的概念，约定俗成地表示"自然界"或"大自然"。然而，正如上文对中国传统自然观的分析一样，西方传统"自然"观念与近代"自然"概念也并不完全相同，而是有着更为丰富的意义内涵。当代学者张汝伦对此有过论述："我们现在接受的'自然'概念很可能是派生的，然而这种派生的'自然'概念的意义却掩盖了'自然'概念的其他丰富的意义，成了近代以来一般人对自然的'正解'。"① 因此，在讨论近代"自然"观念新变之前，我们有必要对西方传统"自然"观念进行了解。

① 张汝伦：《什么是"自然"？》，《哲学研究》2011年第4期。

科林伍德在《自然的观念》一书中指出，在关于古希腊文献的更早期的记载中，自然或本性总是带有被认为是英语单词"Nature"的原始意义，"它总是意味着某种东西在一件事物之内或非常密切地属于它，从而它成为这种东西行为的根源，这是在早期希腊作者们心目中的唯一含义，并且是作为贯穿希腊文献史的标准含义。但非常少见地且相对较晚地，它也富有第二种含义即作为自然事物的总和或聚集，它开始或多或少地与宇宙——'世界'一词同义"①。作为"西方哲学史上对'自然'作专门的定义性规定并进行深入的概念阐述的第一人"②，亚里士多德的"自然"深受古希腊观念的影响。在《形而上学》中，亚里士多德罗列了"自然"的六种不同含义，并总结道："从以上所说，自然的最初和首要的意义是，在其自身之内有这样一种运动本原的事物的实体，质料由于能够接受这种东西而被称为自然，生成和生长由于其运动发轫于此而被称为自然。自然存在的运动的本原就是自然，它以某种方式内在于事物，或者是潜在地，或者是现实地。"③在这个概念中，可以看到，"自然"是内在于事物之中的实体，且这个实体是一个运动的过程，质料和生长也正是在此意义上被称为"自然"。在《物理学》中，亚里士多德又提出："'自然'是它原属的事物因本性（不是因偶性）而运动和静止的根源或原因。"④不难发现，亚里士多德定义的"自然"不同于我们现在所理解的"自然物"，而是生物运动变化的本

---

① ［英］科林伍德：《自然的观念》，吴国盛等译，华夏出版社 1998 年版，第 48 页。为方便排版印刷，本文以中文翻译替代原书中希腊原文。

② 徐开来：《拯救自然：亚里士多德自然观研究》，四川大学出版社 2007 年版，第 109 页。

③ ［古希腊］亚里士多德：《形而上学》，苗力田译，中国人民大学出版社 2003 年版，第 90 页。

④ ［古希腊］亚里士多德：《物理学》，张竹明译，商务印书馆 2009 年版，第 30 页。

原和本性。事实上，与中国传统哲学对人生实践问题的关注不同，亚里士多德讨论"自然"的目的是为了探寻事物运动变化的动力、条件及原因，是一种对理性知识的崇尚，是对柏拉图纯粹理性精神的承袭。同时，需要引起我们注意的是，在亚里士多德看来，"自然"是一个和谐统一的有机体，是有目的的，且与人的实践是密切相关的。在《政治学》中，他指出："自然即目的，如每一事物只有当它生成过程完成了，我们才把它叫做该物的自然或本性……城邦是自然的产物，人天生是一种政治动物……"①，在亚里士多德这里，城邦是符合自然的最高共同体，人需要在城邦中实现自身的自然本性，而孤立于城邦的人不是野兽，就是一尊神。

自文艺复兴、启蒙主义以来，人的主体意识觉醒，理解世界的方式也逐渐发生了变化。"自然"不再作为主体，而成为被人操控的"机器"。"一架按字面本来意义上的机器，一个被在它之外的理智设计好放在一起，并被驱动着朝一个明确目标去的物体的各部分的排列。""上帝之于自然，就如同钟表匠之于钟表或水车。"②自然的机械化意味着亚里士多德时期自然的内在目的论已经动摇，"目的、规范和作为主体的人被从自然中剥离出去"③。与此同时，人与自然的分离也愈趋明显。

事实上，近代以来，敏锐的哲学家已经发现了这种趋向，并尝试进行解决，但是问题始终没有真正解决。以德国哲学家康德为例。康德意识到机械自然观的弊病，并试图通过自然的合目的性进行调和。一方面，他通过自然的形式的主观合目的性调和人与自然的关系。在康德

---

① 转引自苗力田：《古希腊哲学》，中国人民大学出版社 1989 年版，第 585 页。

② ［英］科林伍德：《自然的观念》，吴国盛等译，华夏出版社 1998 年版，第 6、10 页。

③ 张汝伦：《什么是"自然"？》，《哲学研究》2011 年第 4 期。

这里，审美鉴赏是"无目的的合目的性"，是人的理性对无限、绝对的本质的认识。以"崇高"为例。所谓"崇高"是人在面对自然物或自然现象时达到了想象能力的极限，发现自身在与理性的比较之中显示出失败与不足，也就是在这种对比之中，意识到理性的光辉。"崇高的本质在于它把我们推回到我们自己身上，它所依赖的是我们已有的素养和观念（比美感对此所要求的要多得多），它产生一种同敬畏和敬慕相似的朴素的或者说消极的快感，它把一种严肃认真和令人激动的、而不是游戏的和平静的运动传达给想象力，而且由于它不能寄寓在一种感官形式中，就只刺激理性的诸观念，而不刺激理解力的观念。"① 于是，在审美意义上，人对崇高的感受离不开自然世界，人的精神需求与现象自然获得了统一。另一方面，通过自然的客观目的性使自然与人获得了统一。康德认为，人是自然的立法者，只有人能创造终极目的，"人就是现世上创造的最终目的，因为人乃是世上唯一无二的存在者能够形成目的的概念，能够从一大堆有目的而形成的东西，借助于他的理性，而构成目的的一个体系的"②。"而只有在人里面，只有在作为道德所适用的个体存在者这个人里面，我们才碰见关于目的的无条件立法，所以唯有这种无条件的立法行为是使人有资格来做整个自然在目的论上所从属的最后目的的。"③ 然而，康德终究没能把人与自然统一起来，人作为唯一具有理性的自然物，理所当然成为自然的主宰。正如科林伍德所说："康德形式的唯心主义把自然——我指的正是康德所说的自然，它是物理学家的自然，伽利略和牛顿的物质世界——描写成一种产物，一种根本上是理性和必然的看待事物的人类方式的产物，而不是任意的或非理性的

---

① ［英］鲍桑葵：《美学史》，张今译，商务印书馆1997年版，第358页。

② ［德］康德：《判断力批判》下卷，宗白华译，商务印书馆1964年版，第89页。

③ ［德］康德：《判断力批判》下卷，宗白华译，商务印书馆1964年版，第100页。

産物。"①

可以说，伴随着人的理性的觉醒和近代自然科学的发展，人与自然的二元对立成为不可逆转的历史必然，欧洲"自然"概念也随之发生了根本性的改变。"自然"成为自然科学、自然辩证法研究的"对象"，是与人的思维相对立的物质世界（nature）的总称。

二、近代中国"自然"内涵的嬗变

近代中国，"自然"内涵发生了根本性的改变，成为与"nature"对等的、表示客观物质的概念。这种变化固然与中国文化自身的发展有关②，然而，更大程度上是受到西方思想体系的影响。正如日本学者伊东俊大郎在《自然观的转变》一文中指出的："日本最先以'自然'翻译'nature'，后来又反过来传到中国。""把 nature 这个概念译成'自然'传到日本来的，却是西洋学的功劳。"③ 可以说，当我们接受近代日本以"自然"翻译"nature"的时候，西方近代机械自然观也逐渐取代了中国传统之"自然"。以严复和胡适为例，他们是将西学引入近代中国的代表人物，从他们的著作中，可以看到"自然"观念嬗变的痕迹。

（一）严复：以"自然"为天演之原

《天演论》是中国近代哲学思想史上具有深远影响的译著，首次系

---

① ［英］科林伍德：《自然的观念》，吴国盛等译，华夏出版社 1998 年版，第129 页。

② 如当代学者萧无陂指出的："老庄之'自然'正因为有'根源性自然'（原初本性）的内涵，因而逐渐被用来形容事物自身的性状，而这一描述行为通常就是在一个主客体对立的场景中发生的，这样，'自然'一词便产生了对象化使用的倾向。"见萧无陂：《自然的观念》，湖南人民出版社 2010 年版，第 250 页。

③ ［日］伊东俊大郎：《自然观的转变》，罗汉军译，《世界科学》1988 年第 4 期。

统、完整地将西方进化论引入中国。在《天演论》中，严复以赫胥黎《进化论与伦理学》为基础，通过意译的方式进行翻译，并借助导言、复案等阐释自己的观点。因此，《天演论》不仅是对赫胥黎原文的翻译，更是严复创造性的意译。诚如冯契先生所论述的，"他的天演哲学是西方这种进化哲学在东方以另一种形态的继续"，"严复的历史任务就是使进化论普遍化，使它升华为哲学世界观，并使之适合东方的口味"[1]。可以说，通过《天演论》，严复向国人介绍了一种全新的世界观和自然观，对近代"自然"概念的形成起着至关重要的作用。具体来说，《天演论》中"自然"主要涉及两个方面：

一方面，"自然"是宇宙万物变化的规律，即天演进化规律。在《导言一·察变》中，严复指出："虽天运变矣，而有不变者行乎其中。不变惟何？是名天演。以天演为体，而其用有二：曰物竞，曰天择。此万物莫不然，而于有生之类为尤著。"[2] 也就是说，"天演"是宇宙万物运动变化中惟一不变的自然规律，具体表现为物竞和天择。"物竞者，物争自存也。""天择者，物争焉而独存。"[3] 同时，"物竞"与"天择"是必然性的因果关系，"物竞"之生存竞争是因，"天择"之自然淘汰是果。从"果"来看，物竞天择的规律是必然的，是不可改变的。因此，万物包括人类只能顺应这个规律，"知而顺之，则生而休；昧而逆之，则戚且死。[4]"从"因"来看，物竞天择又是充满能动性的竞争，需要个体不断进化优化以适应自然环境的改变。以树木的繁殖为例，"设当群子同入一区之时，其中有一焉，其抽乙独早，虽半日数顷，已足以尽收膏液，

① 冯契：《中国近代哲学史》上册，生活·读书·新知三联书店 2014 年版，第258 页。

② 王栻编：《严复集》第五册，中华书局 1986 年版，第 1324 页。

③ 王栻编：《严复集》第五册，中华书局 1986 年版，第 1324 页。

④ 王栻编：《严复集》第二册，中华书局 1986 年版，第 280 页。

令余子不复长成，而此抽乙独早之故，或辞枝较先，或苞膜较薄，皆足致然"①。由此，能够在残酷的自然选择中存活下来的，必是能不断适应自然环境、拥有一己之能者。而这个优势的获得并不是上天赋予的，而是种群自身不断进化而形成的。

另一方面，"自然"是依乎天理的"顺任自然"。严复并不独以西学为尊，而是试图在中国传统与自然进化论之间找寻共性。在《进化天演》中，严复指出："天演之学滥觞于周秦之间，中土则有老、庄学者所谓明自然。自然者，天演之原也。征之于老，如云'天地不仁，以万物为刍狗'。征之于庄，若《齐物论》所谓'寓庸因明'，所谓'吹万不同，使其自己'；《养生主》所谓'依乎天理，薪尽火传'。谛而观之，皆天演之精义。"② 可以说，这是严复对老庄哲学与西方天演进化论相通之处的总结。在《老子·五章》"天地不仁，以万物为刍狗；圣人不仁，以百姓为刍狗"一句中，严复批曰："天演开宗语"，"此四语括尽达尔文新理。至哉！王辅嗣"。随之，又批曰："法天者，治之至也。"③"天"在这里有自然天演的意思，"法天"也就是顺任自然之意。《庄子·养生主》中，严复对"依乎天理"的批注为"欧西科哲学家所谓 We must live according to nature"④。nature 被译为天理，也就是安时处顺之义。⑤ 同时，严复明确指出，顺任自然并非无所事事、坐享其成，而是在不违背自然规律的前提下，借助自然规律以达到事半功倍的效果。

---

① 王栻编：《严复集》第五册，中华书局 1986 年版，第 1331 页。
② 马勇主编：《严复全集》第七卷，福建教育出版社 2014 年版，第 430 页。
③ 王栻编：《严复集》第四册，中华书局 1986 年版，第 1077 页。
④ 王栻编：《严复集》第四册，中华书局 1986 年版，第 1108 页。
⑤ 《庄子评语》中严复有注曰"安时处顺，是依乎天理注脚"。见王栻编：《严复集》第四册，中华书局 1986 年版，第 1109 页。

严复对天演进化论的阐释，并不是以自然科学的进步为最终目标，而是把自然进化与人类社会历史进化结合起来，力图为近代中国积弱积贫的状态寻找出路。严复强调人类社会的规则与自然进化的规律是一致的，"万物莫不如是，人其一耳。进者存而传焉，不进者病而亡焉"[①]。因此，人类欲生存就必须遵守进化规律团结进取以自强保种。故严复说"人欲图存，必用其才力心思，以与是妨生者为斗"[②]。虽然以人类社会比附自然进化的观点有其局限，但是，这在当时中法战争、中日甲午战争中清政府惨败的特定历史时期仍然具有重要的现实意义。正如李泽厚指出的："严复要人们重视的是：自强、自力、自立、自主……这才是严复宣传'物竞天择，适者生存'的'天演'的真正动机和核心。"[③] 也正因此，《天演论》一经问世便轰动了当时的知识界，"从此进化论在近代中国蔚成一种强大的思想潮流，影响遍及各个思想学术领域"[④]。

总之，严复将"自然"与其进化论结合起来，使自然获得了新的内涵。一方面，"自然"是内在于人的本性，人只能顺任自然、安时处顺；另一方面，人类又可以通过物理科学了解自然规则，以借助自然规则征服自然、改造自然。"自然规则，昧而犯之，必得至严之罚；知而顺之，亦有至优之赏以之保己，则老寿康强；以之为国，则文明富庶。欲识此自然规则，于以驾驭风雷，箫与水火，舍勤治物理科学，其道又奚由乎？"[⑤]

---

① 王栻编：《严复集》第五册，中华书局 1986 年版，第 1351 页。

② 王栻编：《严复集》第五册，中华书局 1986 年版，第 1351 页。

③ 李泽厚：《中国近代思想史论》，天津社会科学院出版社 2003 年版，第 242 页。

④ 冯契：《中国近代哲学史》上册，生活·读书·新知三联书店 2014 年版，第 257 页。

⑤ 王栻编：《严复集》第二册，中华书局 1986 年版，第 283 页。

（二）胡适:"自然"是最狡猾的妖魔

与严复相比,胡适对"自然"的使用则有两种明显不同的倾向,一是在中国传统的自然主义语境下,以"自然"为"自己如此"之义;一是在现代科学语境下,以"自然"为客观的物质对象。具体来说:

一方面,从老子及道家传统来看,胡适认为,"自"是自己,"然"是如此,"自然"就是自己如此的意思。"自然"是宇宙万物运动的法则,是"道"的作用,是无意志不强制的"自己如此"。他把传统"自然"观念与进化论联系起来,"'自'是自己,'然'是如此,所谓'自己如此',亦即自己变成了自己。如乌龟变成乌龟,桃子变成桃子等。两千多年者'自己变自己'的形质,形成中国思想上很大的潮流。"① 因而,在这个意义上,胡适认为道家传统的"自然"观念是进步的,排斥了非理性的迷信色彩。万物"自然"即表明,物质运动变化背后没有神的指示或超自然的主宰去规范他们,万物只是自己如此而已。"这个宇宙论的最大长处在于纯粹用自然演变的见解来说明宇宙万物的起源。一切全是万物的自己逐渐演化,自己如此,故说是'自然'。在这个自然演化的过程里,'莫见其为者而功既成矣',正用不着什么有意志知识的上帝鬼神作主宰。"② 同时,"自然主义"代表的大胆怀疑精神,一直根植于中国传统之中,"每逢中国陷入非理性、迷信、出世思想,——这在中国很长的历史上确有过好几次——总是靠孔子的人本主义,靠老子和道家的自然主义,或者靠自然主义、人本主义两样结合起来,努力把这个民族从

---

① 胡适:《谈谈中国思想史》,载欧阳哲生编:《胡适文集》(12),北京大学出版社 1998 年版,第 360 页。

② 胡适:《中国中古思想史长编》,载姜义华主编:《胡适学术文集·中国哲学史》上,中华书局 1991 年版,第 368 页。

昏睡里救醒"①。

虽然在宇宙论上赞同自然观念,但是在人生观和政治观上,胡适却持相反的意见。他认为,"自然"的人生观必然导致消极"无为",太偏重"自然"会忽略"人为",太崇拜"自然"会导致"迷信认命","造成一种'听天由命''靠天吃饭'的人生观,造成一种懒惰怕事不进取的民族性"②。在《终身做科学实验的爱迪生》一文中,胡适把投身于实验中废寝忘食的爱迪生与"无事昏昏睡"的中国"懒人"作对比,并称爱迪生为"终身做实验的科学圣人"。他的褒贬之意是显而易见的。因此,他极力号召国人要以科学的态度、精神、方法去生活、思考,用智慧谋求国家的富强和生活的幸福。另一方面,胡适认为"自然"的人生观就是"自由"。"在中国古代思想里,'自由'就等于自然,'自然'是'自己如此','自由'是'由于自己',都有不由于外力拘束的意思。"③然而,古人太看重自然、自由的"自"字,因而,往往忽略外在的拘束,而是回自己内心去求自由。这种"自由",在胡适看来,只是一种出世的人生观,是消极的自由。他强调"自由"应该是自然独立的人格,是"不受外力拘束压迫的权利,是在某一方面的生活不受外力限制束缚的权利"④。在这个意义上,他认为老子和孔子是自由主义者,有自由主义的精神,能够大胆批评政府、批评宗教。

另一方面,在现代科学的语境下,胡适认为,自然是客观的物质对

---

① 胡适:《中国传统与将来》,载姜义华主编:《胡适学术文集·哲学与文化》,中华书局 1991 年版,第 350 页。

② 胡适:《从思想上看中国问题》,载欧阳哲生编:《胡适文集》(11),北京大学出版社 1998 年版,第 156 页。

③ 胡适:《当前中国文化问题》,载欧阳哲生编:《胡适文集》(12),北京大学出版社 1998 年版,第 805 页。

④ 胡适:《自由主义》,载姜义华主编:《胡适学术文集·哲学与文化》,中华书局 1991 年版,第 699 页。

象。他多次强调，"自然"是最狡猾的妖魔，"他是一个刁钻古怪；我们要捶他，煮他，要叫他听我们的指派"①。在胡适这里，"自然"是与人类对立的"东西"，是从"一草一木"到"天地高厚"的客观物质世界的总称。"自然"是有法则的，这个法则不同于中国传统自然如此的"道"，而是科学视野中的自然规则，"只有用最精细的观察和试验，才可以窥见自然的秘密，发现自然的法则"②。"真理是深藏在事物之中的；你不去寻求探讨，他决不会露面。科学的文明教人训练我们的官能智慧，一点一滴地去寻求真理，一丝一毫不放过，一铢一两地积起来。这是求真理的唯一法门。"③在胡适看来，自然的规则是我们这个时代的真理，而求得真理的最终目的是运用科学的方法去改造自然、征服自然、控制自然。"控制自然，为的是什么呢？不是像蜘蛛制网，为的捕虫子来吃；人的控制自然，为的是要减轻人的劳苦，减除人的痛苦，增加人的幸福，使人类的生活格外的丰富，格外有意义。这是'科学与工业的文化'的哲学。"④

从严复到胡适，我们能看到近代中国"自然"内涵的变化，"自然"逐渐背离传统的"天人一"，成为近代西方与人相对立的自然界（nature），甚至成为必须被征服的"最狡猾的妖魔"。可以说，近代学者"自然"观念的改变与当时的时代环境密切相关，在物质极端困乏、生活极端贫困的年代，只有借助科学技术改造自然，提高物质生产水平，才能使国

① 胡适：《工程师的人生观》，载欧阳哲生编：《胡适文集》（12），北京大学出版社1998年版，第616页。

② 胡适：《中国中古思想史长编》，载姜义华主编：《胡适学术文集·中国哲学史》上，中华书局1991年版，第375页。

③ 胡适：《我们对西洋近代文明的态度》，载欧阳哲生编：《胡适文集》（4），北京大学出版社1998年版，第6页。

④ 胡适：《工程师的人生观》，载欧阳哲生编：《胡适文集》（12），北京大学出版社1998年版，第612页。

人过上幸福生活。正所谓"人欲图存，必用才力心思，以与妨生者为斗，负者日退，而昌者日盛"①。

三、"自然"关键词的当代哲学价值

如上文所述，中国之"自然"在比附于西方"nature"概念后，已经逐渐脱离其本义，成为自然环境、自然规律、自然事物等概念的集合。"我们现在只知道那借用中国老名词来翻译西方的概念这个'自然'之意义，而我们原来本有的'自然'一词之意义倒忘掉了，这中间有个曲折需要拆开，要返归道自己原有的意义上来。"②诚然，"自然"关键词的回归一方面是对中国文化传统的追寻，另一方面，更为重要的是，"自然"关键词为当代亟需解决的自然生态问题和社会生态问题提供了一种可资借鉴的思维方式。

一方面，"自然"关键词的回归有助于超越"二元对立"的思维模式，改善人与自然的对立矛盾。主客体"二元对立"的思维模式是近代西方哲学的主导原则，笛卡尔、康德、黑格尔等哲学家莫不以此为基础构建其形而上的哲学体系。同时，在此原则的影响下，人与自然、物质与精神、理性与感性等概念也逐渐分离，甚至成为"非此即彼"的对立两极。诚然，近代西方主客体"二元对立"的思维模式固然有其历史必然性，对人类理性精神的独立与发展也起到重要作用，但是当它走向绝对化，成为固定不变的思维定势时，却不可避免的产生价值判断。正如德里达指出的："传统哲学的一个二元对立命题中，除了森严的等级高低，绝无两个对项的和平共处，一个单项在价值、逻辑等方面统治着另一单

---

① 王栻编：《严复集》第五册，中华书局1986年版，第1351页。
② 牟宗三：《中国哲学十九讲》，上海古籍出版社2005年版，第71页。

项，高居发号施令的地位。"①以人与自然的关系来说。在人与自然的分离对立中，人是高居统治地位的"单项"，是自然的征服者和主宰，是"万物之灵长"。在科学的持续"助威"下，人类似乎掌握了征服自然的绝对权力，可以如鸟遨游天空、如鱼深潜海底，可以夏天赏雪、冬天赏荷，可以眼观千里、耳听八方……然而，随着人类力量的不断"强大"，人与自然之间的天平也终于失衡。资源枯竭、生态失衡、环境污染不断严峻，飓风、暴雨、干旱、沙尘等极端自然灾害频频发生。要根本解决自然生态问题，就不得不对"二元对立"思维模式进行反思，以纠正人类中心主义带来的失衡。

在此基础上，反观道家"自然"关键词，不难发现，其内在的整体性观念正好排斥了二元对立的思维方式。在人与自然的关系中，"自然界不是作为人生的对象而存在，而是转化为人的内部存在，在人的心灵中就蕴含着自然界的普遍原则"②。一方面，"自然"关键词消解了人类中心主义。道家"自然"要求以"天人一"的视角看待自然万物。《老子》有"天地不仁，以万物为刍狗；圣人不仁，以百姓为刍狗"，《庄子》有"以道观之，物无贵贱"，"举莛与楹，厉与西施，恢恑憰怪，道通为一"等等，这些都是从"自然"的角度看待万物，人与自然万物都是平等的，不存在高低贵贱之分，也不存在一方主宰另一方的先在权利。甚至人在天地之间也不过是小石小木之在大山也。另一方面，"自然"关键词不是僵硬刻板的自然规律，而是一种"自然韵律"，"是一种柔韧的、有弹性的、体现于万物之中的充满韵味的隐秘之法"③。"自然韵律"内在

---

① 陆扬：《后现代性的文本阐释：福科与德里达》，上海三联出版社 2000 年版，第 2 页。

② 蒙培元：《中国哲学主体思维》，东方出版社 1993 年版，第 5 页。

③ 林光华：《〈老子〉之道及其当代诠释》，中国人民大学出版社 2015 年版，第 164 页。

于自然万物之中，作为一种规定是非强制又不可任意改变的。所以《庄子》说："天下有常然。常然者，曲者不以钩，直者不以绳，圆者不以规，方者不以矩，附离不以胶漆，约束不以纆索。故天下诱然皆生，而不知其所以生；同焉皆得，而不知其所以得。故古今不二，不可亏也。"（《庄子·骈拇》）同时，"自然"关键词还是"与物游"的和谐统一。以"自然"看待自然界，人与自然不是对立分离的，而是互参互显，相互印证的关系。正如《齐物论》所言："不知周之梦为胡蝶与？胡蝶之梦为周与？"在这里，主体之"我"已经消隐于自然之"大我"中，"我"与"蝶"之间的界限消失，通过主体自我体验、自我感悟达到我即是蝶、蝶即是我的精神境界。

另一方面，"自然"关键词的回归有助于社会价值体系的建立。主客体二元对立的思维模式不仅影响着人与自然的关系，同样影响着人与人以及人与社会的关系。胡适在《〈科学与人生观〉序》一文中，尖锐地批评梁启超"科学破产"的观点，认为"他（梁启超）很明显的控告那'纯物质的纯机械的人生观'把欧洲全社会'都陷入怀疑沉闷畏惧之中'，养成'弱肉强食'的现状，——'这回大战争，便是一个报应'。他很明白地控告这种科学家的人生观造成'抢面包吃'的社会，使人生没有一毫意味，使人类没有一毫价值，没有给人类带来幸福，'倒反带来许多灾难'，鲛人泪'无限凄惶失望'"[1]。在当时物质极端匮乏的年代，科学技术或许是中国富强的唯一工具，然而，以今天的眼光再看，梁启超先生对科学的批评却也是极为精辟的。在"科学"与"自然"的对立中，人的价值体系也变得简单直接，金钱和价值成为评价"他者"以及自我的唯一标准。凡是能赚钱的工作就是好工作，凡是能赚钱的老板就是好

---

[1] 胡适：《〈科学与人生观〉序》，载姜义华主编：《胡适学术文集·哲学与文化》，中华书局 1991 年版，第 163 页。

老板，甚至有人高声疾呼"凡是不赚钱的人，都不要搭理；凡是不赚钱的事情，都不要去做"。人的价值体系空前一致却又绝对单一。正如牟宗三先生所说："现代人把重点落在科技方面，除了科技以外就是情感，情感却又盲爽发狂，因此使这个时代完全暴露。情感这样地暴露下去，结果使人成为动物，人一变成动物就坏了，人一变成动物就没有罪恶感，人一没有罪恶感就是堕落……他把一切道德都转化为技术问题，不问道德上的是非，只问技术上的对不对。"① 而当人把一切道德问题都转化为技术问题时，人与人、人与社会之间的关系也愈趋紧张、冷漠。

那么，应该如何应对人类价值理性的缺失？老庄早在数千年前就为我们提供了解决方法。正如刘笑敢先生所言："自然（老子之人文自然）在现代社会可以、而且应该取得普遍性价值的地位，这对于改善现代社会的整体状况，改善国与国、民族与民族的关系，改善现代社会的生存环境都'可能有积极的意义'。"② 一方面，"自然"是对他者的尊重。我们知道，在宇宙的生成、发展过程中，人与宇宙万物都具有自己的多样性，而且是根据自己的本性或者规律来运行，人类如果忽略或者想成为自然规律的主宰的话，是绝对不会达到自己目的的，而且最后必然会失败。在社会关系中，"自然"的原则同样适用。"（老子之自然）不是与人类或人为相对立的概念，而是与勉强、紧张、压迫、冲突或溺爱宠幸、揠苗助长相对立的概念，是一种值得追求、向往的状态，也就是一种很高的价值。"③ 于是，在面对不断紧张的夫妻关系、母子关系、医患关系乃至国与国之间的关系时，我们不妨尝试遵循道家之"自然"规律，

---

① 牟宗三：《中国哲学十九讲》，上海古籍出版社 2005 年版，第 23 页。

② 刘笑敢：《人文自然与人类和谐刍议》，载《中国哲学与文化》第四辑，广西师范大学出版社 2008 年版，第 83 页。

③ 刘笑敢：《人文自然与人类和谐刍议》，载《中国哲学与文化》第四辑，广西师范大学出版社 2008 年版，第 77 页。

从对他者的尊重开始，变紧张对立为协调和谐，正如老子所说："悠兮其贵言。功成事遂，百姓皆谓：'我自然'。"(《老子·十七章》)另一方面，"自然"有助于人自觉意识与独立精神的塑造。老子说："五色令人目盲；五音令人耳聋；五味令人口爽；驰骋田猎，令人心发狂；难得之货，令人行妨。是以圣人为腹不为目，故去彼取此。"(《老子·十二章》)尽管这是老子针对"周文疲敝"的特殊机缘而提出的，但是，在今天仍然有其适用性。"道家讲的自然就是自由自在、自己如此，就是无所依靠、精神独立。精神独立才能算自然，所以是很超越的境界。"① 只有当我们从对利益的斤斤计较中解脱出来，从对迎合他人的虚伪造作中解脱出来，从对物质利益的盲目崇拜中解脱出来，我们才能看清那个真正"自然"的自我，实现精神上的独立与自由。

当然，"自然"关键词在当代的价值还表现在文学、艺术等方方面面。总之，"自然"关键词从来不是老旧、僵化的传统"古董"，而是一种普遍适用的"真理"，正如刘笑敢所说："自然（老子之人文自然）在现代社会可以、而且应该取得普遍性价值的地位，这对于改善现代社会的整体状况，改善国与国之间、民族与民族之间的关系，改善现社会的生存环境都'可能'有积极的意义。"②

---

① 牟宗三：《中国哲学十九讲》，上海古籍出版社 2005 年版，第 71 页。
② 刘笑敢：《人文自然与人类和谐刍议》，载《中国哲学与文化》第四辑，广西师范大学出版社 2008 年版，第 83 页。

第三章 "道常无为"

　　"无为"是道家文化的核心关键词之一，是老庄及道家哲学的重要概念。但是，它却常常因字面意义而被误解为绝对的不作为、不行动的意思，也因此，老庄哲学一度被视为消极的人生哲学。事实上，"无为"并不是简单的无所作为或不做行动，而是与道家之"道"及"自然"紧密相关的哲学概念。正如刘笑敢所说："老子哲学以自然为中心价值，以无为为实现中心价值的原则性方法，以道与德为自然无为提供形而上的论证，以奇正相依、正反互转的辩证法为自然无为提供经验性的支持，从而将形而上学、辩证法与自然无为构成为一个有机的整体。"[1] 同时，"无为"不仅是老子哲学中的重要范畴，也是庄子及此后道家思想体系中的重要概念，对中国文化价值观的形成产生了深远影响。

第一节 "无"之"无为"："无为"之意义及建构

　　"无为"是道家文化的核心关键词之一，具有丰富的意义内涵。从不同的立场出发，会得到完全不同的阐释和解读。因此，欲透彻了解

---

[1]　刘笑敢：《老子之自然与无为概念新诠》，《中国社会科学》1996 年第 6 期。

"无为"的内涵及影响，就必须追根溯源，对"无为"哲学意义的建构过程作一番详细的考察。

一、"无为"关键词渊源考

"无为"作为一个整体的哲学范畴由"无"和"为"两个意义概念构成，因此，要考察"无为"一词的渊源，我们必须从考察"无""为"二字开始。

"无"在甲骨文中是"舞"的本字，义谓人两手持物而舞蹈。《殷墟文字》"贞：我无，雨"，"贞：无，允从雨"等，"无"都是跳舞祭祀的意思。许慎《说文》亡部云："𣥂，亡也。从亡，無声。𣺷，奇字无，通于元者，虚无道也。王育说，无屈西北为无。"许慎把"无"字解释为"亡"，段玉裁注："凡所失者、所未有者皆如逃亡然也。"先秦文献，"无"作"亡"解的例子比比皆是，如《尚书·范洪》"无虐茕独而畏高明"，《诗经·大雅·荡》"不明尔德，时无背无侧"，《左传·襄公二十九年》"国无主，其能久乎？"同时，《说文》林部中，许慎又把"无"字作"丰"解，义谓木之多也，这就与之前作"亡"字解的意义完全对立。对此，清代吴楚在《说文染指·释无無》中解释为："林部：'无，丰也'。其是无即荒芜本字，无与荒等也。荒本大荒之荒，草木虽丰盛而未加治理则财用未兴，故又为虚荒之荒。"可以说，"无"在这里是作为动词，描述从丰到芜的动态过程。可见，古语中"无"字的意义并不单一。若简单视其为现代汉语"没有"之义，恐怕会曲解了古人的意义。在此基础上，我们再来看老子之"无"。正如庞朴在《说"无"》一文所论述的，"无"字的发展为三种情况：一是先有而后无，即本来有而现在没有了的"亡"；二是似无实有，即确有实物而受制于人类认识能力暂不可见之"無"；三是无而纯无，即绝对空无的观念。道家之"无"不是绝对的虚空而是"似无实有"之"无"，"道家的无，可能也是既包含有不可闻见的客观存在客观规律，也包含有并非客观、但他们自以为是客观却是观念的想象物在内，不是一个简单判断便可判定的"①。

"为"在甲骨文中作"![字形]"，义谓人以手牵象以助役之意。《说文》云："![字形]，母猴也。其为禽好爪。爪，母猴象也。下腹为母猴形。王育曰：爪，象形也。![字形]，古文'为'，象两母猴相对形。"段玉裁注"为"谓"为假借为作为之字，凡有所变化曰为"。近现代学者多以甲骨卜辞之说为其本义，如罗振玉《增订殷墟书契考释》有："（为）从爪，从象，绝不见母猴之状，卜辞作手牵象形……意古者役象以助劳，其事或尚在服牛乘马以前。"由此，则"为"的本义为役象以助劳，引申为"人为造作"的意思。正如《尔雅义疏》所释："为者，行也、成也、施也、治也、用也、使也，皆不出造、作二义……'为'与'伪'古通用。凡非天性而人所造作者，皆'伪'也……'作'、'伪'二字俱从'人'，是皆人之所为矣。"此外，"为"字在早期还有以下几种常用意义：一、成为。《广雅·释诂》："为，成也。"《诗经·小雅》："高岸为谷，深谷为陵。"《荀子·劝学》："冰，水为之，而寒于水。"二、是。《论语·微子》："长沮曰：'夫执舆者为谁？'子路曰：'为孔丘。'"《孟子·公孙丑上》"尔为尔，我为我。"三、如果。《韩非子·内储说》："王甚喜人之掩口也，为近王，必掩口。"当然，"为"字还有一些做代词、助词、介词、语气词等的用法，这里不再一一列举。

分别讨论了"无"与"为"这两个字的原初字义之后，我们就比较容易理解"无为"合在一起作为一个词的意义了。从现存文献看，"无为"一词最早见于《诗经》。如《诗经·王风·兔爰》：

---

① 庞朴：《说"无"》，载深圳大学国学研究所主编：《中国文化与中国哲学》，东方出版社1986年版，第62页。

有兔爰爰，雉离于罗。我生之初，尚无为；我生之后，逢此百罹。尚寐无吪！

有兔爰爰，雉离于罦。我生之初，尚无造；我生之后，逢此百忧。尚寐无觉！

有兔爰爰，雉离于罿。我生之初，尚无庸；我生之后，逢此百凶。尚寐无聪！

在这里，"无为""无造""无庸"与"百罹""百忧""百凶"相对，表示社会安定无事，没有兵役、劳役、迁都等人为做作的意思。正如崔述在《读风偶识别》中说："其人当生于宣王之末年，王室未骚，是以谓之'无为'。既而幽王昏暴，戎狄侵陵；平王播迁，家室飘荡，是以谓之'逢此百罹'。"[①] 诗人以兔、雉比喻小人和君子。在黑暗的时代环境下，狡猾的小人逍遥自在，而耿直的君子却无故罹难。诗人怀想此前社会的平定安稳，而对比现实，却是天下大乱、战火纷纷，因此，发出沉重的感叹，宁愿长眠不醒。

又如《诗经·陈风·泽陂》：

彼泽之陂，有蒲与荷。有美一人，伤如之何。寤寐无为，涕泗滂沱。

彼泽之陂，有蒲与蕑。有美一人，硕大且卷。寤寐无为，中心悁悁。

彼泽之陂，有蒲菡萏。有美一人，硕大且俨。寤寐无为，辗转伏枕。

---

① 转引自程俊英：《诗经译注》，上海古籍出版社1985年版，第130页。

这是一首思念情人而求之不得的诗作，从美景写到美人，最后诗人忧思难抒，发出"寤寐无为"的感叹。"寤"，是觉的意思；"寐"，是寝的意思；"寤寐无为"即朝思暮想不知所为的意思。又《诗经·大雅·板》中有"天之方懠，无为夸毗。威仪卒迷，善人载尸。民之方殿屎，则莫我敢葵。丧乱蔑资，曾莫惠我师。"毛传释"夸毗"为"以体柔人也"。郭璞注曰："屈己卑身以柔顺人也。"因此，"无为"即不作为的意思，"无为夸毗"义谓不做谄媚阿谀之事。

稍晚于《诗经》的《国语》《左传》等典籍中亦出现"无为"一词。《国语·吴语》载："危事不可以为安，死事不可以为生，则无为贵智矣。"意思是：如果遇到危险不能转危为安，遇到死亡不能以死易生，那么，就不能称得上是有高超的智慧。其中的"无为"有不称为、不作为的意思。《国语·晋语四》载："公子亲筮之，曰：'尚有晋国。'得贞屯、悔豫，皆八也。筮史占之，皆曰：'不吉。闭而不通，爻无为也。'"在此，"无为"有不起作用、不发生变化的意思。《左传·成公二年》："进师归，范文子后入。武子曰：'无为吾望尔也乎？'对曰：'师有功，国人喜以逆之，先入，必属耳目焉，是代帅受名也，故不敢。'武子曰：'吾知免矣。'"在此，"无为"作为不认为、不以为的意思。《左传·昭公十三年》："子产归，未至，闻子皮卒，哭，且曰："吾已！无为为善矣。唯夫子知我。"在此，"无为"是没有人帮助的意思。"无为为善矣"，意谓没有人帮助我做好事了。《左传·哀公二十六年》有"无为公室不利"，其中"无为"意思是不做、别做的意思。

由上述例子可以看出，在老子以前，"无为"一词已经得到普遍使用，尽管意义不尽相同，但是基本表示对具体行为、动作的否定，偏向日常生活语言，并未上升到哲学范畴。直到老子，才完成了对"无为"的哲学建构。在这个意义上，老子确可称作"无为"理论的创始人。①

二、“为无为”:《老子》对“无为”之建构

"无为"是老子哲学思想的核心观念之一。诚如刘笑敢先生所说:"无为是老子哲学独创、道家独用的重要哲学概念。其他哲学家可以偶然提到、用到'无为'二字,但是不会以'无为'作为自己的中心概念。"②由此可见"无为"在老子哲学中的重要地位。那么,《老子》是如何建构"无为"的哲学范畴呢? 在回答这个问题之前,有必要对《老子》一书中"无为"一词的使用作一个梳理。"无为"是《老子》书中频繁出现的关键词之一,如:

> 是以圣人处无为之事,行不言之教;万物作而不为始,生而不有,为而不恃,功成而弗居。(《老子·二章》)
> 为无为,则无不治。(《老子·三章》)
> 明白四达,能无为乎? (《老子·十章》)③
> 道常无为而无不为。侯王若能守之,万物将自化。(《老子·三十七章》)
> 上德无为而无以为。(《老子·三十八章》)
> 天下之至柔,驰骋天下之至坚。无有入无间,吾是以

---

① 参见刘笑敢著,陈静译:《“无为”思想的发展——从〈老子〉到〈淮南子〉》,《中华文化论坛》1996 年第 2 期。

② 刘笑敢:《老子古今——五种对勘与析评引论》上卷,中国社会科学出版社2006 年版,第 606 页。

③ “能无为乎”一句,在王弼本中为“无为”,在河上公本等古本中为“无知”,即“能无知乎”。在此,我们以王弼本“无为”为准。

知无为之有益。不言之教，无为之益，天下希及之。(《老子·四十三章》)

为学日益，为道日损。损之又损，以至于无为。无为而无不为。(《老子·四十八章》)

故圣人云："我无为，而民自化；我好静，而民自正；我无事，而民自富；我无欲，而民自朴。"(《老子·五十七章》)

为无为，事无事，味无味。(《老子·六十三章》)

是以圣人无为故无败；无执故无失。(《老子·六十四章》)

当然，诸如《老子·二十九章》"天下神器，不可为也"；《老子·四十七章》"是以圣人不行而知，不见而名，不为而成"中"不可为""不为"等也可作"无为"解。那么，何谓无为？陈鼓应曾指出："老子的'无为'，并不是什么都不做，并不是不为，而是含有不妄为的意思。"因此，"无为"其实是一种"为"，它是老子提出的"一种处事的态度和方法"①，所以老子才会说"为无为，事无事"(六十三章)，不仅不可妄自作为，还要顺从自然本性和自然规律而不人为干扰和破坏，用自己的作为去维护自然的和谐与平衡。英国科学家李约瑟也曾指出："'无为'的意思就是'不做违反自然的活动'亦即不固执地要违反事物的本性，不强使物质材料完成它的所不适合的功能。"②同时，我们应该注意的是，"无为"并不是一个简单的概念，而是一个概念集合，刘笑敢称之为"概念簇"。"我们不难看出所谓'无为'不是一个孤立的语言形式；事实上，它只是老子的一系列否定式用语的总代表。否定式用语所否定的包括个人的习惯行为或倾向(欲望，骄傲)，常见的社会现

---

① 陈鼓应：《老子注译及评介》(修订增补本)，中华书局 1984 年版，第 35 页。

② ［英］李约瑟著：《中国科学技术史》第二卷，何兆武等译，上海古籍出版社 1990 年版，第 76 页。

象（战争，争夺）等等。无为实际上包括了或代表了无欲、无争、无事、不居功、不恃强、不尚武、不轻浮、不炫耀等一系列与常识、习惯不同或相反的行为和态度，也可以说是一系列非世俗、非惯例的方法性原则。"①

从上述论说我们可以看出，老子的"无为"与早前《诗经》、《左传》已经有明显不同，呈现出形而上的哲学义涵，那么，老子是如何构建"无为"范畴的呢？我们从以下三个方面进行分析：

（一）本体层面：道之无为

"道常无为而无不为"是"无为"在本体层面的建构。"道"是"无为"形而上的理论基础，"无为"是"道"的根本特性之一。对此，刘笑敢先生曾有过论证，他指出："正如'道法自然'一语说明道是自然的形而上基础，'道常无为而无不为'也说明道是无为的形而上基础。不过，如果我们相信'为'是指人的行为，而不包括无生物的运动和反应，那么，我们只能说'道常无为而无不为'是一种拟人或比喻的说法，因为道并不具有人格或神格的特点，道不是类似于人类或神明的行为主体。这样说来，'道常无为而无不为'是有意地为无为的原则提供最高的形而上根据，而不是一个简单的陈述。"②

那么，"道"何以无为而无不为呢？《老子·三十七章》载："道常无为而无不为。侯王若能守之，万物将自化。化而欲作，吾将镇之以无名之朴。无名之朴，夫亦将不欲。不欲以静，天下将自正。"王弼注言"道常无为而无不为"，"顺自然也。万物无不由为以治以成之也"。楼宇

---

① 刘笑敢：《老子古今——五种对勘与析评引论》上卷，中国社会科学出版社2006年版，第609页。

② 刘笑敢：《老子之自然与无为——古典意舍与现代意义》，《中国文哲研究集刊》1997年第10期。

烈校释认为王弼注文有错乱，应为"万物无不由之以始以成也"。也就是说，"道"的作为是"无为"，即顺物自然；"道"的结果是"无不为"，即万物皆因此而得以成就自己。如此，似乎"无为"、"无不为"是针对"道"的行为和结果分别论说的，其实不然，当我们结合《老子》全文来看，就会发现不论是从"道"的作为，还是从"道"的结果来看，"道"都是无为而无不为的。一方面，就"道"的行为来看，"道"是有为而无为的。"道"不仅生成宇宙万物，而且是万物存在、发展的总根据。《老子·四十二章》载"道生一，一生二，二生三，三生万物"；《老子·二十五章》载"周行而不殆，可以为天地母"；《老子·五十一章》载"生而不有，为而不恃，长而不宰"等等，这里的"生""为""长"无不说明"道"是有为的，且宇宙万物的生成生长都离不开"道"的作用。同时，"道"的行为又是似有实无的，它并不直接控制、干涉万物，只是顺物自然而已，"道对万物的运动趋向的决定作用又是间接的、不十分确定的，其细节和内容是不可能完全预知的"[1]。因此，我们说，"道"的行为又是"无为"的。另一方面，就"道"之为的结果来看，"道"是无为而无不为的。"道"成就万物却不贪享名誉，辅助万物而不恃为己功。正如《老子·三十四章》载："万物恃之以生而不辞，功成不名有，衣养万物而不为主"；《老子·五十一章》载："生而不有，为而不恃，长而不宰，是谓玄德。"这里的不辞、不名有、不为主，不有、不恃、不宰等都是道之"无为"的表现。同时，"道"又是无不为的。正是"无为"才成就了它作为宇宙万物根本"大""全""一"的"大有为"。老子说："万物归焉而不为主，可名为大。以其终不自为大，故能成其大。"（《老子·三十四章》）"天之道，不争而善胜，不言而善应，不召而自来，繟

---

① 刘笑敢：《老子古今——五种对勘与析评引论》上卷，中国社会科学出版社2006年版，第297页。

然而善谋。"(《老子·七十三章》）如前所述，"道"的运动和发展总是向对立面转化的。当"道"作用于万物时，万物也自然秉承"道"相反相成的运动规律。于是，当"道"以无为的方式成就万物之时，也同时得到了成就自我的"大有为"的结果。因此，老子说"以其终不自为大，故能成其大"。

（二）实践层面：治之无为

"治之无为"，即为无为，是本体之"道"落实到政治层面的实践准则。

一方面，"治之无为"是不妄自作为。在老子的时代，战乱纷纷、民不聊生，统治者对财富的欲望和对享乐的追逐，都成为加诸百姓身上的重担。《老子·七十五章》载："民之饥，以其上食税之多，是以饥。民之难治，以其上之有为，是以难治。民之轻死，以其求生之厚，是以轻死。夫虽无以生为者，是贤于贵生。"在上者层层吞食税赋，导致百姓食不果腹；在上者任意妄为，导致百姓难以管治；在上者贪享奢靡，导致百姓轻言赴死。而这一切都是因为统治者的"有为"，正如王弼注曰："言民之所以僻，治之所以乱，皆由上，不由其下也。民从上也。"老子正是看到，那个时代的统治者不足以作为却妄自任为，"那些自以为是他人命运的裁定者，自以为有资格对别人的理想专断的人，他们的作为，正是造成人间不平与残暴的根由"①。因此，他极力号召"无为"。《老子·三章》载："不尚贤，使民不争；不贵难得之货，使民不为盗；不见可欲，使民心不乱。是以圣人之治，虚其心，实其腹；弱其志，强其骨。常使民无知无欲。使夫智者不敢为也。为无为，则无不治。"《老子·五十七章》载："我无为，而民自化；我好静，而民自正；我无事，

---

① 陈鼓应：《老子注译及评介》（修订增补本），中华书局1984年版，第34页。

而民自富；我无欲，而民自朴。"在老子看来，只有统治者不妄自作为，百姓才能获得自然发展的机会。

另一方面，"治之无为"是"为无为"。老子倡导"治之无为"并不是毫无作为，而是要有智慧的作为，要"方而不割，廉而不劌，直而不肆，光而不耀"（《老子·五十八章》）。正如《老子》二十七章云：

> 善行无辙迹；善言无瑕谪；善数不用筹策；善闭无关楗而不可开；善结无绳约而不可解。是以圣人常善救人，故无弃人；常善救物，故无弃物。是谓袭明。故善人者，不善人之师；不善人者，善人之资。不贵其师，不爱其资，虽智大迷，是谓要妙。

老子所谓"袭明"，是就圣人之"为"而言的。元吴澄云："行者必有辙迹在地，言者必有瑕谪可指，计数者必用筹策，闭门者必用关键，结系者必用绳约，然皆常人所为尔，有道者观之，则岂谓之善哉？善行者以不行为行，故无辙迹；善言者以不言为言，故无瑕谪；善计者以不计为计，故不用筹策；善闭者以不闭为闭，故无关键而其闭自不可开；善结者以不结绳约，而其结自不可解。"（吴澄《道德真经注》）老子列举善行、善言、善数、善闭、善结五事，旨在说明治世之道当循"自然无为"之理，才能"无为而无不为"。同时，"治之无为"是摒除私心私欲之为。老子说："圣人无常心，以百姓心为心。善者，吾善之；不善者，吾亦善之；德善。信者，吾信之；不信者，吾亦信之；德信。圣人在天下，歙歙焉，为天下浑其心，百姓皆注其耳目，圣人皆孩之。"（《老子·四十九章》）"常心"即常欲，范应元注曰："圣人无常心者，无为无欲，不倚于一物，湛然虚明，寂然不动，纯乎道也。"（《老子道德经古本集注》）只有不存私心私欲，才能从对世俗名利的盲目追逐中解脱出来，处下居后，并真正为天下民众所拥戴。因此，老子说："是以圣人处上而民不重，处前而民不害。是以天下乐推而不厌。"（《老子·六十六章》）

（三）价值层面：心之无为

"无为之道"是"无为"从实践准则向形而上价值观念的回归。"无为"作为老子哲学的核心观念之一，不仅是对常识和习惯进行反思的实践准则，也是一种超越的精神境界。正如牟宗三先生所说："'无为'是高度精神生活的境界，不是不动。西方人或一般译者把它译成 inaction（不动），这是完全失指的。"①

由前所述，"无为"是一系列具有否定意义的概念簇，是对世俗价值标准的反思。《老子·十二章》载："五色令人目盲；五音令人耳聋；五味令人口爽；驰骋畋猎，令人心发狂；难得之货，令人行妨。是以圣人为腹不为目，故去彼取此。"王弼注曰："为腹者以物养己，为目者以物役己，故圣人不为目也。"老子正是看到世俗生活中，人们受物质欲望的奴役和驱使，已经逐渐失去了自然本性，因此，他强调："为学日益，为道日损。损之又损，以至于无为，无为而无不为。"（《老子·四十八章》）在这里，"损"即是对世俗价值观的剥离，是"无为"在方法论上的呈现，而通过"损"达到"以至于无为"中的"无为"则具有了价值义涵。如蒙培元所说："对于无欲之人而言，'无为'本身即具有目的性，'无为'本身是一种惬意的生活。"② 那么，"无为"的精神境界是怎样的呢？可以用一个字来概括，就是"静"。老子说："至虚极，守静笃。万物并作，吾以复观。夫物芸芸，各复归其根。归根曰静，静

---

① 牟宗三：《中国哲学十九讲》，上海古籍出版社 2005 年版，第 71 页。
② 罗安宪：《虚静与逍遥——道家心性论研究》，人民出版社 2005 年版，第 76 页。

曰复命。复命曰常，知常曰明。不知常，妄作凶。知常容，容乃公，公乃全，全乃天，天乃道，道乃久，没身不殆。"（《老子·十六章》）老子认为，人的心境原本是澄明宁静的，只因私欲的活动与外界的扰动，才使得心灵蔽塞不安，因此须通过"致虚""守静"的工夫，才能恢复心灵的清明。魏源云："虚者，无欲也，无欲则静，盖外物不入，则内心不出也。"[1] 高明《帛书老子校注》中说："'虚'者无欲，'静'者无为，此乃道家最基本的修养。"[2] 陈鼓应也说："老子复归的思想，乃就人的内在之主体性、实践性这一方向作回省工作。他们以为人心原本清明透彻的，只因智巧嗜欲的活动而受骚乱与蒙蔽。故应舍弃智巧嗜欲的活动而复归于原本的清净透明的境地。"[3] 这种心灵"原本的清净透明的境地"也就是"无为"的精神境界。当然，老子之"无为"在价值层面的超越还只是一种趋向，直到庄子才真正完成了"无为"关键词在精神境界上的建构。

三、"无为为之"：《庄子》对"无为"之推进

继老子之后，道家的另一位代表人物庄子继承并推进了老子的"无为"关键词。《老子》讲"无为"，其最终目的是求"无所不为"之"为"，是要以柔弱胜刚强，以退为进，有着强烈的现实事功色彩，可谓"上兵伐谋（百战百胜，非善之善者也；不战而屈人之兵，善之善者也）"（《孙子·谋攻篇》）的哲学表述；而《庄子》中的"无为"，是要求人的生命过程尽可能退到自然物的程度上，"绝圣弃智"，以超

---

① （清）魏源：《老子本义》，载《魏源全集》第 12 册，岳麓书社上海书店 2011 年版，第 33 页。

② 高明：《帛书老子校注》，中华书局 1996 年版，第 299 页。

③ 陈鼓应：《老子注译及评介》（修订增补本），中华书局 1984 年版，第 127 页。

世、遁世与顺世实现无所羁绊的"游世"。超世即是"对人间世务的鄙弃和世俗道德的否定";遁世乃是由于精神上对自由超越的追求而产生的自信，导致"对世俗生活的冷漠"[①]；而顺世的思想，是因为人毕竟难以找到一个"无何有之乡"（《应帝王》）而成就一种"真人"理想，那么他便只有在现实中与世周旋、虚与委蛇。庄子所论的"无为"是一种彻底的无为思想，其理想是将人的社会属性尽可能地剔除，把人放进一个纯自然的境地。具体来说，《庄子》对"无为"的推进主要表现为以下几个方面：

（一）以"无为"葆自然本性

在庄子看来，人的本性是自然自足的，后天的行为会搅扰了先天的真性，因此，他强调尽可能避免一切非生而有之的、不必要的欲望与行动，以"无为"葆内在之"性"。

庄子指出，现实世界的智识和欲望是对人自然本性的最大遮蔽，因此他极力主张以"无知无欲"达"无为"。相对于大道而言，人类所谓的"圣智之法"不过是权术伎俩罢了，况且这些圣智礼法的创建本是用来防盗制贼的，但在实际中往往反倒被盗贼所窃，用为护身的名器，并以之为祸民众。在《胠箧》中，庄子说：

> 上诚好知而无道，则天下大乱矣。何以知其然邪？夫弓弩毕弋机变之知多，则鸟乱于上矣；钩饵罔罟罾笱之知多，则鱼乱于水矣；削格罗落罝罘之知多，则兽乱于泽矣；知诈渐毒颉滑坚白解垢同异之变多，则俗惑于辩矣。故天下每每大乱，罪在于好知。

---

① 崔大华：《庄学研究》，人民出版社1992年版，第185—186页。

庄子认为，"上诚好知而无道，则天下大乱矣"，统治者推崇才智，结果只会是尚知而无道，天下必将大乱。这是从"知"与"道"在现实表现上的对立而言的。即使在本质属性方面，"知"与"道"也是根本对立的。这是因为，"道"是空虚无迹、自然无为的存在，其属于形而上的领域，而"知"是知性名理的形而下存在，如以理智的方式态度去对待不涉理路、不落言筌的大道，结果只会是徒劳而无益。

另一方面，现实社会，人的"情感欲望"也成为社会异化的产物。在追名逐利的社会染缸里，"情"已经褪化为一种仅仅关乎欲望匮乏与满足的好恶之情，一种程式化和普泛化了的虚假之情，这是"累德"（使纯朴的德性遭受负累）的。因此，庄子主张通过"无欲""无情"以成全"复其初""原其道"的真性情：

> 且夫失性有五：一曰五色乱目，使目不明；二曰五声乱耳，使耳不聪；三曰五臭薰鼻，困惾中颡；四曰五味浊口，使口厉爽；五曰趣舍滑心，使性飞扬。此五者，皆生之害也。（《天地》）

世俗情欲使人迷情失性，如成玄英疏曰："总结前之五事，皆是伐命之刀，害生之斧，是生民之巨害也。"所以当惠子问他"人故无情乎"、"人而无情，何以谓之人"的时候，庄子从容不迫地回答道："道与之貌，天与之形，恶得不谓之人？"惠子又问："既谓之人，恶得无情？"庄子不无思辨地回答道："是非吾之所谓情也。吾所谓无情者，言人之不以好恶内伤其身，常因自然而不益生也。"（《德充符》）在庄子眼里，人的情感是天赐道予的，是自然素朴而无所损益的，不以外在功利的好恶受到损伤，也不以外在的物质欲望受到评判。至于现实生活中那些所谓"情感"的喜怒哀乐，都不过是离德背道、毫无真实性可言的虚情假意罢了。因此，庄子主张通过无知无欲以葆人之自然本性，"同乎无知，其德不离；同乎无欲，是谓素朴；素朴而民性得矣"（《马蹄》）。

（二）以"无为"求全生免患

在庄子看来，身处乱世之中，想要全生免患，只能以"无为为之"。《天道》篇载："无为则俞俞。俞俞者，忧患不能处，年寿长矣。"《刻意》篇也说："圣人休休焉则平易矣，平易则恬惔矣。平易恬惔，则忧患不能入，邪气不能袭，故其德全而神不亏。"具体来说：

一方面，以"无为"成就"无用之用"。在庄子看来，"无用之用"是超越世俗功利的效用，是可以全生免患的"大用"。以文木为例。《人间世》中柤梨橘柚果蓏等果树，果实成熟便被采摘，一旦被采摘便遭受毁辱，而不能尽享寿命。椒柏桑以及桂树、漆树，也因其有用而"中道之夭于斧斤"。《山木》篇，更直接点明"直木先伐"。从世俗功利的角度看，这些文木都是符合普遍价值的好木。匠人以之为可造之材，百姓以之为有用之树。然而，庄子却认为，文木的有用正是其不能尽天年的主要原因。既然文木因其有用而夭于斧斤，那么怎样才是生存之道呢？庄子随之塑造了一系列大而无用的散木形象。恶木樗树"大本臃肿而不中绳墨，小枝卷曲而不中规矩"（《逍遥游》）；栎社树"以为舟则沉，以为棺椁则速腐，以为器则速毁，以为门户则液樠，以为柱则蠹"（《人间世》）；大木"仰而视其细枝，则拳曲而不可以为栋梁；俯而视其大根，则轴解而不可以为棺椁；咶其叶，则口烂而为伤；嗅之，则使人狂酲，三日而不已"（《人间世》）。看似一无是处的散木，庄子却赋予其无用之大用，"以不材得以终其天年"。散木的"无用"是人类世俗生活价值观的判断，而散木的"无用之用"却是对其自身来说能保全生命的大用。对于人来说，亦是如此。庄子生活在一个道术将为天下裂的时代，社会动荡、杀戮四起，"方今之时，仅免刑焉。福轻于羽，莫之知载；祸

重于地，莫之知避"（《人间世》）。只有保全了生命才有资格享受自由与
逍遥。

另一方面，"无为"是不得已而安命。庄子主张"安命论"①，认为人
的生老病死、贫贱富贵等都是"命"，是来源于道和天的自然无为的必
然。"命"字在《庄子》一书中出现 80 余次，如《德充符》载："死生存亡，
穷达贫富，贤与不肖毁誉，饥渴寒暑，是事之变，命之行也。"《大宗
师》载："死生，命也。其有夜旦之常，天也。"《秋水》载："我讳穷久矣，
而不免，命也"。《天运》载："性不可易，命不可变。"既然"命"具有
不可抗拒的必然性，人的奋力作为也不过是"终身役役而不见其成功，
苶然疲役而不知其所归"（《齐物论》），甚至可能引来伤身之祸。因此，
庄子强调安时顺命之无为。《人间世》说："知其不可奈何而安之若命，
德之至也。"《德充符》也说："知不可奈何而安之若命，唯有德者能之。"
在庄子看来，安命无为是面对现实不得已的选择，惟此才能全生免患。

当然，这种观念及其主导下的生命必然是"无为"的，充分认可、
并肯定了先天生成的有限性，并且安于这种有限性，恰如公文轩所见的
只有一只脚的右师：

　　公文轩见右师而惊曰："是何人也？恶乎介也？天与？其
人与？"曰："天也，非人也。天之生是使独也，人之貌有与也。
以是知其天也，非人也。"（《养生主》）

人是"天"，也即"自然"化生的一个环节，"万物皆化"（《至乐》），
这种化生是不分高下、无始无终、没有片刻止息的循环。《天地》说："天
地虽大，其化均也。"《寓言》也说："万物皆种也，以不同形相禅，始

---

① 参见刘笑敢：《庄子哲学及其演变》，中国人民大学出版社 2010 年版。

卒若环，莫得其伦，是谓天均。"同时，万物变化遵循如下的过程：

> 泰初有无，无有无名；一之所起，有一而未形。物得以
> 生，谓之德；未形者有分，且然无间，谓之命；留动而生物，
> 物成生理，谓之形；形体保神，各有仪则，谓之性。性修反
> 德，德至同于初。同乃虚，虚乃大。合喙鸣；喙鸣合，与天地
> 为合。其合缗缗，若愚若昏，是谓玄德，同乎大顺。(《天地》)

这是一种以抽象概念给出的表述，"万物从无开始，经历一、德、命、形、性诸阶段后，又返回虚无"①，是一个"万物云云，各复其根"(《在宥》)的过程，它丰富而生动，处处流转不息，万物都参与其中：

> 种有几？得水则为䰞，得水土之际则为蛙蠙之衣，生于陵
> 屯则为陵舃，陵舃得郁栖则为乌足，乌足之根为蛴螬，其叶为
> 胡蝶。胡蝶胥也化而为虫，生于灶下，其状若脱，其名为鸲
> 掇。鸲掇千日为鸟，其名为乾馀骨。乾馀骨之沫为斯弥，斯弥
> 为食醯。颐辂生乎食醯，黄軦生乎九猷，瞀芮生乎腐蠸。羊奚
> 比乎不箰，久竹生青宁；青宁生程，程生马，马生人，人又反
> 入于机。万物皆出于机，皆入于机。(《至乐》)

从这种万物在变化中联系、万物彼此化生的角度去看，则万物平等、都是天机所出，而仅仅是这种变化中的某一个环节的"人"，实在是没有可供自得的道理，"特犯人之形而犹喜之，若人之形者，万化而未始有极也，其为乐可胜计邪"(《大宗师》)。于是，通过"天机"而将

---

① 崔大华：《庄学研究》，人民出版社 1992 年版，第 115 页。

"人"放置进一个与自然万物循环同化的过程中，庄子在其思想体系的逻辑中彻底否定了"人"的主观能动性的必要，相反，意识到这种"天机"、通过"无为"的方式参与到这种"天机"运化之中，是实现"人合于天"的唯一途径。

（三）以"无为"成天地大美

在庄子这里，"无为"真正成为一种精神境界。《大宗师》假借孔子的口吻说："假于异物，托于同体；忘其肝胆，遗其耳目；反复终始，不知端倪；芒然彷徨乎尘垢之外，逍遥乎无为之业。"成玄英疏云："前既遗于形骸，此又忘于心智，是以放任于尘累之表，逸豫于清旷之乡，以此无为而为事业也。"对庄子来说，做到"无为"，不仅是一种实践过程，而且在最为根本的层面上，是要能够在思想中彻底消除智识意识，泯灭了感性、知性与理性的所有判断，剔除了有关"无为"的思虑，不以现实生活为意，能够有一种完全直觉式的精神生活。因此，"无为"之精神境界有如"天地大美"在人身上的表现。如果强以语言的形式来表征这种"天地大美"的性状，则是关于"天籁"的说明：

> 南郭子綦隐机而坐，仰天而嘘，荅焉似丧其耦。颜成子游立侍乎前，曰："何居乎？形固可使如槁木，而心固可使如死灰乎？今之隐机者，非昔之隐机者也。"子綦曰："偃，不亦善乎，而问之也！今者吾丧我，汝知之乎？女闻人籁而未闻地籁，女闻地籁而不闻天籁夫！"子游曰："敢问其方。"子綦曰："夫大块噫气，其名为风。是唯无作，作则万窍怒呺。而独不闻之翏翏乎？山林之畏佳，大木百围之窍穴，似鼻，似口，似耳，似枅，似圈，似臼，似洼者，似污者。激者、謞者、叱者、吸者、叫者、譹者、宎者、咬者，前者唱于而随者唱喁，

冷风则小和，飘风则大和，厉风济则众窍为虚。而独不见之调调之刁刁乎？"子游曰："地籁则众窍是已，人籁则比竹是已，敢问天籁。"子綦曰："夫吹万不同，而使其自己也。咸其自取，怒者其谁邪？"（《齐物论》）

"人籁"是人间众多乐器鸣奏之音，在发音的物理原理方面与"地籁""天籁"或者没有什么差别，都是因气过孔窍而有声音。但是与"地籁"和"天籁"比起来，"人籁"毕竟是人力所为，不是乐器之本性，何况乐器之制造以及音乐的成就，都是经过了后天的用心选择，早已不是"自然"之所成；"地籁"是自然世界之声，但是"地籁"所成，却是有待"大块噫气"，也不是最终的自由式表达；唯有"天籁"，无所用心，无所依凭，有如"日夜相代乎前而莫知其所萌"，圆融绵密、混沌不觉，方是彻底的"无为"之作。"天籁"之有"大美"，是在物质世界中不可寻踪的"大美"，与人世相对的自然世界获得了一种"非理智、非精神"的精神性之后，庄子将其"大美"的观念寄托其中，如果人能够消除与自然的对立与分别思想，不再以人的眼光观察自然，不再以人的标准对待自然，彻底使人进入自然的演化、发展，那么便可以摆脱尘世的袭扰，实现心灵的闲静明澈，进入"无为"的精神境界。

可以说，在庄子这里，"无为"已经超越了现实世界的功利实效，进入一种"天地与我并生，而万物与我为一"（《齐物论》）的精神境界。这是一种"向内返观"而非向外扩张的精神祈向，是要在人世中求精神的最终超越与绝对自由，甚至要求人的物质实存弃绝所有社会性，进而进入到一种纯粹的自然生物性状态中，以自然直觉求生存，以精神之大欢乐为"天运"与"物化"的证明。

同时，我们需要注意的是，《庄子》之"无为"与政治统治还有不可分割的关系：

> 　　何谓道？有天道，有人道。无为而尊者，天道也；有为而累者，人道也。主者，天道也；臣者，人道也。天道之与人道也，相去远矣，不可不察也。(《在宥》)

> 　　夫帝王之德，以天地为宗，以道德为主，以无为为常。无为也，则用天下而有馀；有为也，则为天下用而不足。故古之人贵夫无为也。上无为也，下亦无为也，是下与上同德，下与上同德则不臣；下有为也，上亦有为也，是上与下同道，上与下同道则不主。上必无为而用天下，下必有为为天下用，此不易之道也。(《天道》)

　　在这里，无为和有为已经成为君道和臣道的两种不同特性，君道无为而尊、臣道有为而累，二者泾渭分明、不可混淆。据刘笑敢先生考察，《在宥》诸篇对君道与臣道的论述"应该是汉代黄老之学关于君无为而臣有为的最早、最明确的说法"[1]。可以说，这是早期道家思想转向黄老之学的重要发展，"无为"理论自此成为真正可操作的政治策略，呈现出与早期道家的明显区别。

第二节　"无为而治"："无为"的社会化历程

　　"无为"作为道家的中心观念，自老子以后，对后世产生了深远影

---

　　① 刘笑敢：《老子古今：五种对勘与析评引论》，中国社会科学出版社 2006 年版，第 708 页。

响。后来者对这一概念进行了广泛的接受与阐释，并进一步转化为具体、可操作的方法原则，指导着社会生活、文学艺术等领域，使这一概念的内涵获得了极大的丰富。

一、"无为"之"为"：先秦诸子中的"无为"

除老庄之外，《论语》《管子》《慎子》《中庸》《荀子》《韩非子》《吕氏春秋》等先秦典籍都论及"无为"。各学派结合各自的思想体系对"无为"进行诠释，使其呈现出不同的面貌。这里，我们主要以《论语》和《韩非子》中的"无为"进行论述：

（一）孔子之"无为"：为政以德

不同于老庄，孔子之"无为"是与其政治理想息息相关的。正如刘笑敢论述的："孔子所说的无为基本是一种政治清明的理想，是理想政治的效果。……孔子的无为应该也不同于一般的行为，不同于一般的统治或社会管理方式，其政治代价、社会震荡应该是最少的，而百姓的满意程度应该是最高的。"[①] 具体来说，"无为"一词在《论语》中一共出现两次，分别见于《雍也》和《卫灵公》两篇。其中，《雍也》篇"女为君子儒，无为小人儒"之"无为"是表示"不做、不为"的普通词汇，不是我们这里要重点阐释的。在《卫灵公》中，孔子明确提出"无为而治"：

> 子由曰："由！知德者鲜矣。"子曰："无为而治者，其舜也

---

① 刘笑敢：《老子古今：五种对勘与析评引论》，中国社会科学出版社 2006 年版，第 403 页。

与？夫何为哉，恭己正南面而已矣。"（《论语·卫灵公》）

诚如老子之"无为"并非无所事事之谓，孔子之"无为"亦是如此。朱熹注曰："无为而治者，圣人德盛而民化，不待其有所作为也。独称舜者，绍尧之后，而又得人以任众职，故尤不见其有为之迹也。恭己者，圣人敬德之容。既无所为，则人之所见如此而已。"① 朱熹以"德盛而民化"注"无为而治者"，应该是比较符合孔子原意的。孔子生活在礼崩乐坏的时代，终其一生的理想是恢复传统的礼乐制度。为了实现这一目标，他怀着"知其不可为而为之"的决心和勇气身体力行、奔走救世，他所提倡的方法不是刑罚律法及命令制度，而是通过个体道德修养的完善而实现社会整体和谐。因此，在孔子这里，统治者作为天下民众的典范，更要首先做到修德于己。《论语·宪问》云：

　　　子路问君子。子曰："修己以敬。"曰："如斯而已乎？"曰：
　　"修己以安人。"曰："如斯而已乎？"曰："修己以安百姓。修己
　　以安百姓，尧舜其犹病诸！"（《论语·宪问》）

在孔子看来，"修己以安百姓"是最理想的治国之法，然而即便是尧舜这样的圣人也很难做到。可以看出，孔子所谓的"无为而治"，实际上是建立在"有为"基础上的"无为"，是对自我的严格要求和对他人的不干涉、不强迫。《论语·为政》载："为政以德，譬如北辰，居其所而众星共之。"在这里，"为政以德"即"无为而治"，不是以道德为手段治理国家，而是从己做起、德修于己。正如朱熹所述："'为政以德'，不是欲以德去为政，亦不是块然全无所作为，但德修于己而人自

---

① （宋）朱熹：《四书章句集注》，中华书局 2011 年版，第 152 页。

感化。然感化不在政事上，却在德上。盖政者，所以正人不正，岂无所作为。但人所以归往，乃以其德耳。故不待作为，而天下归之，如众星之拱北极也。"① 朱熹曾用"灯"喻"为政以德"，灯自明而已，即使不直接作用于他物，却能够照亮他物。从这个意义上来看，孔子之"无为而治"与老子之"无为"是有内在联系的，都含有君无为而民自然的意思。当然，对老子来说，"无为"不仅是目的，也是方法和工具；而孔子达到"无为而治"的方法却是个体道德的完善。因此，孔子反对以刑罚律法等"有为"之法来约束百姓："道之以政，齐之以刑，民免而无耻；道之以德，齐之以礼，有耻且格。"（《论语·为政》）孔子认为，若以刑罚来约束百姓，则百姓虽然可以避免犯罪，却也会失去羞耻之心；只有以德治教化百姓，才能使百姓从内心归顺，自觉遵纪守法。正如朱熹注："德礼则所以出治之本，而德又礼之本也。此其相为终始，虽不可偏废，然政刑能使民远罪而已，德礼之效，则有使民日迁善而不自知。"②

另一方面，孔子的"无为而治"又是"无不为"的。刑罚律法只针对具体而微的行为具有约束作用，其效果是有限的，总会有漏有失；而"德治"之无为却是无所不至的，具有"无不为"的效果。

> 季康子问政于孔子。孔子对曰："政者，正也。子帅以正，孰敢不正？"（《论语·颜渊》）
>
> 子曰："其身正，不令而行；其身不正，虽令不从。"（《论语·子路》）
>
> 诚者，天之道也；诚之者，人之道也。诚者不勉而中，不

---

① （宋）黎靖德编：《朱子语类》第二册，中华书局 1986 年版，第 533 页。

② （宋）朱熹：《四书章句集注》，中华书局 2011 年版，第 55 页。

思而得，从容中道，圣人也。诚之者，择善而固执之者也。
（《中庸·二十章》）

如此者，不见而章，不动而变，无为而成。（《中庸·二十六章》）

由上面论述可以看出，孔子之"无为而治"与老子之"无为"是一脉相承的，尽管有外在的不同，但是"无论是谁讲无为，都必然针对常规之为或过分之为作减法，都是要减少付出、代价和冲突，达到比常规之为更好的效果"①。

（二）韩非之"无为"：驭臣之术

韩非是先秦法家的集大成者。一方面，他吸收改造商鞅、申不害、慎到等前期法家思想，主张通过法、术、势的结合治理国家；另一方面，受老子及道家影响，他又强调"虚静无为"。可以说，在韩非思想中，"无为"是与其治国理念紧密结合的驭臣之术。《韩非子·主道》载：

故曰：寂乎其无位而处，漻乎莫得其所。明君无为于上，群臣竦惧乎下。明君之道，使智者尽其虑，而君因以断事，故君不穷于智；贤者敕其材，君因而任之，故君不穷于能；有功则君有其贤，有过则臣任其罪，故君不穷于名。是故不贤而为贤者师，不智而为智者正。臣有其劳，君有其成功，此之谓贤主之经也。（《主道》）

———————

① 刘笑敢：《老子古今：五种对勘与析评引论》，中国社会科学出版社2006年版，第405页。

可见，"无为"作为治国驭臣之术，绝非无所作为的意思。从消极的方面来看，"无为"要求君主要去好去恶、去巧去智、去贤去勇、去私去欲，不主动表现自己的喜好，不轻易发表自己的主张，这样，才能与臣下保持距离，显得神秘莫测，使臣下战战兢兢而不敢逾矩。因此，贤明君王的统治之道是：使臣下绞尽脑汁出谋划策，而君王根据他们的考虑来决断，这样君主的智慧就不会穷尽；使臣下充分施展自己的才能，而君王根据才能选拔任用，这样君王的才能就不会穷尽。最终，君王可以"去智而有明，去贤而有功，去勇而有强"（《主道》），得以"不贤而为贤者师，不智而为智者正"（《主道》）。相反，若是君王"有为"，则国家就会陷入混乱无序。例如，"上有所长，事乃不方。矜而好能，下之所欺；辩惠好生，下因其材。上下易用，国故不治"（《扬权》）。君王轻易施展智慧特长，就有可能被臣下所欺骗或利用；又如，"故人主好贤，则群臣饰行以要君欲，则是群臣之情不效"（《二柄》），君王随意表露自己的喜好，则群臣就会想方设法讨好君王。因此，韩非说：

> 道者，万物之始，是非之纪也。是以明君守始以治万物之源，治纪以知善败之端。故虚静以待之，令名自命也，令事自定也。虚则知实之情，静则知动者正。有言者自为名，有事者自为形，形名参同。君乃无事焉，归之其情。（《主道》）
>
> 虚静无为，道之情也；参伍比物，事之形也。参之以比物，伍之以合虚。根干不革，则动泄不失矣。动之溶之，无为而改之。（《扬权》）

从积极的方面来看，"无为"必须以法治为前提。君王若是能够设置法令制度，并严格奖赏惩罚，就可以高枕无忧，实现无为而治。如《守道》载：

圣王之立法也，其赏足以劝善，其威足以胜暴，其备足以必完法。治世之臣，功多者位尊，力极者赏厚，情尽者名立。善之生如春，恶之死如秋，故民劝极力而乐尽情，此之谓上下相得。上下相得，故能使用力者自极于权衡，而务至于任鄙；战士出死，而愿为贲、育；守道者皆怀金石之心，以死子胥之节。用力者为任鄙，战如贲、育，中为金石，则君人者高枕而守己完矣。（《守道》）

意思是，贤明的君王在置立法令的时候，必定使奖赏足够引人向善、惩罚足够制服暴乱，并且保证法令制度能够坚决执行和完善。因此，君主及时公正的奖惩是"无为之治"得以实现的基本前提：

是故明君之行赏也，暖乎如时雨，百姓利其泽；其行罚也，畏乎如雷霆，神圣不能解也。（《主道》）

今有功者必赏，赏者不得君，力之所致也；有罪者必诛，诛者不怨上，罪之所生也。民知诛赏之皆起于身也，故疾功利于业，而不受赐于君。"太上，下智有之。"此言太上之下民无说也，安取怀惠之民？上君之民无利害，说以"悦近来远"，亦可舍已。（《难三》）

同时，"无为之治"还建立在百官各司其职，各尽其才的基础上：

夫物者有所宜，材者有所施，各处其宜，故上下无为。使鸡司夜，令狸执鼠，皆用其能，上乃无事。（《扬权》）

在韩非看来，君王若能严格推行法令，就不需要绞尽脑汁去选贤任能，臣子自会作出成绩、脱颖而出。正如《难三》载："明君不自举臣，臣相进也；不自贤，功自徇也。论之于任，试之于事，课之于功，故群臣公正而无私，不隐贤，不进不肖。然则人主奚劳于选贤？"

由上面论述可知，韩非之"无为"主要是君王的治国之术，有助于更好地维护君权，调和君臣关系以及君民关系，呈现出不同于老庄的显著区别。

二、"休养生息"：黄老道家的"无为"政治观

在经历了秦王朝的暴政和秦汉之际的战乱后，汉初社会经济萧条，民不聊生，正如《史记》记载："汉兴，接秦之敝，丈夫从军旅，老弱转粮饷，作业剧而财匮，自天子不能具钧驷，而将相或乘牛车，齐民无藏盖。"① 休养生息成为当时最迫切的需求。因此，老子"无为"思想得以在汉初的政治实践中得到充分的运用，成为黄老道家的中心观念，获得了较为广泛的关注。《淮南子》是这一时期对"无为"范畴接受阐释较具代表性的著作，因此，我们选择其为研究对象。

在《淮南子》中，"无为"一词出现 50 余次，其中，《原道训》《诠言训》《修务训》三篇都对"无为"概念进行了明确的阐释：

> 是故圣人内修其本，而不外饰其末，保其精神，偃其智故，漠然无为而无不为也，澹然无治而无不治也。所谓无为者，不先物为也；所谓无不为者，因物之所为；所谓无治者，不易自然也；所谓无不治者，因物之相然也。万物有所生，而独知守其根；百事有所出，而独知守其门。故穷无穷，极无

---

① （汉）司马迁撰：《史记》四，中华书局 1982 年版，第 1417 页。

極，照物而不眩，响应而不乏，此之谓天解。(《原道训》)

君执一则治，无常则乱。君道者，非所以为也，所以无为也。何谓无为？智者不以位为事，勇者不以位为暴，仁者不以位为患，可谓无为矣。夫无为，则得得于一也，一也者，万物之本也，无敌之道也。(《诠言训》)

若吾所谓无为者，私志不得入公道，嗜欲不得枉正术，循理而举事，因资而立权自然之势，而曲故不得容者。事成而身弗伐，功立而名弗有，非谓其感而不应，攻而不动者。若夫以火熯井，以淮灌山，此用己而背自然，故谓之有为。若夫水之用舟，沙之用鸠，泥之用辀，山之用蔂，夏渎而冬陂，因高为田，因下为池，此非吾所谓为之。(《修务训》)

根据上述引文，我们可以把《淮南子》中“无为”思想的内涵归纳为以下三个方面：

首先，“无为”即不为先。《原道训》指出：“所谓无为者，不先物为也；所谓无不为者，因物之所为；所谓无治者，不易自然也；所谓无不治者，因物之相然也。”就是说，所谓“无为”是指不在事物发展变化之前做出反应，所谓“无不为”是指顺应事物的自然本性而为；所谓“无治”是指不改变事物本性，所谓“无不治”是指顺应事物发展的适宜条件。在这里“无为”与“无不为”，“无治”与“无不治”不再是对立相反的概念，正如刘笑敢所说：“在《淮南子》中，无为和无不为不再是两个不同的方面、两种不同的态度或两个不同的阶段，它们成了一回事，成了视条件而定的行为。而所谓条件，就是‘不为物先’或‘因物之所为’。这样，无为和无不为就都成了某种特殊行为的结果。无为也就从无所作为变成了某种类型的作为，即无为变成了有为。这是一个很大的转变，是对无为理论的理论化解释。"① 因此，"不为物先"不是不行动的意思，而是"推而后行""曳而后往"（《庄子·天下》），《原道训》也说："所谓后者，非谓其底滞而不发，凝结而不流，贵其周于数而合于时也。"可以说，"不为物先"含有调和时宜、把握时机的意思，"时之反侧，间不容息，先之太过，后之则不逮"（《原道训》），因此，"圣人守清道而抱雌节，因循应变，常后而不先，柔弱以静，舒安以定，攻大礦坚，莫能与之争"（《原道训》）。

其次，"无为"即不为私。《诠言训》载："智者不以位为事，勇者不以位为暴，仁者不以位为患，可谓无为矣。"智勇仁都是世人眼中的美好才性，然而，若是一味崇尚自己的才情则难免会向相反方向发展。例如"王子庆忌死于剑，羿死于桃棓，子路菹于卫，苏秦死于口"，又如"虎豹之强来射，猿狖之捷来猎"（《诠言训》）等等，莫不都是因其特长而招致的祸事。对于君王来说，过分崇尚自我才情，则会产生更为严重的后果。正如《主术训》载："权势之柄，其以移风易俗矣。"君王掌握权势之柄，因此他个人的喜好、个人才情就足以改变国民风俗，比如楚灵王喜欢细腰之人，百姓就主动饿肚子以使自己腰细；越王崇尚勇武之人，百姓就纷纷好勇赴死以显示自己的勇猛。若是长此以往，国家秩序就会混乱，"人主急兹无用之功，百姓黎民憔悴于天下，是故使天下不安其性"（《主术训》）。因此，君王要蔽明、掩聪、自障，"是故至人之治也，掩其聪明，灭其文章，依道废智，与民同出于公。约其所守，寡其所求，去其诱慕，除其嗜欲，损其思虑。约其所守则察，寡其所求则得。夫任耳目以听视者，劳形而不明；以知虑为治者，苦心而无功。是故圣人一度循轨，不变其宜，不易其常，故准循绳，曲因其当"

---

① 刘笑敢：《"无为"思想的发展——从〈老子〉到〈淮南子〉》，《中华文化论坛》1996 年第 2 期。

（《原道训》）。如此，则"所理者远，则所在者迩；所治者大，则所守者小"（《原道训》）。同时，"不为私"还是对君王权力的制约。如《主术训》载："古之置有司也，所以禁民，使不得自恣也；其立君也，所以制有司，使无专行也；法籍礼仪者，所以禁君，使无擅断也。人莫得自恣则道胜，道胜而理达矣，故反于无为。无为者，非谓其凝滞而不动也，以其言莫从己出也。"君王要带头遵循法典仪礼，而不能随意专断，"所立于下者不废于上，所禁于民者不行于身"（《主术训》），只有这样，法律才能真正通行于天下。

第三，"无为"即不违势。在这里，"无为"是指不违背自然规律的行为，比如以舟行水上、以鸠行沙地、以輴行沼泽、以蔂行山地，或者夏天疏通沟渠、冬天开塘蓄水，又或者顺着高地开垦犁田、就着洼地凿井挖池等等，这些都是顺应自然规律的行为，因此，不属于《淮南子》所说的"有为"，而是"无为之为"。正如《泰族训》载："圣人治天下，非易民性也，拊循其所有而涤荡之，故因则大，化则细矣。"圣人治理天下并不改变人民的性情，而是顺势而为，正如夏禹治水是遵循了水由高处向低处流动的规律；后稷播谷是遵循了土地高低肥瘠的形势；汤周伐暴是遵循了人民的意愿，因此"能因则无敌于天下也"。可见，在《淮南子》中，有为与无为的界限变得模糊，正如胡适所批评的："他们一面主张无为，一面又承认人功的必要，故把一切行得通的事都归到'无为'，只留那'用己而背自然'的事如'以火熯井'之类叫做'有为'。这不过是名词上变把戏，终究遮不住两种不同的哲学的相违性。"[1]胡适的批评是有道理的，当然，我们也不能忽视其积极意义。在秦暴政的教训下，不违势之"无为"恰是君主最合时宜的选择。同时，不违势还是

---

[1] 胡适：《中国中古思想史长编》，载姜义华主编：《胡适学术文集·中国哲学史》上，中华书局1991年版，第375页。

任贤之法。《主术训》载:"是故贤主之用人也,犹巧工之制木也,大者以为舟航柱梁,小者以为楫楔,修者以为榱橑,短者以为朱儒枅栌。无小大修短,各得其所宜;规矩方圆,各有所施。"《泰族训》亦载:"故勇者可令进斗,而不可令持牢;重者可令填固;而不可令凌敌;贪者可令进取,而不可令守职;廉者可令守分,而不可令进取;信者可令持约,而不可令应变。"贤明的君王是能广纳人才且善于用人的,只要按其特长分配相应的职责,那么,勇者、重者、贪者、廉者、信者都能发挥作用。甚至是聋哑之人,只要安排得当也能发挥作用,"聋者可令嚼筋,而不可使有闻也;喑者可使守圉,而不可使言也"(《主术训》)。

总的说来,《淮南子》的"无为"理论是在综合道儒法等思想基础上形成的新的创造,代表了汉初黄老道家从实用层面对"无为"进行阐释的趋向,对后来"无为"关键词的发展产生了深远的影响。

三、"有为"与"无为":儒道观念的融合

魏晋时期,玄学盛行,围绕"名教"与"自然"关系问题的讨论,"有为"与"无为"也得到玄学家的特别关注。有的偏向名教,主张以"礼制"治天下,如裴頠《崇有论》中就有:"理即有之众,非无为之所能循也","礼制弗存,则无为以政矣"等主张;有的则偏向自然,主张以无为治天下。然而,此时的"无为"已不同于老、庄,而是融合儒道观念的全新阐释。以王弼和郭象为代表,他们虽然主张"自然无为",却并不偏废名教礼治,于是,"无为"关键词也呈现出新的面貌,与"有为"从对立逐渐走向调和。

(一) 王弼:"崇本以举其末"

王弼是魏晋玄学家的突出代表,他以儒释道、以道释儒,通过注

《老子》《周易》，以及释疑《论语》等，构建了自己的哲学思想体系。他将儒家礼制纳入道家"自然"范畴之中，由此会通儒道，调和自然与名教之间的矛盾。这样一来，"无为"和"有为"也随之得到调和，"甚至呈现出互补的态势"①。

在形上学层面，王弼发展了老子之"无""有"观念，主张"以无为本""崇本举末"。正如楼宇烈所说，王弼之"无"不同于老子，是存在于天地万物之中，而天地万物赖以存在的一种共同根据，"所谓'无'生'有'，不是像母生子，此物生彼物那样一种关系。'无'和'有'，既不能在时间上分先后，也不能在空间上分彼此。'无'不是在'有'之先，与'有'相对而存在的某个实体，'有'也不是在'无'之后，由'无'分化出的各个不同的实体"②。在王弼看来，"无"和"有"是一种本末、体用的关系，"无"是本、体，是事物的根本；"有"是末、用，是事物的表象。因此，王弼说："有之所以为利，皆赖无以为用也"（《老子》十一章注）；又说："守母以存其子，崇本以举其末，则形名俱有而邪不生，大美配天而华不作。故母不可远，本不可失。"（《老子》三十八章注）于是，"无"与"有"的矛盾在形上学层面得以调和。

"无"与"有"落实到社会实践层面，表现为"无为"与"有为"。一方面，王弼强调以"无为"为本。《老子·五章》注中载："天地任自然，无为无造，万物自相治理，故不仁也。仁者必造立施化，有恩有为。造立施化，则物失其真。有恩有为，则物不具存。物不具存，则不足以备载。天地不为兽生刍，而兽食刍；不为人生狗，而人食狗。无为于万物而万物各适其所用，则莫不瞻矣。若慧由己树，未足任也。"其中，"造

---

① 蒋丽梅：《王弼〈老子注〉研究》，中国社会科学出版社 2012 年版，第 111 页。
② （魏）王弼著，楼宇烈校释：《王弼集校释·前言》上册，中华书局 1980 年版，第 4 页。

立施化""有恩有为"即是"有为",指有所作为、有所好恶。王弼认为,"有为"的作用是有限的,有所作为则物失其真、有所好恶则物不俱存,"功虽大焉,必有不济;名虽美焉,伪亦必生"(《老子》三十八章注),只有返于无为,才能真正发挥出万物的全部特性,"为治者务欲立功生事,而有道者务欲还返无为"(《老子》三十章注)。另一方面,与早期道家不同,王弼并不否认"为"的重要性。正如他在《老子指略》中所说:"然则,四象不形,则大象无以畅;五音不声,则大音无以至。四象形而物无所住焉,则大象畅矣;五音声而心无所适焉,则大音至矣。""有为"与"无为"是不可分割的体用关系,就好像"象"与"音",若是没有具体的四象和五音,那么,大象、大音的作用也无法体现。以仁义道德为例。王弼一方面主张绝仁弃义,另一方面,又强调要"仁德厚焉,行义正焉,礼敬清焉"。从表面上看,"无为"与"有为"是矛盾对立的,但实际上,二者统一于其"崇本举末"的思想观念中。在《老子》三十八章注中,王弼对此有较为清晰的概括,他说:

> 用不以形,御不以名,故仁义可显,礼敬可彰也。夫载之以大道,镇之以无名,则物无所尚,志无所营。各任其贞事,用其诚,则仁德厚焉,行义正焉,礼敬清焉。弃其所载,舍其所生,用其成形,役其聪明,仁则尚焉,义则竞焉,礼则争焉。故仁德之厚,非用仁之所能也;行义之正,非用义之所成也;礼敬之清,非用礼之所济也。载之以道,统之以母,故显之而无所尚,彰之而无所竞。用夫无名,故名以笃焉;用夫无形,故形以成焉。守母以存其子,崇本以举其末,则形名俱有而邪不生,大美配天而华不作。故母不可远,本不可失。

王弼认为,仁义是内在于人的自然本性,无须君主的倡导与号召,就好像鱼相忘于江湖一样，仁义也是自然自得而无所察觉的。因此，他说："六亲、父子、兄弟、夫妇也。若六亲自和，国家自治，则孝慈、忠臣不知其所在矣。鱼相忘于江湖之道，则相濡之德生也。"（《老子》十八章注）然而，现实社会的"朴散真离"，使仁义之用与"道"之本的距离愈来愈远，仁义已经不再是自然本性的流露，而成为获取权益的虚伪手段，"仁则尚焉，义则竞焉，礼则争焉"。因此，只能无奈选择"绝仁弃义，以复孝慈"（《老子指略》）。由此可见，王弼之"无为"的社会理想并不排斥孝慈仁义，也不反对封建秩序，相反，"绝仁弃义"也不是其目的，只是返归真朴的工具。

同时，在政治统治方面，王弼亦强调无为与有为的调和。强调无为，如："故从事于道者以无为为君，不言为教，绵绵若存，而物得其真。与道同体，故曰'同于道'。"（《老子》二十三章注）又如："以无为为居，以不言为教，以恬淡为味，治之极也。"（《老子》六十三章注）强调有为，如："圣人因其分散，故为之立官长。"（《老子》二十八章注）又如："言故立天子，置三公，尊其位，重其人，所以为道也。"（《老子》六十二章注）

总之，在王弼这里，"无为"和"有为"借助于"无"与"有"的本末、体用关系而获得调和，呈现出以自然无为为本，又不非圣弃礼的思想倾向。

（二）郭象："为其真为，则无为矣"

虽然王弼通过"崇本举末"调和了"无为"和"有为"的矛盾，但是并没有彻底解决这一问题。直到郭象提出"名教即自然"等主张，才真正完成了"无为"与"有为"的融合。如汤一介所说："从某种意义上说，他（郭象）认为'名教'就是'自然'，'庙堂'就是'山林'，真正的'外王'必然也是'内圣'，充分的'有为'必是最完美的'无为'，孔教和老、庄是一而二、二而一的。"① 那么，郭象是如何统一"无为"和"有为"的呢？

首先，郭象明确反对把"无为"视作无所事事、坐卧不动。如《大宗师》注载："所谓无为之业，非拱默而已；所谓尘垢之外，非伏于山林也。"《在宥》注中亦有："无为者，非拱默之谓也，直各任其自为，则性命安矣。"《马蹄》注也说"闻无为之风，遂云行不如卧……斯失乎庄生之旨远矣"。

那么，什么是"无为"呢？郭象指出："率性而动，故谓之无为也。"（《天道》）在一般人的观念中，"无为"和"有为"是两个彼此对立的观念，但是，在郭象这里，满足一定条件的"有为"就是"无为"。《庚桑楚》注说："以性自动，故称为耳；此乃真为，非有为也。"《天下》注亦说："为其所有为，则真为也，为其真为，则无为矣，又何加焉！"可以说，郭象引入"真为"重新解释了"无为"关键词。一方面，"以性自动"即为"真为"；另一方面，"真为"即为"无为"。于是，"以性自动"也就成为"无为"。《马蹄》注中，郭象以马为例，形象地说明了这种观点：

> 夫善御者，将以尽其能也。尽能在于自任，而乃走作驰步，求其过能之用，故有不堪而多死焉。若乃任驽骥之力，适迟疾之分，虽则足迹接乎八荒之表，而众马之性全矣。而惑者闻任马之性，乃谓放而不乘；闻无为之风，遂云行不如卧；何其往而不返哉！斯失乎庄生之旨远矣。

在郭象看来，马之性并不只是"龁草饮水，翘足而陆"，供人骑乘亦是马的本性。"马之真性，非辞鞍而恶乘，但无羡于荣华。"（《马蹄》注）

---

① 汤一介：《郭象与魏晋玄学》，北京大学出版社 2009 年版，第 208 页。

对马来说，只有充分发挥本性，"任驽骥之力，适迟疾之分"，才是真正的"无为"。反之，若是"放而不乘"，忽略本性的实现，则是对马之"性"的伤害。对人来说，亦是如此。如《天道》注中，郭象指出：

> 无为之言，不可不察也。夫用天下者，亦有用之为耳。然自得此为，率性而动，故谓之无为也。今之为天下用者，亦自德耳。但居下者亲事，故虽舜禹为臣，犹称有为。故对上下，则君静而臣动；比古今，则尧舜无为而汤武有事。然各用其性而天机玄发，则古今上下无为，谁有为也！（《天道》）

一般以为，君臣关系中，君无为而臣有为；历史事件中，汤武有为而尧舜无为。但是，郭象指出，如果从自得此为、率性而动的角度看，不论是君之静还是臣之动，亦或是汤武革命与尧舜无为，都是各用其性，因而本质上都是"无为"的。《天道》注亦载："夫在上者，患于不能无为而代人臣之所司。使咎繇不得行其明断，后稷不得施其播殖，则群才失其任而主上困于役矣。故冕旒垂目而付之天下，天下皆得其自为，斯乃无为而无不为者也，故上下皆无为矣。但上之无为则用下，下之无为则自用也。"（《天道》注）郭象认为，君主之性是无为而用下，臣子之性是率性而自用，只要各自实现自己的本性，就是"无为"。正如《郭象评传》中所说，"按自己的'性分'活动，即使干了惊天动地的大事，也是'无为'；因羡慕他人而违背自己的'性分'活动，即使没有任何行动，也是'有为'"①。

在率性而动的基础上，郭象进一步指出，"无为"包括不能不为和不得强为两个方面。"性之所能，不能不为也；性所不能，不得强

---

① 王晓毅：《郭象评传》，南京大学出版社 2006 年版，第 334 页。

为，故圣人唯莫之制则同焉皆得，而不知所以得也。"（《外物》注）《天道》注中，郭象进一步明晰了这种观点："夫无为之体大矣，天下何所不为哉！故主上不为冢宰之任，则伊吕静而司尹矣；冢宰不为百官之所执，则百官静而御事矣；百官不为万民之所务，则万民静而安其业矣；万民不易彼我之所能，则天下之彼我静而自得矣。故自天子以下至于庶人，下及昆虫，孰能有为而成哉！是故弥无为而弥尊也。"自天子至庶人，人人都有各自的本性，缘其本性而动同时又不去干涉他物之性，就是不能不为与不得强为，在郭象看来，这就是"无为"。

可以说，郭象通过对"无为"概念的重新定义，统一了"无为"和"有为"，使其合二为一，完成了魏晋玄学的历史使命。当然，我们还应该看到，在郭象的理论中，虽然人人都能通过实现本性以达到"无为"，但是，本性的规定性却是不证自明的，是以维持封建秩序为前提和基础的。因而，郭象的理论体系又有明显的局限。

四、"无为"之"为"的艺术境界

正如前文所述，先秦道家的"无为"思想并非简单地无所作为、放任自流。可以说，在老庄这里，"无为"是具有丰富义涵的概念，不仅在哲学、社会学等领域产生影响，在中国传统文艺理论中亦具有不可忽视的作用，被后来的文艺创作者所推崇。在艺术创作中，"无为"作为一种艺术境界，必须通过具体的作品，也就是通过"为"才能表现出来。那么，如何从有为的行为进入无为的境界呢？

首先，"无为"之"为"要求创作者要遵从艺术自身的规律。老庄道家的"无为"之所以能达到"无不为"的境界，关键就在于其"为"乃"自然"，而自然而然、无所用心的"无为"方式正能契合客体的自然天性，达到主客体的自然交融。艺术创作也是如此。艺术创作有其自身不可违抗的规律，艺术家只要遵从艺术自身规律，就能真正"无不为"地创作出精美的作品。当然，我们必须引起注意的是，这里所指的艺术规律并非后来形成的艺术法则、艺术规范、艺术技法等，而是合乎于道的自然规律。对此，庄子"庖丁解牛"的寓言为我们提供了启示。《庄子·养生主》中描述了庖丁解牛的过程，全然不是生活中常见的场景，甚至成为具有审美意义的行为方式。可以说，"无为"之"为"在"庖丁解牛"的寓言中表现为"因其固然"。庖丁宰杀的对象是一个庞然大物，但是他却能不依靠蛮力，而是"动刀甚微，謋然已解，如土委地"，其原因就在于"因其固然"。庖丁解牛的技巧是顺着牛骨骼经络的构成与走向，凭借理性认识与形象思维行进于牛的骨缝之中，达到"未尝见全牛"的境界，甚至"以神遇而不以目视，官知止而神欲行；依乎人理，批大郤，导大窾，因其固然，技经肯綮之未尝微碍，而况大軱乎！"这种"因其固然"的解牛之法就是"无为"之"为"，是顺任自然、顺势而就的实践行为。正因为如此，庖丁解牛时的动作才能"合于《桑林》之舞，乃中《经首》之会"。可以说，在庖丁这里，解牛不仅仅是劳作实践，亦是一种合于道的艺术。解牛技艺如此，文艺创作亦然。从"庖丁解牛"的实践经验中，我们可以看到，在技艺实践活动中，如果主体正确掌握了实践对象的内在构成特点，顺势而就，即可以创作出既合规律又合目的的自然天全的作品。正如李泽厚所言："人如果采取'无为'的态度去对待一切，处处顺应自然的要求，不背离自然的规律去追求自己的目的，那他就能达到一切目的。这实际就是说，人的目的的实现就包含在规律自身的作用之中，或者说规律自身发生作用的结果即是人的目的的实现。目的不是外在于规律，与规律不相容的东西，而是内在于规律，同规律不可分的东西。目的与规律的这种不可分的相互渗透和统一，正是一切审美和艺术活动所

177

具有的一个极其重要的特征。"①

其次，"无为"之"为"要求创作者要专一专注、熟练勤练。道家"无为"的艺术境界表现为平淡自然之美，而要求得如斯境界，却必须下一番苦功夫才行。庖丁解牛十九年，所解之牛有数千头；轮扁斫轮"行年七十而老斫轮"；痀偻不断练习累丸以承蜩……这些都说明，只有通过专一专注、勤练苦练才能熟于技巧，达到老庄自然无所碍的境界，体会"与物合一"的自然无为。在文艺创作中，这种方法同样适用。苏东坡在评价画竹技巧的时候，曾经指出："今画者乃节节而为之，叶叶而累之，岂复忧竹乎？故画竹必先得成竹于胸中，执笔熟视，乃见其所欲画者，急起从之，振笔直遂，以追其所见如兔起鹘落，少纵则逝矣。……故凡有见于中，而操之不熟者，平居自视了然，而临事忽焉丧之，岂独竹乎？"②苏东坡强调想要画出生动的竹，除了熟悉对象之外还必须有熟练的技巧，否则只会提笔而丧。在诗歌理论中，朱庭珍《筱园诗话》也有："盖自然者，自然而然，本不期然而适然得之，非有心求其必然也。此中妙谛，实费工夫。盖根底深厚，性情真挚，理愈积而愈精，气弥炼而弥粹。酝酿之熟，火色俱融；涵养之纯，痕迹进化。天机洋溢，意趣活泼，诚中形外，有触即发，自在流出，毫不费力。故能兴象玲珑，气体超妙，高浑古淡，妙合自然，所谓绚烂之极，归于平淡是也。此可以渐臻，而不可以强求。学者以为诗之进境，不得以为诗之初步，当于熔炼求之，经百炼而渐归自然，庶不致蹈空耳。"（《筱园诗话》卷一）可见，在艺术创作中，要达到"自在流出、毫不费力"的"无为"境界，必须要有深厚的积累和勤奋的练习。如此才能如庖丁一般"提刀而立，为之

① 李泽厚、刘纲纪：《中国美学史（先秦两汉卷）》，安徽文艺出版社1999年版，第207页。

② 潘运告：《中国历代画论选》上册，湖南美术出版社2007年版，第269—270页。

四顾，为之踌躇满志，善刀而藏之"。

最后，"无为"之"为"要求创作者要虚己应物，物我合一。"无为"所体现的浑然天成的自然美感，要求创作者既要在遵循艺术规律的基础上勤学苦练，更重要的是，还必须超越具体的对象，虚己应物、物我合一。庄子"削木为鐻"的寓言很好地诠释了这种艺术境界：

> 臣将为鐻，未尝敢以耗气也，必齐以静心。齐三日，而不敢怀庆赏爵禄；齐五日，不敢怀非誉巧拙；齐七日，辄然忘吾有四枝形体也。当是时也，无公朝，其巧专而外骨消，然后入山林，观天性，形躯至矣，然后成见鐻，然后加手焉，不然则已。则以天合天，器之所以凝神者，其是与！（《庄子·达生》）

梓庆"齐七日"，通过忘赏罚、忘是非、忘肢体等进入"无我"境界，最终在超越现实功利的基础上物我合一，达到浑然天成的艺术境界。可以说，梓庆的巧夺天工在于他能虚己应物，以己之自然合于物之自然，最终与道合一。艺术创作亦然。创作者既需要勤学苦练，又必须在此基础上离形去知，虚己应物，只有这样才能实现"无为"之"为"的艺术境界。古代艺术家是非常重视"虚己应物"之"无为"之"为"的。如石涛在《苦瓜和尚画语录》中就指出："此予五十年前未脱胎于山川也，亦非其糟粕其山川，而使山川自私也。山川使予代山川而言也。山川脱胎于予也，予脱胎于山川也。搜尽奇峰打草稿也。山川与予神遇而迹化也，所以终归之于大涤也。"[①]王国维《人间词话》也指出，诗人"以自然之眼观物，以自然之舌言情"，作品才能真切动人。对此，当代学者徐复观在《中国艺术精神》一书中评价道："庄子就人生自身而言，体

---

① 潘运告：《中国历代画论选》下册，湖南美术出版社 2007 年版，第 148 页。

道是忘知忘己，有如槁木死灰，以保住其虚静之心。就其一具体之艺术活动而言，则是忘去艺术对象以外之一切，以全身凝住于对象之上，此即所谓'用志不分'。以虚静之心照物，则心与物冥为一体，此时之某一物即系一切，而此外之物皆忘；此即成为美的观照。"①

总的说来，"无为"在艺术领域中表现出的平淡自然、浑然天成的美感既离不开"有为"又必须超越"有为"，只有如此，才能真正实现"循无为之道以成有为之事"② 的艺术境界。

第三节　反思"无为"："无为"的现代化历程

随着近代以来的西学东渐，中国社会与西方世界的接触与交流不断紧密，中西文化思想的交流碰撞成为近现代思想史的一大主流，道家"无为"思想也在与西学的冲突与融合中不断发展，经历了其现代化的历程。

一、从洋务到维新：经世致用的"无为"观点

乾嘉之后，西学涌入，社会危机加深，传统儒家思想的枷锁逐渐被打破，在经世致用思想的指导下，传统士大夫、学者试图将西方思想和传统文化结合起来为中国社会寻找出路。他们从不同的角度，对"无为"进行重新诠释，形成道家研究历史上又一独具特色的新阶段。在此，我们以魏源和曾国藩为例进行论述。

---

① 徐复观：《中国艺术精神》，广西师范大学出版社 2007 年版，第 94 页。
② 胡道静：《十家论庄》，上海人民出版社 2004 年版，第 385 页。

（一）魏源：经世致用的"无为"新意

魏源是近代中国首批"睁眼看世界"的知识分子之一，他本着经世致用的社会改革原则，将"救世"情怀注入《老子》解读中，以《老子》为救世之书，着力挖掘其中的治世价值。正是在此原则的指导下，魏源对老子"无为"思想的阐释呈现出不同于前代的特征。

魏源对老子"无为"思想的阐发，是通过否定前代《老子》研究成果完成的，他认为几千年来对《老子》的研究虽然汗牛充栋，但是都不能得其旨意，正如《老子本义》中所说："后世之述《老子》者，如韩非有《喻老》《解老》，则是以刑名为道德，王雾、吕惠卿诸家皆以庄解老，苏子由、焦竑、李贽诸家又动以释家之意解老，无一人得其真。"①正是在此基础上，魏源结合自己经世致用的思想，对老子"无为"提出新解。一方面，魏源身处内忧外患的近代中国，面对清王朝的腐朽黑暗和西方国家不断侵入，他批评儒家过于折腾的有为方式而肯定了道家"为无为"的方式，他指出："其无为治天下，非治之而不治，乃不治以治之也。功惟不居故不去，名惟不争故莫争；图难于易，故终无难；不贵难得之货，而非弃有用于地也；兵不得已用之，未尝不用兵也；去甚去奢去泰，非并常事去之也；治大国若烹小鲜，但不伤之即所保全之也；以退为进，以胜为不美，以无用为用；孰谓无为不足治天下乎？"②在魏源看来，道家"无为"不是拱手枯坐的不作为，而是面对乱世的一种治理策略，是对衰败世风的一种反拨。另一方面，魏源强调"无为"并不是一成不变的治世方法，而是随着世变而不断变化的。"今夫赤子乳哺时，知识未开，呵禁无用，此太古之'无为'也；逮长，天真未

---

①　（清）魏源：《论老子》，载《魏源集》，中华书局 1976 年版，第 255 页。

②　（清）魏源：《论老子》，载《魏源集》，中华书局 1976 年版，第 259 页。

漓，则无窦以嗜欲，无芽其机智，此中古之'无为'也；及有过而渐喻之、感悟之，无迫束以决裂，此末世之'无为'也。"① 魏源借用人不断成长的经历比喻"无为"的三个阶段，孩童时期蒙昧未开，此为上古之无为；稍有成长，天真未漓，此为中古之无为；待其长成，则只能渐喻之、感悟之，此为末世之无为。这里的"末世无为"是面对大乱之后"诊治调息以复养其元"② 的不治以治。具体来说，"无为"首先表现为"无欲"，"无为之道，必自无欲始也"③。清朝末年，政府官员腐败无能，"除富贵而外不知国计民生为何事，除私党而外不知人材为何物"④。正是看到这种现状，魏源极力强调无欲，"去伪、去饰、去畏难、去养痈、去营窟，……以实事程实功，以实功程实事"⑤。

总的来说，作为晚清改革家，魏源研究诠释道家学说的目的是为改革作思想宣传。因此，在他的《老子》研究中，"无为"是一种方法，是一种与社会时代紧密相连的经世致用思想。而且这种用处是全方位的，"上之可以明道，中之可以治身，推之可以治人。其言常通于是三者"⑥。这样看来，魏源的老庄思想也就带有儒家所谓修身齐家治国平天下的意思了。

（二）曾国藩：援道补儒的思想特色

在中国近代文化史中，曾国藩的作用也是不可忽视的。作为晚清重臣，曾国藩一生以儒家思想为主导，同时兼习诸子百家思想，尤其对道家思想青睐有加，形成了援道补儒的思想特色，为晚清士大夫阶层所推

---

① （清）魏源：《论老子》，载《魏源集》，中华书局 1976 年版，第 258 页。
② （清）魏源：《老子本义序》，载《魏源集》，中华书局 1976 年版，第 254 页。
③ （清）魏源：《论老子》，载《魏源集》，中华书局 1976 年版，第 256 页。
④ （清）魏源：《默觚》，载《魏源集》，中华书局 1976 年版，第 66 页。
⑤ （清）魏源：《海国图志叙》，载《魏源集》，中华书局 1976 年版，第 208 页。
⑥ （清）魏源：《老子本义》，载《魏源全集》第 12 册，岳麓书社 2011 年版，第 84 页。

崇，对近代中国文化的发展产生了重要影响。

　　曾国藩受道家影响颇深，对老庄思想有较高的评价，他指出："阅诸子中，惟《老》《庄》《荀子》《孙子》自成一家之言，余皆不免于剽袭。"① （咸丰十年十二月十四日）可以看出，诸子百家之中，曾国藩对老庄道家思想是颇为重视的。同时，需要注意的是，曾国藩对道家思想的发展受到近代"经世致用"思潮的影响，也反映出独特的时代特点。特别是其对"无为"思想的发展，在"援道补儒"的原则基础上形成了不同于前代的解读。受儒家思想影响，"有为"是曾国藩思想的基础，他屡屡在书信中强调"有为"之"勤"的重要性。如咸丰四年致澄、温、沅、季老弟信中所说："诸弟在家教子侄，总须有勤敬二字。无论治世乱世，凡一家之中能勤能敬，未有不兴，不勤不敬，未有不败者"②；又如咸丰八年致沅弟信中有："第能惩此二者，而不能勤奋以图自立，则仍无以兴家而立业"③；咸丰十年致沅弟亦说："天下古今之庸人，皆以一惰字致败；天下古今之才人，皆以一傲字致败。"④ 可以看出，在曾国藩的人生哲学中"勤"一字占有重要地位。但是，与此同时，受道家思想影响，他亦强调"无为"的重要性。曾国藩曾在日记中写道："思圣人有所言，有所不言。积善余庆，其所言者也；万事由命不由人，其所不言者也。礼、乐、政、刑、仁、义、忠、信，其所言者也；虚无、清净、无为、自化，其所不言者也。吾人当以不言者为体，以所言者为用；以不言者存诸心，以所言者勉诸身，以庄子之道自怡，以荀子之道自克，其庶为闻道之君子乎！"⑤（己未咸丰九年十一月初四）虚无、清净、无为等是

---

　　① 　曾国藩：《曾国藩全集·日记》第 17 册，岳麓书社 2011 年版，第 109 页。

　　② 　曾国藩：《曾国藩全集·书信》第 20 册，岳麓书社 2011 年版，第 235 页。

　　③ 　曾国藩：《曾国藩全集·书信》第 20 册，岳麓书社 2011 年版，第 336 页。

　　④ 　曾国藩：《曾国藩全集·书信》第 20 册，岳麓书社 2011 年版，第 525 页。

　　⑤ 　曾国藩：《曾国藩全集·日记》第 16 册，岳麓书社 2011 年版，第 483—484 页。

道家思想的主要特征，曾国藩将其与儒家礼乐仁义等并举，并指出其是圣人所不言者，是存诸心的修心之学。在具体的生活实践中，他亦以"无为"为其儒家思想的补充。癸亥同治二年十月，他在日记中写道："是日见纪泽儿体气清瘦，系念殊深。或称其读书太勤，用心太过，因教以游心虚静，须有荣观宴处超然之义。"① 同治二年致沅、季弟信中亦写道："近来见得天地之道，刚柔互用，不可偏废，太柔则靡，太刚则折。刚非暴虐之谓也，强矫而已；柔非卑弱之谓也，谦退而已。趋事赴公，则当强矫，争名逐利，则当谦退；出与人物应接，则当强矫，入与妻孥享受，则当谦退。"② 同年三月致沅弟信中再次指出："而治事之外，此中须有一段豁达冲融气象。二者并进，则勤劳而以恬淡出之，最有意味。"③ 这里的游心虚静、刚柔相济、豁达冲融都可以看作是道家"无为"思想的具体表现。可以看出，曾国藩以儒家思想为主导，并以道家思想为补充，较好地融合了儒道思想。也因此，曾国藩被后人赞誉为中国近代史上立德立功立言"三不朽"之大人。

综上所述，魏源、曾国藩等传统士大夫在近代中国"经世致用"思潮的影响下，对传统道家"无为"思想进行改造，他们着力挖掘"无为"思想的经世价值，使传统道家思想呈现出独特的时代特色，并为之后胡适等学者在西学背景中对"无为"的现代解读奠定了基础。

二、"德赛"冲击：西学背景中的"无为"观点

五四新文化运动以来，在"德先生"和"赛先生"的深情呼唤下，改革旧传统和创建新社会的呼声日益高涨，"无为"作为道家传统关键

---

① 曾国藩：《曾国藩全集·日记》第 17 册，岳麓书社 2011 年版，第 473 页。
② 曾国藩：《曾国藩全集·书信》第 21 册，岳麓书社 2011 年版，第 28 页。
③ 曾国藩：《曾国藩全集·书信》第 20 册，岳麓书社 2011 年版，第 137 页。

词受到了强烈质疑。当时知识分子有感于国家的贫困和落后，大力主张"有为"，呼吁政府机关及国民个人都要积极投身建设，以"迎头赶上世界各先进国家"①。

以胡适为例。一方面，他借用西学阐释道家"无为"理论。他视老子为革命家，指出老子极端的放任无为是革命的政治哲学，是对当时政治的反动。"凡是主张无为的政治哲学，都是干涉政策的反动。因为政府用干涉政策，却又没有干涉的本领，越干涉越弄糟了，故挑起一种反动，主张放任无为。"② 在论述陆贾"无为而治"的主张时，他说："凡无为的治道论，大都是对于现实政治表示不满意的一种消极的抗议，好像是说：'你们不配有为，不如歇歇罢；少做少错，多做多错，老百姓受不了啦，还是大家休息休息罢！'"③ 在论述黄老道家"不为物先"的无为论时，他同样指出："大凡无为的政治思想，本意只是说人君的聪明有限，本领有限，容易做错事情，倒不如装呆偷懒，少闹些乱子罢。"同时，胡适进一步强调，无为主义的意义是虚君的政治。"道家主张无为，实含有虚君政治之意……但君主之权既已积重难返了，学者不敢明说限制君权，更不敢明说虚君，故只好说请人君保养精形，贵生而定神。"④ 由上面论述可以看出，在胡适看来，道家传统"无为"论主要是针对君主丞相提出的政治主张，是对政治的反动和对君主不满的委婉表达，其进步意义在于提出了相当于西方"虚君制"的政治主张。当然，胡适也

185

---

① 胡适：《迎头赶上世界先进国家》，载欧阳哲生编：《胡适文集（12）》，北京大学出版社 1998 年版，第 664 页。

② 胡适：《中国古代哲学史》，载欧阳哲生编：《胡适文集（6）》，北京大学出版社 1998 年版，第 196 页。

③ 胡适：《中国中古思想史长编》，载姜义华主编：《胡适学术文集·中国哲学史》上，中华书局 1991 年版，第 337 页。

④ 胡适：《中国中古思想史长编》，载姜义华主编：《胡适学术文集·中国哲学史》上，中华书局 1991 年版，第 350—351 页。

看到传统"无为论"的根本缺陷在于没有制裁的能力，因此，他总结说："无为的政治是弱者的哲学，是无力的主张。"另一方面，胡适旗帜鲜明地发表了一系列对"无为"的批判。他指出，消极无为的观念是中国历来的思想正宗，在此观念的影响下，国人形成了听天由命、懒惰怕事的人生观。因此，他极力主张国人要改变传统的惰性，树立工作的人生观，"工作！拼命工作！这是我们要向一切中国人宣传的人生观。救国做人，无他秘诀，无他捷径，只有这一句老话"①。同时，他坚决反对传统"无为而治"的政治观念，他指出："无为的观念最不适宜于现代政治生活。现代政治的根本观念是充分利用政府机关作积极的事业。十八九世纪的放任主义已不适用，何况无为？"②因此，他大力宣传"计划经济""计划政治"，主张政府要积极作为，"用铁路与汽车路来做到统一，用教育与机械来提高生产，用防弊制度来打倒贪污：这才是革命，这才是建设"③。

　　上述关于"无为"的主张虽然未必全部获得当时知识分子的认同，但是，对"无为"的批判和对"有为"的呼吁，大抵是当时社会的主流思潮。也正因为如此，1933年，当胡适在《独立评论》杂志发表《从农村救济谈到无为的政治》一文后，立即引起了学术界的激烈辩论。④关于"无为"

---

　　①　胡适：《再论无为的政治》，载欧阳哲生编：《胡适文集（11）》，北京大学出版社1998年版，第407页。

　　②　胡适：《从思想上看中国问题》，载欧阳哲生编：《胡适文集（11）》，北京大学出版社1998年版，第157页。

　　③　胡适：《请大家来照照镜子》，载姜义华主编：《胡适学术文集·哲学与文化》，中华书局1991年版，第251页。

　　④　关于这场辩论，闫润鱼《国难当头的建设与无为——评〈独立评论〉关于"无为政治"的讨论》一文有较为详细的论述，本文在此只是围绕"无为"关键词的近代发展略述之。详见闫润鱼：《国难当头的建设与无为——评〈独立评论〉关于"无为政治"的讨论》，《中国人民大学学报》2007年第4期。

和"有为"的问题也成为当时自由主义知识分子讨论的重要主题。

如上文所述，胡适曾经是有为建设的大力提倡者。但是，当他看到盲目建设导致剥削太苛、搜括太苦、负担太重时，他一改以往对"无为"的批评，主张"无为的政治"，号召政府以消极救济的方法解除人民苦痛，减轻人民负担。在《从农村救济谈到无为的政治》一文中，他指出："有为的建设必须有个有为的时势；无其时势，无钱又无人而高倡建设，正如叫化子没饭吃时梦想建造琼楼玉宇，岂非绝伦的谬妄？今日大患正在不能估量自己的财力人力，而妄想从穷苦百姓的骨髓里榨出油水来建设一个现代式的大排场。骨髓有限而排场无穷，所以越走越近全国破产的死路了！"因此，他主张通过裁官、停止建设、裁兵、减除捐税等消极无为的救济，恢复人民的生活力，"无为的政治是大乱之后回复人民生活力的最有效方法，是有为政治的最有效的预备"①。关于当时的社会现状，瘦吟曾转引朱怀冰出巡电报叙述之："匪患连年，民物凋敝至极；各种建设繁兴，派捐征夫材料急如星火。"② 正是在这样的时代背景下，胡适的"无为"主张得到了常燕生、区少干、瘦吟、熊十力等学者的大力支持。区少干指出："'无为'与'有为'只是一个先后的程序问题。并不是两个对立的体系。"③ 常燕生也指出："我认为中国今日谈建设，必须先经过两个预备时期。第一个是休养的时期……这个时期经过之后，人民的能力逐渐恢复了，然后可以进入于第二个小规模培植的时期……然后才能进入于第三个大规模建设的时期。"④ 由此可以看出，在

① 胡适：《再论无为的政治》，载欧阳哲生编：《胡适文集（11）》，北京大学出版社 1998 年版，第 409 页。

② 瘦吟：《拥护无为》，《独立评论》1934 年第 93 期。

③ 区少干：《无为与有为》，《独立评论》1933 年第 76 期。

④ 常燕生：《建国问题平议：读独立评论以后的意见》，《独立评论》1934 年第 88 期。

主张无为政治的学者这里，"无为"并不是老庄道家的原初本义，更像是对当时政府不配有为的控诉。也可以说，此时的"无为"只是特殊时期发展建设的工具，目的是通过无为之为以达到有为之为，正如胡适所说："我不反对有为，但我反对盲目的有为；我赞成建设，但我反对害民的建设。盲目害民的建设不如无为的休息。"①

这场辩论的另一方，是弘伯、薛典曾、翟象谦、邓励豪等学者，他们坚决主张"有为"。一方面，国际环境的变化是不得不建设的直接原因，正如弘伯所说："你要休息，别人偏不要你休息；你要和平，别人偏不要你和平；你要睡觉，别人偏要拿唧血筒在你的筋脉上继续不断地抽；你要偃武，别人偏要拿飞机成群地在你的城市上翱翔；你要修文，别人偏要拿炮舰横冲直撞地在你的内河与沿海游弋。"② 因此，在当时中国极端穷困的状况下，只有积极有为、奋起直追才有望赶上西方国家的发展步伐，否则只会愈加落后贫穷。弘伯在《我们还需要提倡无为的政治哲学吗?》一文中，指出政治上的放任主义是欧洲 18 世纪的事，现在重提无为而治可谓是传统旧思想的"借尸还魂"。他极力主张有为建设，"要得中国富强，必需现代化；要得现代化，必需努力建设；要得努力建设，即政府必需有为"③。薛典曾在《拥护建设》一文中指出，停止建设和裁兵减税是目前时代局势所不允许的，"我个人是赞成建设的，认为现在的建设或为物后，却非物先"④。另一方面，传统"无为而治"的不良影响也是不得不"有为"的主要原因。永分在《话不是这样说的》一

---

① 胡适:《建设与无为》，欧阳哲生编:《胡适文集（11）》，北京大学出版社 1998 年版，第 423 页。

② 弘伯:《我们还需要提倡无为的政治哲学吗?》，《独立评论》1933 年第 68 期、69 期。

③ 弘伯:《我们还需要提倡无为的政治哲学吗?》，《独立评论》1933 年第 68 期、69 期。

④ 薛典曾:《拥护建设》，《独立评论》1934 年第 93 期。

文中指出，不仅无为的政治哲学是应该反对的，就连"无为的政治"一词也是应该摒弃的，"用无为政治的口号所生的结果，一方面是使中国的传统的惰性政治更有生气地继续延长下去，他方面又可以为目前不负责任的政府造玩忽民生的口实"①。针对政府官僚的腐败作风，弘伯认为贪污马虎的行为，只能勉强算作妄为，而不是有为。妄为或许是有为的一种，但是有为绝不是妄为。在此基础上，他指出："所以这问题的要点是不能不管政治，是要如何设法改良政府，监督正度；教他们少扯谎，多做事；叫他们少争个人的权利，多替国家社会的生存着想。"②

总的来说，此次辩论充分讨论了"无为"在政治实践、政治制度以及文化建设等方面的作用。这些论辩不仅赋予了"无为"新的时代内涵，而且具有重要的历史意义。

189

三、"止于当止"："无为"的当代价值

如上文所述，近现代以来，学者对道家"无为"思想的质疑不断，认为"无为"是消极的人生观，是不作为的借口，或是"有为"的预备阶段等等。尽管如此，"无为"思想的价值却是不容忽视也无法掩盖的。在经济高速发展的今天，盲目"有为"的弊端逐渐显现，人与人之间、人与环境之间的矛盾也日渐加剧，越来越多的学者开始回向老子，以期通过"无为"等道家思想寻找解决办法，于是，"无为"关键词也得以在各个领域显示出其超越传统的当代价值。

一方面，"无为"思想对当代政治文化建设具有重要意义。"无为而治"是我国古代政治统治的重要指导思想，可谓是针对封建专制集权制

① 永分：《话不是这样说的》，《独立评论》1934 年第 100 期。
② 弘伯：《我们还需要提倡无为的政治哲学吗?》，《独立评论》1933 年第 68 期、69 期。

度的反思。在当代政治体制中，同样具有价值和意义。正如当代学者吕锡琛所说："道家治道还具有穿越时空的价值，它在较大程度上突破了封建专制社会那种君主独裁的控制型传统统治模式，从而与现代公共管理和治理理论强调运用非强制性权利进行协作、管理主体多元化、限制政府权力等特征多有吻合；其中蕴含的尊重规律、顺应民意、简政放权、养廉拒贪、宽容并包以及与平等、自由、民主等现代政治理念相通的诸多思想资源，至今仍具有常用常新的宝贵启示。"① 2011 年，联合国秘书长潘基文在其就职演说中，引用老子"天之道，利而不害；圣人之道，为而不争"的名言，强调会将其应用到实际工作中，充分发挥联合国作为协调员和建桥者的作用。2017 年，在国务院第一次常务会议上，李克强总理也曾借用老子名言"天下多忌讳而民弥贫"指出：只有把束缚老百姓手脚的绳索都解开了，才能真正发挥 13 亿人的聪明才智和创造力。"无为而治"并不是无所作为，事实上，"无为而治"对管理者提出了更高的要求，要求其能站在更高更长远的视角去看待事物，"如果我们把无为作为实现社会自然、和平、稳定发展的手段，那么无为便可以重新定义或解释为'实有似无的社会管理行为'。具体来说，就是通过最少的、必要的、有效的法律制度和管理程序把社会的干涉行为减少达到最低限度，从而实现社会的自然和谐与个人自由的协调发展"②。我国自改革开放以来，吸收借鉴"无为"思想进行的一系列改革可以说是行之有效的，也取得了不小的成就。例如 20 世纪 80 年代提出的关于"村民自治"的社会政治制度。尽管其中存在一些问题，但是不能否认，村民自治最大程度地发挥了农民群众的积极性、主动性、创造性，使农

---

① 吕锡琛：《善政的追寻：道家治道及其践行研究》，人民出版社 2014 年版，第 477 页。

② 刘笑敢：《老子古今：五种对勘与析评引论》，中国社会科学出版社 2006 年版，第 562 页。

民个体的合法利益得到了保护，也使得农村经济得到了迅速发展。又如近年来，政府进行的"放管服"改革，通过简政放权、放管结合、优化服务，改革传统管理体制，提升政府管理水平，也取得了明显的成效。"放"，一定程度上等于"为无为"，政府部门通过简政放权，把不该由政府管理的事项交给市场或社会，使市场主体能够自主决策、自负盈亏、自我发展；同时，"放"不是甩手不干，而是要以"放管结合、优化服务"为前提，管住管好该由政府管理的事项，保证市场主体的有效运作和公民权利的合法实现。

另一方面，"无为"思想对人类精神世界的塑造具有重要意义。美国学者森舸澜从心理学的角度对道家"无为"思想进行分析，他指出："无为和德不仅能帮助我们超越身—心二元论的桎梏，这两个中国哲学概念还能揭示自发性和人类合作的其他重要方面，而这些方面却是现代科学此前没能关注的。现代科学牢牢地扎根在西方思想里，而西方思想的一大特点又是极端的个人主义。按照西方哲学，理想的个人不仅身心分离，而且还无比孤独。……人们需要真诚的和自发的拥抱——以无为的方式来拥抱——如此这般价值才能发挥作用。"[1] 德国学者马丁·布伯也指出，无为代表了中国的智慧，这种智慧对于克服现代西方人一味追求权力与成功的偏向，保持自我不致丧失于空虚的成功中，是大有裨益的。[2] 上述西方遭遇的个体困境并不是个别现象，而是现代人面临的普遍问题。科学和技术在解放人类双手的同时，也带来了更多无形的桎梏。如何把自己从忙碌紧张的压力中释放出来，道家的"无为"思想或许是一个值得尝试和借鉴的方式。如上文所述，在老子看来，"无为"

---

① ［美］森舸澜著：《为与无为：当现代科学遇上中国智慧》，史国强译，现代出版社 2018 年版，第 15—16 页。

② 转引自张汝伦：《德国哲学家与中国哲学》，《复旦学报》（社会科学版）2015年第 2 期。

是要以"弗恃"的方式待物，也就是不逐物，不贵物，"虽有荣观，燕处超然"；也是要以"弗居"的态度待人，也就是要"不争"，要"无私"，"夫唯不争，故天下莫能与之争""以其无私，故能成其私"。老子的观点未必完全适用于当代社会，但是，在我们处理工作与生活、个人与他人、人与自然等对立矛盾时，如果能够借鉴"无为"思想进行一些反思，以更包容和更和谐的方式处理问题，应该是大有益处的。

总之，"无为"关键词在当代仍然具有重要意义，正如葛荣晋所说："'无为'不是一个静态范畴，而是随着历史的不断演变而随时加以修正、补充与发展，是一个不断变化的动态范畴。"①

---

① 葛荣晋：《中国哲学范畴通论》，首都师范大学出版社 2001 年版，第 803—804 页。

第四章　游道"逍遥"

"逍遥"是道家思想体系中的重要观念。自庄子以后，历代道家不断对其进行阐释和解读，使得"逍遥"成为中国思想史中的一个重要概念，甚至成为"某种自由的代名词"①，深刻影响着中国人的精神世界。

第一节　"游道乎逍遥"："逍遥"义考察

"逍遥"是道家文化的核心关键词之一，具有丰富的意义内涵。因此，欲透彻了解"逍遥"的内涵及影响，就必须追根溯源，对其哲学意义的建构作一番详细的考察。

一、"逍遥"渊源考

"逍遥"二字不见于《说文》，徐铉《说文》新附有："逍，逍遥，犹翱翔也。从辵，肖声。臣铉等案诗时只用消摇，此二字，字林所加。相邀切"；"遥，逍遥也，又远也。从辵，䍃声。余招切。"但是，徐铉

---

① 刘笑敢：《庄子哲学及其演变》，中国人民大学出版社 2010 年版，第 349 页。

没有具体解释"逍遥"的含义，仅说"犹翱翔也"。那么，"翱翔"的本义是什么呢？《说文》释"翱"为"翔也。从羽。皋声"。高诱在《淮南子·俶真》注中释"翱翔"为："鸟之高飞，翼上下曰翱，直刺不动曰翔。"由此可以看出，"翱翔"的本义可作动作，是对鸟飞行时，上下扇动翅膀的动作描述。另一方面，从"逍遥"二字来看，据《说文》新附，"逍遥"皆从辵，"辵"是与行动有关的意思。《说文·辵部》曰："辵，乍行乍止也。从彳从止。凡辵之属皆从辵。读若《春秋公羊传》曰'辵阶而走'。"因此，"逍遥"的本义应与行走、行动相关。正如《汉字源流字典》中所指出的，"逍"字用作联绵词"逍遥"，本义为缓步行走的样子。①

从现存文献看，"逍遥"一词最早出现于《诗经》中，如《国风·郑风·清人》：

> 清人在彭，驷介旁旁。二矛重英，河上乎翱翔。
>
> 清人在消，驷介麃麃。二矛重乔，河上乎逍遥。
>
> 清人在轴，驷介陶陶。左旋右抽，中军作好。

关于这首诗的主旨，毛《序》曰："《清人》，刺文公也。高克好利而不顾其君，文公恶而欲远之不能。使高克将兵而御敌于竟，陈其师旅，翱翔河上。久而不召，众散而归，高克奔陈。公子素恶高克进之不以礼，文公退之不以道，危国亡师之本，故作是诗也。"②文公因厌恶大臣高克，故派其领兵驻扎在黄河边以防备敌寇，并且久不召其回国，使军队长期在外驻扎。此诗描写的正是高克军队在外驻扎时的状况。其中，"逍遥"一词的释义，历来注者有不同的说法。或以之为游戏、游

---

① 参见谷衍奎编：《汉字源流字典》，语文出版社 2008 年版，第 1037 页。

② 毛亨等：《毛诗正义》，北京大学出版社 1999 年版，第 286 页。

荡。如朱熹《诗集传》。朱熹虽未释"逍遥"，但是释"翱翔"为"游戏之貌"，"言其师出之久，无事而不得归，但相与游戏如此，其势必至于溃败而后已矣"①。由于此诗采用复沓章法反复吟咏，因此，"翱翔""逍遥"的意义基本相同，也表示游戏之貌。今人程俊英先生亦指出"逍遥"为游玩的意思，"诗三章，每章都先极力渲染战马的强壮和武器的精良，末句则点出军中恬然嬉戏、闲散无备的状态。这是一种反衬的写法，形成明显的对比，那么末句不言刺而讽刺之意自见"②。也有学者指出"逍遥"表示军队操练时严整的动作，如蒋立甫《诗经选注》中所说："这首诗是描写郑国清邑的士兵军事训练的，赞扬其军容严整，战术精熟，充满着勇武的精神。"③尽管学者们对"逍遥"的具体释义还存在争议，但是基本可以确定的是，"逍遥"在此更多指向的是身体的行动，是对士兵行为的描述。

又如：

羔裘逍遥，狐裘以朝。岂不尔思？劳心忉忉。羔裘翱翔，狐裘在堂。岂不尔思？我心忧伤。羔裘如膏，日出有曜。岂不尔思？中心是悼。（《国风·桧风·羔裘》）

皎皎白驹，食我场苗。絷之维之，以永今朝。所谓伊人，于焉逍遥？皎皎白驹，食我场藿。絷之维之，以永今夕。所谓伊人，于焉嘉客？皎皎白驹，贲然来思。尔公尔侯，逸豫无期？慎尔优游，勉尔遁思。皎皎白驹，在彼空谷。生刍一束，其人如玉。毋金玉尔音，而有遐心。（《小雅·白驹》）

---

① （宋）朱熹集注，赵长征点校：《诗集传》，中华书局 2011 年版，第 64 页。

② 程俊英等：《诗经注析》上，中华书局 1991 年版，第 230 页。

③ 蒋立甫：《诗经选注》，北京出版社 1982 年版，第 92 页。

在《羔裘》中，"逍遥""翱翔"与"以朝""在堂"相对立，相较于"以朝""在堂"所表显的朝堂的严肃氛围，"逍遥""翱翔"则较为随意闲适。《毛传》释"逍遥"为"游燕"，含有游乐游逛的意思。在《白驹》中，"逍遥"既可以理解为"游息"，即悠游自得的意思，亦可理解为恬然嬉戏的"游戏之貌"。可以说，在《诗经》中，"逍遥"基本指向身体的行动，是对实践行为的具体描述。

"逍遥"一词在《楚辞》出现的次数最多，据统计《楚辞》中"逍遥"一词共出现 13 次[①]：

> 折若木以拂日兮，聊逍遥以相羊。……欲远集而无所止兮，聊浮游以逍遥。（《离骚》）
> 时不可兮再得，聊逍遥兮容与。（《九歌·湘君》）
> 时不可兮骤得，聊逍遥兮容与。（《九歌·湘夫人》）
> 去终古之所居兮，今逍遥而来东。（《九章·哀郢》）
> 寤从容以周流兮，聊逍遥以自恃。（《九章·悲回风》）
> 聊仿佯而逍遥兮，永历年而无成。（《远游》）
> 去乡离家兮徕远客，超逍遥兮今焉薄。……揽骈辔而下节兮，聊逍遥以相佯。（《九辩》）
> 服清白以逍遥兮，偏与乎玄英异色。（《七谏·怨世》）
> 登华盖兮乘阳，聊逍遥兮播光。（《九怀·思忠》）
> 意逍遥兮欲归，众秽盛兮杳杳。（《九思·遭厄》）
> 陟玉峦兮逍遥，览高冈兮峣峣。（《九思·守志》）

---

① 参见邓联合：《"逍遥游"释论：庄子的哲学精神及其多元流变》，北京大学出版社 2010 年版，第 49 页。

在《楚辞章句》中，王逸多以"游戏"解"逍遥"，表达"姑且游戏观望以忘忧，用以自适也"①的意思。具体来说，"逍遥"又有不同的含义。首先，"逍遥"可作形体徘徊解。如"折若木以拂日兮，聊逍遥以相羊"（《离骚》）。王逸注曰："聊，且也。逍遥、相羊，皆游也。言己总结日辔，恐不能制，年时卒过，故复转之西极，折取若木，以拂击日，使之还去，且相羊而游，以俟君命也。"洪兴祖补注曰："逍遥，犹翱翔也。相羊，犹徘徊也。"这里"逍遥""翱翔""相羊""徘徊"应有互文之意，以形体徘徊表示期待君主收回成命的焦虑心情。司马相如《长门赋》中，亦有类似的情况，如"夫何一佳人兮，步逍遥以自虞。魂逾佚而不反兮，形槁枯而独居。"此赋欲表现的是皇后陈阿娇被贬长门宫后整日以泪洗面的闺怨之情，这里的"逍遥"也具有形体徘徊之义。其次，"逍遥"有逍遥自适之义，即为悠然闲适而自得其乐。如"时不可兮再得，聊逍遥兮容与"（《九歌·湘君》）。第三，"逍遥"还有摇落飘零的意思。如《九章·哀郢》"去终古之所居兮，今逍遥而来东"，诗人被迫远离先祖之宅舍，此时的心情是悲伤的，正如《楚辞集解》中汪瑗按曰："逍遥，本优游行乐之意，今又当作漂摇流落之意，故读若古书者，不可以词害义也。"②

因此，我们可以看出，在《楚辞》中"逍遥"并不都是悠游自得的心理状况，也有可能表达焦虑不安、摇落飘零、失望忧伤等心情。对此，当代学者张松辉认为："在晋代以前，'逍遥'的意思类似于今天的'散步'、'闲逛'，不带有感情色彩，因为散步者的心情可能是愉快的，也可能是愁苦的。但在具体的语境之中，'逍遥'还多少带有伤感色彩，'逍遥'者多是为了用散步的方式来消解心中的苦闷。从晋代郭象开始，

---

① （宋）洪兴祖：《楚辞补注》，中华书局1983年版，第26页。

② （明）汪瑗集解，（明）汪仲弘补辑，熊良智等点校：《楚辞集解》，上海古籍出版社2017年版，第283页。

'逍遥'才逐渐被误解为'悠闲自在'的意思。"① 继而，他指出，把"逍遥"的本义理解为安闲自得是中国词语史上最大的误解案例之一。本书以为，"逍遥"的本义应是动词，表示形体徘徊之义并引申为游戏、游乐，其心情指向不一定是悠闲自在的，但也并不排斥悠闲自在的情绪。尤其是在先秦道家这里，"逍遥"不仅是一个思想语汇，更是一种思想体系，其意义内涵应该是多层次的、丰富的，因此，道家"逍遥"思想的理解还需回归文本，结合语境具体分析。

二、"致虚守静"：《老子》"逍遥"的重要途径

虽然《老子》一书中没有出现"逍遥"二字，但是，老子以"道"为最高本体，将人的精神境界提升到"道"的层面，无疑为"逍遥"关键词的哲学建构提供了重要基础。正如陈鼓应先生所说："老子的形而上之道，固然有人说只是满足人们概念游戏的乐趣，但是正因此而拉开了我们思维活动的范围，并且将我们从眼前事务所执迷的锁闭的情境中提升了一级。"② 可以说，在老子这里，"逍遥"表现为对世俗"锁闭的情境"的超越，是"同于道"的精神状态，而"致虚守静"则是实现老子"逍遥"的重要途径。

首先，在本体论层面，"虚静"是万物的本性和归宿。"虚"并非空虚、虚无，"静"并非静止、停滞，相反的，"虚静"是极具创生力的概念范畴。《老子·四章》说："道冲，而用之或不盈。渊兮，似万物之宗；挫其锐，解其纷，和其光，同其尘，湛兮，似或存。吾不知谁之子，象帝之先。"其中，"冲"古字为"盅"，《说文》曰："盅，器虚也；《老子》

---

① 张松辉：《庄子疑义考辨》，中华书局 2007 年版，第 3 页。
② 陈鼓应：《老庄新论》，商务印书馆 2008 年版，第 163 页。

曰：'道盅而用之。'"因此，"道冲"就是说"道"体的存在特征便是"虚"。这个"虚"状的"道"体的作用是没有穷尽的，它渊深幽隐、似有似无，就好像是万物的根源。《老子·五章》又说："天地之间，其犹橐龠乎！虚而不屈，动而愈出。"河上公注曰："橐龠中空虚，故能有生气"；王弼注曰："橐龠之中空洞，无情无为，故虚而不得穷屈，动而不可竭尽也。"也就是说，天地之间就好像一个大风箱，尽管表面看来是虚空的，但是却能产生源源不竭、生生不息的动力。同时，"虚"状的东西必然也呈现出"静"的状态。老子说："夫物芸芸，各复归其根。归根曰静，静曰复命。"（《老子·十六章》）在老子看来，万物虽然纷纷纭纭，千态万状，但最后总要返回到自己的本根，而本根之处，乃是呈现虚静的状态，也就是"道"的状态。《文子》也曾说："虚无者，道之舍也。"（《道原》）又说："静漠者神明之宅，虚无者道之所居。"（《九守》）因此，一切存在的本性，可以说就是虚静的状态，返回到虚静的本性，就是"复命"。那么万物为什么一定要"复命"呢？河上公对此句的注释可以给我们一个合理的解释："万物无不枯落，各复返其根而更生也。"万物之所以要"复命"，是为了从本源处"再生"。万物回到本源处后获得新的生命力，然后再次投入到新一轮循环，这种终而复始的循环运动生生不已、永不止息，万物正是在这样一个"复命"的运动中不断向前发展的。

其次，在认识论层面，"虚静"是体道的前提和方法。在老子看来，作为世界万物本原的"道"，既与具体万物相联系，又与具体万物不同。它是"视之不见""听之不闻""搏之不得"的混沌之物，既不可"道"，又不可"名"，因为它"无状之状，无物之象"，完全是一种超越感性经验的东西。因此，它不是通常的认识方法所能够达到的：既不是感官所能感知，也不是"名""言"等概念所能企及的，必须运用不同于认识具体事物现象和万物之理的独特方法去体悟。因此，老子主张"虚静"，强调通过做"减法"以去除世俗对心灵的遮蔽。在老子看来，"虚静"

是人类最初的精神状态，亦是最美好的精神境界，处于"虚静"状态的个体心灵就是"逍遥"的。但是，随着个体的成长，世俗欲望和诱惑逐渐填满人类的心灵空间，遮蔽了原本的清澈空明，于是，心灵变得封闭固执。正如《老子·十二章》所说："五色令人目盲；五音令人耳聋；五味令人口爽；驰骋畋猎，令人心发狂；难得之货，令人行妨。"试想，若是一味执着于五色、五音、五味、难得之货等世俗欲望中，汲汲营营，人如何能够"体道"，如何能够"逍遥"呢？因此，老子强调"虚静""虚心"。具体来说，就是要无知、无欲、无身。《老子·十六章》说："致虚极，守静笃。万物并作，吾以观复。夫物芸芸，各复归其根。归根曰静，静曰复命。复命曰常，知常曰明。不知常，妄作凶。知常容，容乃公，公乃全，全乃天，天乃道，道乃久，殁身不殆。"徐复观先生在《中国人性论史》中指出："人有了知，便有成见；有成见即实而不虚。知自心来；所以此处所说的虚，乃指'虚其心'（三章）而言；虚其心，即是把心知的作用解消掉。'致虚极'，结果是要人归于无知。'守静笃'的'静'，老子自己的解释是'归根曰静，静曰复命'。'根'指的即是'一'、'母'、'朴'、'玄德'；不为'欲'所烦扰曰'静'；从'欲'中超脱出来，回到生所自来的德，即是'归根'，所以说'归根曰静'。精神回到此种境界，即是回到生命之所自来，所以说'静曰复命'。"① 只有放下对世俗欲望的执着，放空心境，才能使心灵回归"虚静"的状态，从而"同于道"，感受世间万物的美好。在无知无欲的基础上，老子又说"无身"，"吾所以有大患者，为吾有身，及吾无身，吾有何患？故贵以身为天下，若可寄天下；爱以身为天下，若可托天下。"（《老子·十三章》）这里的"无身"并不是对个体生命的舍弃，而是自我中心的消解，是"以百姓心为心"（《老子·四十九章》）的"道"的精神境界。同时，老子

---

① 徐复观：《中国人性论史·先秦篇》，九州出版社2013年版，第309页。

还指出，致虚守静就是要"涤除玄览"（《老子·十章》）。河上公注曰："当洗其心使洁清也。心居玄冥之处，览知万事，故谓玄览。"王弼注曰："玄，物之极也。言能涤除邪饰，至于极览，能不以物介其明，疵其神乎？则终与玄同也。"所谓"涤除"，就是涤除人心之欲，亦即保持人心之虚静，如此方可"与玄同"，也就是与"道"同。

再次，在精神论层面，"虚静"是一种"返朴归真"的精神境界，是"同于大通"，与道合一的心灵状态。"朴"是老子用来形容"道"之原始无名状态的概念，如老子说："道常无名、朴。"（《老子·三十二章》）王弼注此句时说："朴之为物，以无为心也，亦无名。故将得道，莫若守朴。"因此，"朴"也用来指称合"道"者应有的境界（"敦兮其若朴"），老子有时甚至还将"朴"直接作为"道"的代名词（"复归于朴"）。那么，何谓"返朴"？老子在揭示"道"的循环运动规律时说："大曰逝，逝曰远，远曰反。"（《老子·二十五章》）此处"反"即"返"，万物从"道"而出，并不断向远离"道"的方向运动发展，不过，这种运动发展最终必然会回到原点，这一逝一返，就是一个循环，老子称其为一个"周行"。万物循环往复，回归原点，其实也就是返回"道"。"朴"是"道"或"道"之状态，所以"复归于道"也可以说是"复归于朴"。《老子·二十八章》云："知其白，守其辱，为天下谷。为天下谷，常德乃足，复归于朴。"这里的"复归于朴"我们既可以理解为"复归于道"，也可以理解为"复归于道之状态"，也就是回复到一种自然本真的状态，这就是"返朴"。另一方面，"真"是"朴"的最重要特征，王弼《老子》二十八章注曰："朴，真也。"因此，"返朴"也可以说就是"归真"。老子喜欢用"婴儿""赤子"来表达"真"这一概念。如《老子·二十章》云："我独泊兮，其未兆，如婴儿之未孩。"王弼注曰："言我廓然无形之可名，无兆之可举，如婴儿之未能孩也。"《老子·五十五章》亦载："含德之厚，比于赤子。"王弼注曰："赤子，无求无欲，不犯众物，故毒虫之物无犯之人也。"因此，老子说"复归于朴"，也说"复归于婴儿"。《老子·二十八章》云："为天下谿，常德不离，复归于婴儿。"这里"复归于婴儿"，就是回复到"道"的状态，也就是回复到一种自然本真的状态，这就是"归真"。可以说，在老子这里，"逍遥"的精神境界是"虚静""真朴"，是"俗人昭昭，我独昏昏。俗人察察，我独闷闷"（《老子·二十章》）的"愚人"之境。这种超越世俗的淡泊、淳朴真挚的修养，难道不正是精神的逍遥自适吗？

同时，在政治论层面，"虚静"亦是圣人治国之策。《老子·三章》有："是以圣人之治，虚其心，实其腹，弱其志，强其骨"；《老子·三十七章》有："不欲以静，天下将自正。"《老子·五十七章》也有："故圣人云：'我无为，而民自化；我好静，而民自正；我无事，而民自富；我无欲，而民自朴。'"一方面，"虚静"是圣人的价值标准；另一方面，亦是教化百姓的基本原则。在老子看来，只有统治者与百姓都达到"虚静"的精神境界，才是真正理想的社会模式。正如《老子·八十章》所说："小国寡民。使有什伯之器而不用；使民重死而不远徙。虽有舟舆，无所乘之；虽有甲兵，无所陈之。使民复结绳而用之。甘其食，美其服，安其居，乐其俗。邻国相望，鸡犬之声相闻，民至老死，不相往来。"

总之，在老子这里，主体心灵通过"致虚守静"的方式以体认"道"，这就是"逍遥"。正如韩非子《解老篇》中所说："所以贵无为无思为虚者，谓其意无所制也。夫无术者，故以无为无思为虚也。夫故以无为无思为虚者，其意常不忘虚，是制于为虚也。虚者，谓其意无所制也。今制于为虚，是不虚也。虚者之无为也，不以无为为有常，不以无为为有常则虚，虚则德盛，德盛之谓上德。"老子所谓"虚静"，正是精神无所掣肘的自然状态，是对日常生活"伎巧"的超越，更是凝聚含藏的无穷创生力，使精神在开放旷达的境界中实现"逍遥自适"。

三、"游心于淡"：《庄子》对"逍遥"的建构

如果说"逍遥"在老庄之前更多强调的是形体徘徊游戏之状，那么，自庄子以来，"逍遥"则偏向于人的精神世界。正如徐复观在《中国人性论史》一书中所指出的，庄子是老子进一步的发展，从老子到庄子，"宇宙论的意义，渐向下落，向内收，而主要成为人生一种内在的精神境界的意味，特别显得浓厚"①。"逍遥"作为庄子哲学的核心关键词之一，是庄子精神世界的主要特色和最高理想。可以说，后世对"逍遥"的建构主要是通过对《庄子》"逍遥"思想的阐发而来的。例如林希逸曰："游者，心有天游也；逍遥，言优游自在也。"（《庄子鬳斋口义校注》）支道林曰："物物而不物于物，故逍然不我待；玄感不疾而速，故遥然靡所不为。以斯而游天下，故曰逍遥游。"（《逍遥论》）释湛然曰："消摇者，调畅逸之意。夫至理内足，无时不适；止怀应物，何往不通。以斯而游天下，故曰消摇。"（《止观辅行传弘决》）如此等等。但是，要真正深入了解庄子之"逍遥"，还需从其文本本身入手。在《庄子》一书中，"逍遥"二字共出现 7 次，其中之一是《逍遥游》的篇名，其余 6 次如下：

> 今子有大树，患其无用，何不树之于无何有之乡，广莫之野，仿徨乎无为其侧，逍遥乎寝卧其下。（《逍遥游》）
>
> 芒然仿徨乎尘垢之外，逍遥乎无为之业。（《大宗师》）
>
> 古之至人，假道于仁，托宿于义，以游逍遥之虚，食于苟简之田，立于不贷之圃。逍遥，无为也；苟简，易养也；不贷，无出也。（《天运》）
>
> 忘其肝胆，遗其耳目，芒然仿徨乎尘垢之外，逍遥乎无事

---

① 徐复观：《中国人性论史·先秦篇》，九州出版社 2013 年版，第 331 页。

之业，是谓为而不恃，长而不宰。(《达生》)

　　日出而作，日入而息，逍遥于天地之间而心意自得。(《让王》)

　　具体来说，《逍遥游》中"逍遥"是针对世人对大樗"其大本拥肿，而不中绳墨；其小枝卷曲，而不中规矩；立之涂，匠者不顾"的评价来说的。庄子认为，虽然从世俗价值标准来看，樗树大而无用，但是，正因为与世俗价值标准背离，它才得以自由成长。正如庄子所说："不夭斤斧，物无害者，无所可用，安所困苦哉？"这种无忧无虑、自在洒脱的状态就是"逍遥"。同时，"逍遥"不仅是人类在樗树下散步或寝卧时的自在闲适，也是樗树本身的自得自在。可以说，在《逍遥游》所描绘的图景中，人类与樗树都是各得其乐、逍遥闲适的。《大宗师》中子桑户死了，孔子派子贡前去帮忙料理丧事。子贡看见子桑户的朋友并没有在悲伤地处理丧事而是"临尸而歌"，非常不解，于是向孔子提出了疑问。在这里，庄子借孔子之口指出，世俗的礼仪制度是用来表演给一般人看的，像子桑户这样的游方之外者，置生死于度外，"以生为附赘县疣，以死为决疣溃痈"，他们并不以世俗礼仪为纷扰，而是"芒然仿徨乎尘垢之外，逍遥乎无为之业"。《天运》篇"以游逍遥之虚，食于苟简之田，立于不贷之圃"都是对古之真人的描摹，其中"游逍遥之虚"是形容得道之人无拘无碍的精神状态，紧接着，庄子指出"逍遥"即"无为"，正是摆脱了世俗价值标准的束缚和限制，无欲无求，才得以实现心灵的逍遥自适。《达生》篇中"芒然仿徨乎尘垢之外，逍遥乎无事之业"与《大宗师》相似，亦是淡然无心的精神境界。"忘其肝胆，遗其耳目"即对世俗表象的超越，通过"忘"和"遗"，脱离被名利诱惑的"小我"，而回归真正的"自我"。《让王》篇"日出而作，日入而息，逍遥于天地之间，而心意自得"，这种身心皆得"逍遥"的状态，也可以说是庄子哲学的最高理想。因此,"逍遥"并非无所事事之谓,而是顺应自然的"日出而作,日入而息",是不挟带欲望、知解的无拘无束、自由自在的活动。同时,"逍遥"作为庄子哲学的独特范畴,并不局限于"逍遥"二字的使用,而是贯穿于整部《庄子》的独特精神境界和思维方式。因此,要全面理解庄子对"逍遥"的建构必须结合《庄子》全书一起进行思考。

首先,"逍遥"是理想的人生境界。通过上文对"逍遥"的梳理可知,"逍遥"的本义含有徘徊、游荡的意思,似乎可以被具象化为《逍遥游》中浮于江湖,寝卧大椿等无为无事的悠闲形象。然而,庄子对"逍遥"的建构并不仅仅于此,"无为"并非无所事事,"逍遥"也不仅仅是闲游晃荡。事实上,"逍遥"是具有超越意义的概念,表达了庄子对理想人生境界的追求。一方面,"无为"是"逍遥"的前提。在庄子这里,"无为"是排除世俗功利目的后的顺物自然,而"逍遥"正是在此基础上产生的自在自得的心境。《齐物论》中,庄子对世人深陷世俗价值的现象进行了形象的描述,并指出"与物相刃相靡。其行尽如驰,而莫之能止。不亦悲乎!终身役役而不见其成功;苶然疲役而不知其所归。可不哀邪?"正是意识到身处社会现实中的人满眼尽是名利之争、是非之辩,尽管终日辛苦劳作却与自然之道渐行渐远,因此,庄子主张"无为",只有从汲汲营营的世俗生活中解放出来,从世俗礼法制度和道德规范的约束中解脱出来,才能真正实现"与道为一","独与天地精神往来"的逍遥境界。另一方面,"无为"与"无用"又是密切相关的。庄子所谓的"无用"是针对机心、机巧来说的,世俗的"无用"正可以成就同于道的大用。《庄子》一书塑造了一系列大而无用的"大物"形象,如《逍遥游》中实达五石的大瓠、大本拥肿的大椿;《人间世》中"其大,蔽数千牛,絜之百围;其高,临山十仞,而后有枝;其可为舟者,旁十数"的社栎树等,这些大物从世俗价值观来看是无用的,但是因其无用却获得不同寻常之物的生活体验，或者在空间上足够开阔，或者在时间上足够长久。可以说，在庄子这里，"大而无用"的大物象征着人的精神境界。正如《秋水》中，庄子亦借北海若之口所说："井鱼不可以语海者，拘于虚也；夏虫不可以语于冰者，笃于时也；曲士不可以语于道者，束于教也。今尔出于崖涘，观于大海，乃知尔丑。尔将可与语大理矣。"只有不断放宽精神世界的约束，提升自己的精神境界，才能在更高更广阔的层次上享有生活。同时，《逍遥游》中庄子塑造了蜩、学鸠、鲲鹏等一系列形象，通过它们的对比，表现出不同层次的人对人生境界的不同理解。对此，当代学者杨国荣指出，鲲鹏与蜩、学鸠都在一定程度上追求着逍遥之境，"一方面，相对于终极或理想的逍遥之境而言，鲲鹏与蜩、学鸠确实都有距离；另一方面，它们又并非与逍遥之境完全隔绝，它们之间的差异，在某种意义上便可以理解为走向逍遥过程中所呈现的不同境界"。可以说，在庄子这里，真正的"逍遥"是理想的人生境界，是无为无待的、与道同一的人生理想。

其次，"逍遥"是面向现实的精神空间。庄子的逍遥理想不是纯然孤立现实之外的精神世界，事实上，庄子并没有彻底地否定现实，而是直面现实生活的无奈，并进一步开拓出用以安放心灵的精神空间。在《逍遥游》中，庄子说："今子有大树，患其无用，何不树之于无何有之乡，广漠之野，仿徨乎无为其侧，逍遥乎寝卧其下。"刘笑敢先生在《庄子哲学及其演变》一书中指出："逍遥游的主体是心灵，所游之处是幻想中的无何有之乡。逍遥游的实质即思想在心灵的无穷寰宇中遨游飞翔。"[1]诚如刘先生所说，"无何有之乡"是庄子的幻想空间。这个幻想空间并非区别于现实的另一个平行空间，而是在现实基础上开拓出的更为广阔的精神境界。借助佛教禅宗的观点进行比拟，"无何有之乡"并非

---

[1]　刘笑敢：《庄子哲学及其演变》，中国人民大学出版社 2010 年版，第 152 页。

隔绝于此岸的彼岸世界，"逍遥"也不在虚无缥缈的彼岸天国，而是不离现实的想象空间。犹如《齐物论》中所说天籁"夫吹万不同，而使其自己也，咸其自取，怒者其谁邪！"天籁并非区别于地籁、人籁之外的另一种声音，而是自然而然发出的声音。正如天籁离不开地籁、人籁一样，"无何有之乡"亦不能离开现实社会。既然离不开现实，那么如何处理身与心、精神与现实的关系呢？庄子提出随顺透迤的生活方式。庄子生活在战乱频繁、纷争不断的时代，正如《人间世》所描绘的："凡事，若小若大，寡不道以欢成。事若不成，则必有人道之患；事若成，则必有阴阳之患。"在这样的时代背景下，"变"才是主题，"于是老子与'变'保持距离的办法，庄子觉得不彻底，或不可能；他乃主张纵身于万变之流，与变相冥合，以求得身心的大自由、大自在"[①]。在庄子看来，保全生命是获得精神"逍遥"的前提，面对未知的变化，只能以安时处顺的态度应对。正如《大宗师》载：

> 浸假而化予之左臂以为鸡，予因以求时夜；浸假而化予之右臂以为弹，予因以求鸮炙；浸假而化予之尻以为轮，以神为马，予因以乘之，岂更驾哉！且夫得者，时也，失者，顺也；安时而处顺，哀乐不能入也。

既然变化是不可预测、不可违抗的，那么，只有"知其不可奈何而安之若命"，才能最大限度地实现身心自由"逍遥"。同时，庄子并非盲目随从于外在变化，而是在全身保命的基础上仍然葆有自己的自然本性。如《知北游》中"外化而内不化"、《人间世》中"形莫若就，心莫若和"等等。可以说，在庄子这里，"逍遥"是一种若即若离的生存智

---

① 徐复观：《中国人性论史·先秦篇》，九州出版社 2013 年版，第 331 页。

慧，既不离开生活本身，又能超越工具理性的束缚获得独立而广阔的精神自由。

第三，"心斋"和"坐忘"是实现"逍遥"的重要途径。上一节中，我们指出，老子"致虚守静"是实现"逍遥"的重要途径，庄子继承并发展了老子的"虚静"思想，并以"心斋""坐忘"为其实现"逍遥"的重要途径。在庄子看来，要想达到"道"的境界，只有采取"心斋""坐忘"等诉诸主体本心的内省直观之法，以虚静空明的心灵去冥合那恍惚无形、"渊兮似万物之宗"（《老子·第四章》）的"道"。一方面，在《庄子》中，"心斋"一共只出现3次，并且都出现在《人间世》孔子和他的弟子颜回的对话中：

> 颜回曰："吾无以进矣，敢问其方。"仲尼曰："斋，吾将语若！有心而为之，其易邪？易之者，暤天不宜。"颜回曰："回之家贫，唯不饮酒不茹荤者数月矣。如此，则可以为斋乎？"曰："是祭祀之斋，非心斋也。"回曰："敢问心斋。"仲尼曰："若一志，无听之以耳而听之以心；无听之以心而听之以气！听止于耳[1]，心止于符。气也者，虚而待物者也。唯道集虚。虚者，心斋也。"（《人间世》）

这段话中，庄子借孔子之口表达自己的观点，所谓"心斋"不是指不喝酒、不吃荤之类的祭祀之斋戒，而是指戒除一切杂念和欲望、从而使心境保持虚洁清明的精神之斋戒。"心斋"要求我们心志专一，不用

---

[1]　陈鼓应《庄子今注今译》认为"听止于耳"应为"耳止于听"。"今本作'听止于耳'，为传写误倒。'耳止于听'与下句'心止于符'，正相对文。成（玄英）疏：'不著耳尘，止于听。此释无听之以耳也。'可见成本原作'耳止于听'。"（见陈鼓应：《庄子今注今译》，中华书局1983年版，第118页）

耳去听而用心去体会，不用心去体会而用气去感应。因为耳朵只能聆听到外物的声音，心只能感受到事物外在的表象，而气乃是空明而能容万物的。只要你达到空明的心境，自然能与大道应合。这空明洁净的心境，就是庄子所说的"心斋"。如是观之，庄子所谓的"心斋"即用心去斋戒，用他自己的话说叫"虚"，"虚而待物"，"虚室生白"①，也就是用一颗空明洁净的心去感应"道"的存在，从而使自己泯除人间一切欲念的阻碍，真正实现精神的解脱。另一方面，在庄子实现"逍遥"的路上，除了"心斋"，"坐忘"也是极为重要的一种心理准备。《庄子》一书中，"坐"与"忘"单独出现各 15 次和 76 次，分别有"席地而坐""居住""吻合"以及"忘记"义。②"坐忘"作为完整的词出现共 3 次，且均见于《大宗师》中颜回与孔子的对话中：

  颜回曰："回益矣。"仲尼曰："何谓也？"曰："回忘礼乐矣。"曰："可矣，犹未也。"他日，复见，曰："回益矣。"曰："何谓也？"曰："回忘仁义也。"曰："可矣，犹未也。"他日，复见，曰："回益矣。"曰："何谓也？"曰："回坐忘矣。"仲尼蹴然曰："何谓坐忘？"颜回曰："堕肢体，黜聪明，离形去知，同于大通，此谓坐忘。"（《大宗师》）

  这段话是庄子借他人之口表述自己对"坐忘"的看法。大意是说，

---

  ① "虚室生白"一说紧接"心斋"之后，犹喻心斋就像一座虚静空明的房子，可以生出美好的光明来。原文为："瞻彼阕者，虚室生白，吉祥止止。夫且不止，是之谓坐驰。夫徇耳目内通而外于心知，鬼神将来舍，而况人乎！"（《人间世》）此语后发展成为中国画意境塑造的一大心法，一直流传至今。

  ② 据《老庄词典》之统计。详见王世舜、韩慕君编著：《老庄词典》，山东教育出版社 1993 年版，第 787、537 页。

颜回初以忘记礼乐、仁义为"忘"，在孔子的提示下，他找到了忘的真谛，即"坐忘"。所谓"坐忘"，就是遗忘了自己的肢体，摆脱了自己的聪明，离开了自身而忘掉了智识，从而与大道融通为一。那么从对话的递进关系看，"坐忘"当属"忘"之一种，就像"忘礼乐""忘仁义"一样。其中，"坐"是手段，仿佛佛教的吃斋、打禅；"忘"是目的，仿佛失忆的大脑，一片空白。不过"坐忘"实际又要比"忘礼乐""忘仁义"深刻许多，原因是它不仅要"忘外"（忘礼乐、忘仁义），而且还要"忘内"（忘肢体、忘聪明），需要"忘形"（离形）、"忘心"（去知），总之是忘掉一切，可以叫作"全忘"。这正像郭象注所说的："不自得，坐忘之谓也。"成玄英疏曰："体悟玄理，故荡荡而无偏，默默而无知，茫然坐忘，物我俱丧，乃不自得。"郭象、成玄英所云可谓准确把握住了庄子"坐忘"的枢机，即"坐忘"乃"全忘"，"离形"为"忘形"，"去知"是"忘心"；不仅如此，"坐忘"之所以要"全忘"，原因只有一个，那就是主体需通过"吾丧我"（《齐物论》）的途径"同于大道""与道冥一"，"然后旷然与变化为体而无不通也"。由此可见，"坐忘"亦即坐而自忘，是庄子所追求的物我两忘、无思无虑的精神状态，经由坐忘而达至的，就是形而上意义上的"天人合一"之境。

第二节　从"神游"到"形游"："逍遥"之历史演化

一、先秦诸家"逍遥"观之比较

先秦文献元典中，除道家外，几乎不见"逍遥"一词，若我们以"逍遥"为无拘无束、自在自得的精神境界，那么先秦诸家又有其各自不同的观念。

（一）儒家逍遥观

儒家的"逍遥"观念是道德至上的精神追求。"仁"作为孔子哲学思想的核心范畴，代表着儒家恭敬律己、独立自省的精神境界。正如徐复观先生所说："孔子实际是以仁为人生而即有、先天所有的人性，而仁的特质又是不断地突破生理的限制，作无限的超越，超越自己生理欲望的限制。"[①] 从无限超越的特性来说，孔子之"仁"与老庄之"逍遥"是相通的。老庄之"逍遥"是通过"虚静""心斋""坐忘"等方式来实现的，孔子则通过"克己复礼"来实现。如《论语·颜渊》所载：

> 颜渊问仁。子曰："克己复礼为仁。一日克己复礼，天下归仁焉。为仁由己，而由人乎哉？"颜渊曰："请问其目。"子曰："非礼勿视，非礼勿听，非礼勿言，非礼勿动。"颜渊曰："回虽不敏，请事斯语矣。"

既然"仁"是先天即有的人性，那么，"仁"的实现不依赖于外在条件，而是取决于个体自身的自觉实践。一方面，"仁"是"克己"，即对"小我"的超越。孔子之"克己"不同于道家之"无欲"。正如《论语·述而》载："富而可求也，虽执鞭之士，吾亦为之。如不可求，从吾所好"，"克己"并不是彻底地否定欲望，而是要求人们的视听言动都要遵循"礼"的原则，以礼自立、自约其身。同时，"克己"还是由"小我"走向"大我"的超越，是"推己及人"的精神境界。如：《论语·卫灵公》中有："子贡问曰：'有一言而可以终身行之者乎？'子曰：'其恕乎！己所不欲，勿施于人'。"《论语·雍也》亦有："子贡曰：'如有博施于民而能济众，何

---

① 徐复观：《中国人性论史·先秦篇》，九州出版社 2013 年版，第 91 页。

如？可谓仁乎？'子曰：'何事于仁，必也圣乎！尧、舜其犹病诸！夫仁者，己欲立而立人，己欲达而达人。能近取譬，可谓仁之方也已。'"所谓"推己及人"，既要求不以己之所恶施于人，又要求尽己之力以助人。这是一种融汇世间各种情态的大境界，是整个社会的精神自觉，所以孔子说"一日克己复礼，天下归仁焉"。

另一方面，"仁"是"复礼"。在孔子看来，"复礼"不仅仅是外在形式上的遵纪守规，更是内在于心的"无条件的应该"。"无条件的应该"是冯友兰在《新原道》中所提出的，他指出："一个人的行为，若是道德行为，他必须是无条件地做他所应该做底事。这就是说，他不能以做此事为一种手段，以求达到某个人的某种目的。"①如《论语·宪问》载："子曰：'君子道者三，我无能焉：仁者不忧，知者不惑，勇者不惧。'"其中，"不忧""不惑""不惧"指在任何情况下都能够保持自我精神的独立，胸怀坦荡、当机立断、行事果敢。可以说，这样的君子是"逍遥"的，并不受制于外在环境的变化，无论顺境逆境都可以实现内心的自在追求。又如《论语·为政》载："子曰：'吾十有五而志于学，三十而立，四十而不惑，五十而知天命，六十而耳顺，七十而从心所欲，不逾矩。'"这里的"从心所欲"已经有了"逍遥"的意味，对于"礼"的遵守不再是出于意识的选择或是惯性的行为，而是自然流露的情感状态。因此，对孔子来说，"克己复礼"是"乐"的，亦是"逍遥"的，诚如宋代学者林希逸所说："游者，心有天游也；逍遥，言优游自在也。《论语》之门人形容夫子只一'乐'字；三百篇之形容人物，如《南有樛木》，如《南山有台》曰：'乐只君子。'亦止一'乐'字。此之所谓逍遥游，即《诗》与《论语》所谓'乐'也。"②《论语·先进》中，借曾点之口

---

① 冯友兰：《新原道：中国哲学之精神》，北京大学出版社2014年版，第22页。

② （宋）林希逸著，周启成校注：《庄子鬳斋口义校注》，中华书局1996年版，第1页。

具体描述了这种逍遥之乐："莫春者，春服既成；冠者五六人，童子六七人，浴乎沂，风乎舞雩，咏而归。"可以说，儒家的"逍遥"是在道德基础上的精神自觉，"真能行仁，真能达到仁的境界，便可以得到至高无上的快乐，一切恐惧烦懑，都已消灭，惟一种快慰充满了内心。仁的生活，乃是一种至极快乐的生活。"[①]

（二）墨家逍遥观

墨子主张"尚贤、尚同、兼爱、非攻、节用、节葬、天志、明鬼、非乐、非命"十事，表面上看，这与"逍遥"所追求的无拘无束、自由自在的精神状态是截然相反的，是对精神需求的舍弃以及对物质生活的执着。但是，当我们结合墨子极力为"义"的苦行生活来理解，则他不仅没有舍弃精神需求，更是将"小我"的精神需求上升为更高的境界。正如徐复观先生所说："他（墨子）在先秦所发生的重大影响，主要是来自他伟大的正义感，与为正义而牺牲的精神，并不是来自他的理论构造。"[②]

墨子认为，天下之乱的根本原因在于人们不能兼相爱。诚如《墨子·兼爱上》载：

> 当察乱何自起？起不相爱。臣子之不孝君父，所谓乱也。子自爱不爱父，故亏父而自利；弟自爱不爱兄，故亏兄而自利；臣自爱不爱君，故亏君而自利，此所谓乱也。虽父之不慈子，兄之不慈弟，君之不慈臣，此亦天下之所谓乱也。父自爱也不爱子，故亏子而自利；兄自爱也不爱弟，故亏弟而自利；

---

① 张岱年：《中国哲学大纲》，中国社会科学出版社 1982 年版，第 260—261 页。

② 徐复观：《中国人性史论·先秦篇》，九州出版社 2013 年版，第 288 页。

君自爱也不爱臣，故亏臣而自利。是何也？皆起不相爱。

正是因为人们不能以兼相爱的态度对待他人，甚至父子、兄弟、君臣之间都自利而亏他，社会才会陷入无尽的混乱纷争之中。因此，墨子指出，只有不分远近、不分血亲、不分等级的广泛地爱所有人，才能真正实现国泰民安、天下和平，如《墨子·小取》所说："爱人，待周爱人，而后为爱人。不爱人，不待周不爱人，不周爱，因为不爱人矣。"可以说，"兼相爱"突破了自我中心的局限、消除了人与己之间的界限，是寓小我于大我之中的精神体验，它要求以人民之大利为出发点和判断标准，"先人后己"。《墨子·贵义》载："凡言凡动，利于天鬼百姓者为之；凡言凡动，害于天鬼百姓者舍之"；《墨子·天志下》亦载："若事上利天，中利鬼，下利人，三利而无所不利，是谓天德。故凡从事此者，圣知也，仁义也，忠惠也，慈孝也，是故聚敛天下之善名而加之。"正是意识到要使天下人人都能实现基本的物质需求并非易事，因此，墨子更坚定地实践苦行，"求天下共乐，非先共苦不可"①。正如《墨子·贵义》载：

子墨子自鲁即齐，过故人，谓子墨子曰："今天下莫为义，子独自苦而为义，子不若已。"子墨子曰："今有人于此，有子十人，一人耕而九人处，则耕者不可以不益急矣。何故？则食者众而耕者寡也。今天下莫为义，则子如劝我者也，何故止我？"

天下之人都不以"义"为准则，"我"不但不能放弃，反而更应该加倍行"义"。《庄子·天下》就曾描述过墨者生活的艰苦："腓无胈，

---

① 　徐复观：《中国人性史论·先秦篇》，九州出版社 2013 年版，第 450 页。

胫无毛"，"多以裘褐为衣，以跂蹻为服，日夜不休，以自苦为极"。正是因为群己人我合而为一，所以在墨者这里，"苦行"不仅不是自我的约束和限制，反而促成了自我的实现。于是，在这个层面上，我们可以说墨家的"逍遥"表现为融己于群、先人后己的精神境界。

二、"适性"与"即色"：玄学中的"逍遥"义

魏晋时期，玄学盛行，世人好谈《老》《庄》，于是，"逍遥"作为道家哲学的关键词也在当时受到了特别的关注。此时期对"逍遥"的阐释以玄学家郭象、僧人支遁为代表。

（一）郭象："适性逍遥"

郭象对庄子"逍遥"的发展与改造见于其《庄子注》中，凭借注释的形式，他建构起一个全新的不同于老庄的哲学体系，将庄子超越现实的精神自由变为安于性分的自我满足。①

在《逍遥游》题解中，郭象开宗明义地指出："夫大小虽殊，而放于自得之场，则物任其性，事称其能，各当其分，逍遥一也，岂容胜负于其间哉！"我们知道，"小大之辩"是《逍遥游》的主题，通过大鹏与蜩、学鸠的对比，庄子实际上肯定了"大"，并以之为超越的精神境界。但是，《逍遥游注》却将庄子的"小大之辩"置换为"小大为一"，将"之二虫"的概念从蜩与学鸠置换为鹏与蜩。在郭象看来，"抟风九万"的鹏与"决起而飞"的蜩，虽然大小不同，飞行的高低远近也不一样，但是，就适性逍遥来说，二者却是相同的。对此，在《逍遥游注》中，郭

---

① 参见刘笑敢：《庄子哲学及其演变》，中国人民大学出版社 2010 年版，第 322 页。

象多次提及，如：

> 夫大鸟一去半岁，至天池而息；小鸟一飞半朝，抢榆枋而止。此比所能则有间矣，其于适性一也。
>
> 苟足于其性，则虽大鹏无以自贵于小鸟，小鸟无羡于天池，而荣愿有余矣。故小大虽殊，逍遥一也。
>
> 对小于大，所以均异趣也。夫趣之所以异，岂知异而异哉？皆不知所以然而自然耳。自然耳，不为也。此逍遥之大意。
>
> 各以得性为至，自尽为极也。向言二虫殊翼，故所至不同，或翱翔天池，或毕至榆枋，直各称体而足，不知所以然也。今言小大之辩，各有自然之素，既非跂慕之所及，亦各安其天性，不悲所以异，故再出之。

郭象指出，"物各有性，性各有极"（《逍遥游注》），不论是大鹏还是小鸟，其飞行的远近高低都只是"适性自然"而已，因此，"适性一也""逍遥一也"，万物只要能自适其性就是"逍遥"。同时，他进一步将庄子的"无待逍遥"与万物各适其性的"有待逍遥"等同起来，指出"有待者自足""无待者至足"，有待者只要不失所待就能"同于大通"，"夫唯与物冥而循大变者，为能无待而常通，岂独自通而已哉！又顺有待者，使不失其所待，所待不失，则同于大通矣。故有待无待，吾所不能齐也；至于各安其性，天机自张，受而不知，则吾所不能殊也。"（《逍遥游注》）可以说，郭象把庄子精神世界的理想拉回现实生活，变"精神逍遥"为"适性逍遥"。这种改造既使"逍遥"普遍化，成为普通大众均可获得的精神享受；同时，又难以避免地使"逍遥"趋于矮化，从至人、神人、圣人的精神宝座走向普通人的生活世界。

另一方面，郭象之"逍遥"以"安命"为前提。郭象指出，万物不但各有其性分，且性分是不可改变的。正如《齐物论注》所载："言性各有分，故知者守知以待终，而愚者抱愚以至死，岂有能中易其性者也！"因此，只要安守自性，就能获得"逍遥"。《秋水注》有："命非己制，故无所用其心也。夫安于命者，无往而非逍遥矣。"《逍遥游注》亦有："庖人尸祝，各安其所司；鸟兽万物，各足于所受；帝尧许由，各静其所遇；此乃天下之至实也。各得其实，又何所为乎哉？自得而已矣。故尧许之行虽异，其于逍遥一也。"虽然庖人与尸祝、帝尧与许由、甚至是鸟兽万物的职责各不相同、行为也迥然相异，但他们都各自安于自己的职责，因此，他们都是逍遥的。相反，若是以小羡大、以下羡上、以贫羡富，而不能满足于自己的性分，就会感觉痛苦。正如《逍遥游注》所载："夫年知不相及若此之悬也，比于众人之所悲，亦可悲矣。而众人未尝悲此者，以其性各有极也。苟知其极，则毫分不可相跂，天下又何所悲乎哉！夫物未尝以大欲小，而必以小羡大，故举小大之殊各有定分，非羡欲所及，则羡欲之累可以绝矣。夫悲生于累，累绝则悲去。悲去而性命不安者，未之有也。"尽管庄子与郭象都强调"安命"，但是，庄子的"安命"是以精神的超越和自由为前提的，而郭象的"安命"则更多表现为对统治秩序的维护。在郭象这里，社会等级名分是不可改变的。如果人人都能安于名分、各司其职，那么，整个社会都会秩序井然。"若夫任自然而当居，则贤愚袭情而贵贱履位，君臣上下，莫匪尔极，而天下无患矣。"（《在宥注》）相反，"若皆私之，则志过其分，上下相冒，而莫为臣妾矣。臣妾之才，而不安臣妾之任，则失矣"（《齐物论注》）。

总的说来，郭象的"适性逍遥"是以其"独化"理论为基础的。正如《齐物论注》所载："无既无矣，则不能生有；有之未生，又不能为生。然则生生者谁哉？块然而自生耳。自生耳，非我生也。我既不能生物，物亦不能生我，则我自然矣。"郭象认为，世间万物的发生发展都是独化相因的，既不需要外在力量的推动，也不需要内在动因的支持，万物只是"自然"而已，因此，只要"各任其性""各当其分"就皆得"逍遥"。

（二）支遁："明至人之心"

据《世说新语·文学》载，自向、郭以"适性"释"逍遥"，"诸名贤所可钻味，而不能拔理于郭、向之外"，直至东晋名僧支遁提出新解，取代向、郭旧义，"支卓然标新理于二家之表，立异义于众贤之外，皆是诸名贤寻味之所不得，后遂用支理"。《高僧传·支遁传》亦记载了支遁注《逍遥游》一事："通常在白马寺，与刘系之等谈《庄子·逍遥篇》，云各适性以为逍遥，遁曰：'不然，桀跖以残害为性，若适性为得者，彼亦逍遥矣。'于是退而注《逍遥篇》，群儒旧学莫不叹伏。"支遁一针见血地指出向、郭"适性逍遥"的问题所在，如果以各适其性为"逍遥"，那么，像夏桀和柳下跖这样生性残暴之人，就可能以"逍遥"为借口肆无忌惮地施行暴行。既然"适性逍遥"存在明显的缺憾，那么，"逍遥"应该如何理解呢？

支遁运用佛教即色空义来释庄子之"逍遥"。《世说新语·文学篇》中，刘孝标注引支遁"逍遥"义说：

> 夫逍遥者，明至人之心也。庄生建言大道，而寄指鹏鷃。鹏以营生之路旷，故失适于体外；鷃以在近而笑远，有矜伐于心内。至人乘天正而高兴，游无穷于放浪。物物而不物于物，则遥然不我得；玄感不为，不疾而速，则逍然靡不适。此所以为逍遥也。若夫有欲当其所足，足于所足，快然有似天真，犹饥者一饱，渴者一盈，岂忘烝尝于糗粮，绝觞爵于醪醴哉！苟非至足，岂所以逍遥乎！

在支遁这里，大鹏和斥鷃都是不逍遥的。大鹏身躯庞大，"翼大则难举"，必须抟扶摇而上九万里才能展翅飞行；斥鷃小鸟只能飞行于蓬蒿草林之间，却眼界狭窄、固步自封，嘲笑大鹏鸟之南冥跋涉。因此，支遁指出，"夫逍遥者，明至人之心也"。"逍遥"，是针对至人的精神状态而言的。"至人乘天正而高兴，游无穷于放浪。物物而不物于物，则遥然不我得；玄感不为，不疾而速，则逍然靡不适。此所以为逍遥也。"真正的逍遥是摆脱内在欲望的束缚，实现精神彻底解放和空虚无待。在《大小品对比要钞序》中，支遁进一步指出："夫至人者，览通群妙，凝神玄冥。灵虚响应，感通无方。建同德以接化，设玄教以悟神。述往迹以搜滞，演成规以启源。或因变以求通，事济而化息。适任以全分，分足则教废。故理非乎变，变非乎理，教非乎体，体非乎教。故千变万化，莫非理外。神何动哉？以之不动，故应变无穷。"在支遁这里，"逍遥"是般若智慧的体现，是冲虚明净、凝神至足的精神状态。向、郭的"适性逍遥"看似简单易得，但是人类的欲望却往往不能适性而止，就好像腹饿之人饱餐、饥渴之人痛饮一样，虽然可以满足一时之需，却并没有消除他们对佳肴美酒的欲望。因此，在面对形形色色的物质世界时，"至人"的不为所动、应变无穷就是"逍遥"。正如方立天先生所说："支遁的逍遥论实是掏空人们的任何精神活动，以绝对空寂无知来适应外界，支配外界，这是病态性的狂想，也是一种神秘主义的人生观。"[1]

总的来说，支遁的"逍遥"比向、郭更具形上色彩，使"逍遥"从普通大众唾手可得的寻常状态提升为至人自由无待的精神境界。可以说，这与其宗教体验是密不可分的。正如任继愈先生在《中国佛教史》一书中指出的："郭象和支道林的区别，关键在于一个是入世的世俗哲学，一个是出世的宗教哲学。郭象是从维护世俗名教的角度出发的。他

---

① 方立天：《魏晋南北朝佛教论丛》，中华书局 1982 年版，第 42 页。

认为逍遥的境界不在名教的外边，就在名教之中。尽管人们的社会地位有高有低，但是只要安分守己，无论统治者和被统治者，都能逍遥。支道林的逍遥则是佛教徒所追求的那种涅槃寂灭的精神境界。所谓'至人之心'，指的是认识了般若本体的那种人的心，也就是掌握了'色即是空'原理的那种的人的心，这种心不是一般俗人所能有的。"①

三、"逍遥游仙"：中古道教对"逍遥"的改造

如前所述，魏晋时期，郭象、支遁等对庄子"逍遥"思想的发展和阐释作为时代主流，历来受到学者的关注。事实上，除此之外，中古道教对"逍遥"的改造亦呈现出不同于时代主流的特色。在这里我们以葛洪神仙道教对"逍遥"的改造为主进行分析。葛洪是晋代著名的道教思想家，他主张儒道融合、道本儒末，对战国以来的神仙思想进行了系统的总结，为道教的发展奠定了理论基础，在道教思想史上占有重要地位。同时，他借助修道者的独特体验，在郭象适性逍遥的基础上，为两晋士人指出一条独特的"逍遥"路径，使逍遥理想从虚幻缥缈的神仙世界转为现实可感的精神家园。

"逍遥"一词屡见于《抱朴子》中，如：

> 经乎汗漫之门，游乎窈眇之野。逍遥恍惚之中，倘佯彷佛之表。（《内篇·畅玄》）
>
> 逍遥戊巳，燕和饮平；拘魂制魄，骨填体轻。故能策风云以腾虚，并混舆而永生也。（《内篇·至理》）
>
> 夫道也者，逍遥虹霓，翔翔丹霄，鸿崖六虚，唯意所造。

---

① 任继愈：《中国佛教史》第二卷，中国社会科学出版社2009年版，第254页。

（《内篇·明本》）

　　躬耕以食之，穿井以饮之，短褐以蔽之，蓬庐以覆之，弹咏以娱之，呼吸以延之，逍遥竹素，寄情玄毫，守常待终，斯亦足矣。（《外篇·嘉遁》）

　　则人主虽从容玉房之内，逍遥云阁之端，羽爵腐于甘醪，乐人疲于拊儛，犹可以垂拱而任贤，高枕以责成。（《外篇·君道》）

　　笃隘者，执束于滓涅；达妙者，逍遥于玄清。（《外篇·任命》）

　　从上述引文可以看出，在葛洪这里，"逍遥"是一种与神仙道教相关的宗教体验，追求的是身心合一的自由自在、无拘无束。相较于老庄，葛洪的"逍遥"带有明显的道教色彩，或描述仙境仙人，或是表现修道体验。具体来说，葛洪仙道思想对"逍遥"的改造主要体现为三个方面。

（一）日行千里：葛洪逍遥思想的现实起点

　　"行"是葛洪道教与老庄道家关于"逍遥"最显著的区别之一。庄子逍遥思想侧重"心游"，它展现的是心灵的彻底解放和精神的绝对自由。神仙道教则不同，在"心游"的同时亦不忘"身行"，并且以之为其逍遥思想的逻辑基础和现实起点，这与葛洪形神相依的观点是一致的。对道教徒来说，"行"是肉体修炼的现实起点，是具有强烈宗教目的的行为，是通过客观实在体验神圣理想的具体途径。

　　首先，"行"以入名山。在中古，"山"是险恶且充满危险的。入山不是吊古寻幽、赏月吟风的生活意趣，与此相反，入山不慎随时可能面临生命威胁，正如《内篇·登涉》所载："或被疾病及伤刺，及惊怖不安；或见光影，或闻异声；或令大木不风而自摧折，岩石无故而自堕落，打击煞人；或令人迷惑狂走，堕落坑谷；或令人遭虎狼毒虫犯人，不可轻入山也。"可见，古时登涉之事艰难不易。因此，葛洪并不鼓励世人轻易入山。但是，修道者却不可逃避。究其原因，一方面，葛洪道教以服食还丹、金液为修道成仙最重要的方法，而还丹、金液的炼制合成必入名山之中；另一方面，道教修仙的芝草也多见于名山之中。《内篇·仙药》中记载的石芝者、玉脂芝、石蜜芝、石桂芝等都生长于深山，只有攀行山中才可获得。同时，行入名山还有助于修道者炼形养神。正如《内篇·明本》所指出的，为道者必入山林，并非山林之中有道，而是"诚欲远彼腥膻，而即此清净也"。因此，不论是从还丹、金液的炼制来说，还是从对修道者清净本性的养成来说，入山修道都是葛洪神仙道教修道成仙的必经之路，或者说是最佳途径。

其次，"行"以学仙道。寻访周游是道教徒获取知识的重要途径。《内篇·极言》中，葛洪系统地描述了黄帝周游的过程，也为我们揭示了其不断周游的原因。"故陟王屋而授丹经，到鼎湖而飞流珠，登崆峒而问广成，之具茨而事大隗，适东岱而奉中黄，入金谷而谘涓子，论道养则资玄素二女，精推步则访山稽力牧，讲占候则询风后，著体诊则受雷岐，审攻战则纳五音之策，穷神奸则记白泽之辞，相地理则书青鸟之说，救伤残则缀金冶之术。"葛洪指出，黄帝是天授自然之体者，生来就懂得使用语言，能够役使世间百灵，但他尚且不敢正身端坐以等待神仙的降临，而是遍游王屋山、鼎湖、具茨山、岱山等名山寻访各路仙人，以获得仙师指点，更何况是普通世人呢？因此，要想修成长生之道，必须寻访周游、问道神仙。同时，葛洪道教以九丹金液为最上乘的成仙方术，然而九丹金液"事大费重，不可卒办也"（《内篇·微旨》）。在九丹金液不可轻得的情况下，修道者必须博涉，"凡养生者，欲令多闻而体要，博见而善择，偏修一事，不足必赖也"（《内篇·微旨》）。只有广泛涉猎各种方术仙道，才能够远胜于无知者，更加真切地了解成仙之道。

第三，"行"以避灾祸。魏晋六朝时期，战乱纷繁、社会动荡不安，人们时刻面临天灾、疫病、战争等威胁，朝不保夕、百死一生。因此，全身保命成为时人最为迫切的追求。葛洪神仙道教的终极目的就是长生不死，《内篇·微旨》中，葛洪指出，修炼长生之道的禁忌"在不伤不损而已"。如何才能做到不伤不损呢？精神层面，要积善修德。如果放纵游行，有所过失，司过之神就会相应夺减此人寿命；而在现实生活中，"行"亦是一种有效的避害方法。周行天下、隐居深山，不仅有利于修仙，更有利于躲避时世的迫害。

（二）神意并游：葛洪逍遥思想的超越境界

"行"是身行，"游"则身心兼具，从"行"到"游"的过程是修道者从现实走向超越、从经验走向超验的过程。

首先，从"行"到"游"体现着葛洪"无不为"的宗教理想。一方面，逍遥是"无不为而无为"的自由畅快。面对时人重祷丰祀、笃信鬼神的行为，葛洪引龟甲文指出"我命在我不在天"。只要掌握修仙方术并能持之以恒、勤修苦练，那么，不论是高门贵户还是寒门穷士都有修道成仙的可能。因此，对于采药合药、访仙求道等神仙方术不论多危险艰苦都要无不为、无不行。如此，才能在修成正果后享有略无所为、逍遥四方的自由畅快。另一方面，逍遥还是"无为而无不为"的超验理想。葛洪道教修行以长生不死为最终诉求，这就决定了其对于世俗生活持疏离态度。世俗的荣华富贵、美颜玉肤、清商流征、爱恶利害、功名声誉等等难免影响修道者的意志、束缚修道者的身体，最终成为修道的障碍。因此，修道者必须首先行向山林、远离俗世，以"无为"的态度参与生活。在得道成仙后，"无为"的现实约束就转变成"无不为"的神仙特权。通过"无不为"的超验理想，葛洪为修道者绘制了一幅令人向往的神仙图景，既可以登虚蹑景、云舆霓盖、委华骊而骖蛟龙；又可以凌跃六虚、贯穿宇宙，逍遥太清仙境，游于紫霄天庭。

其次，从"行"到"游"体现着葛洪神秘主义的审美理想。在神丹符箓的帮助下，远行道士拥有避灾免祸的特权，正如《内篇·对俗》所载："不死之事已定，无复奄忽之虑。正复且游地上，或入名山，亦何所复忧乎？"于是，"行"得以化而为"游"，不仅仅是日夜兼程、艰苦奔走，亦是摆脱世俗功利的生命体验和审美心境。"游"在《抱朴子·内篇》中共出现 29 次，除游戏、交游等意义外，"游"大多是与仙人或仙界相伴的宗教体验。我们或许无法体会道教徒身游仙境的悠然心境，但是通过审美体验，我们亦可获得情感的共鸣。同时，从"行"到"游"的终点消解亦是不断超越自我的过程。《神仙传·若士》中，葛洪通过若士与卢放的对话指出，仙人尽管有日行千里的神仙方术，但是犹有未至之地，不能穷极宇宙。"我昔南游乎洞汏之野，北息乎沉默之乡，西穷乎窈冥之室，东贯乎灏洞之光，其下无地，其上无天。视焉无见，听焉无闻。其外犹有汰汰之汜，其行一举而千万里，吾犹有未之能也。"若是我们执着于字面意义的理解，则仙人能力仍有局限，犹有未之能也。事实上，这里的"未之能"不仅仅是对目的地的渴求，亦是一种追求的过程，象征着道教徒不断超越自我极限的生命体验。

（三）人间地仙：葛洪逍遥思想的人格范型

"地仙"是葛洪神仙道教最具特色的核心观念，也是其逍遥思想的典型体现。通过"地仙"，葛洪把仙界与人间连通起来，于是，俗人得以提升到神仙的地位，而仙人也得以享受世俗人道的喜乐。一方面，"地仙"是真知足者。在现实生活中，"逍遥"的此岸性首先表现为真知足。《内篇·畅玄》载：真知足者"肥遁勿用，颐光山林。纾鸾龙之翼于细介之伍，养浩然之气于蓬荜之中。缊缕带索，不以贸龙章之晔晔也。负步杖策，不以易结驷之骆驿也。藏夜光于嵩岫，不受他山之攻。沉灵甲于玄渊，以违钻灼之灾。动息知止，无往不足"。可以说，葛洪并没有把声色犬马的世俗欲望视为自己的目标，相反，他主张修道过程必须真知足，超越世俗欲望，忧喜毁誉不为累。另一方面，"地仙"是至善至美者。葛洪神仙道教并不排斥道德伦理，反而将道德伦理融入神仙体系中，使修德与修仙一样成为成仙历程中不可或缺的部分。《内篇·对俗》有："为道者以救人危使免祸，护人疾病，令不枉死，为上功也。欲求仙者，要当以忠孝和顺仁信为本。若德行不修，而但务方术，皆不得长生也。"在葛洪这里，忠孝和顺仁信是成仙的基本要求，欲修道者必须在道德上至善至美、怀有济世之心。若是不能行善济世，那么就算获得金丹大药也不能得道成仙。

总的来说，葛洪在其神仙道教基础上，吸收和改造先秦道教思想，将无限与有限、神圣与世俗、彼岸与此岸统一起来，使"逍遥"成为一个丰富而实在的意象体系，既是修道者源于生活经验的宗教体验，又是道教仙人共同享有的超越神性；既是人间地仙的潇洒闲逸，又是贵生乐生的现实超越。因此可以说，在中古解庄注庄的时代风潮中，葛洪道教对"逍遥"的改造是独特而有现实意义的。

四、"神与物游"："逍遥"在文学艺术领域的多元演化

先秦道家"逍遥"思想，不仅在思想文化领域对后世有影响，在文学艺术领域亦尤为重要。历代文学艺术家对这一概念进行了广泛的阐释，使得其内涵获得了极大丰富。

（一）"逍遥"在文艺理论中的实现

魏晋以降，"逍遥"之"游心""神游"等义涵不断被后世文学家、艺术家吸纳发展，围绕"神与物游""思与境偕"等形成了一系列文学及美学理论，从而"逍遥"关键词实现了在中国文论中的多元演化。

在中国古典诗学中，神思论是专门探讨艺术构思活动中想象或形象思维问题的理论。古人认为，在艺术创作构思中，想象的作用十分巨大，它由人之志、气牵引，可以打破一切时空的限制。思绪纵横驰骋，形象纷至沓来，最后成就情志、风格俱佳的艺术作品。西晋陆机是描写"神与物游"最得力的人。他在《文赋》中这样写道：

> 其始也，皆收视反听，耽思傍讯，精骛八极，心游万仞。其致也，情曈昽而弥鲜，物昭晰而互进，倾群言之沥液，漱六艺之芳润，浮天渊以安流，濯下泉而潜浸。于是沈辞怫悦，若游鱼衔钩，而出重渊之深，浮藻联翩，若翰鸟缨缴，而坠曾云之峻。收百世之阙文，采千载之遗韵。谢朝华于已披，启夕秀于未振，观古今于须臾，抚四海于一瞬。

这段话讲艺术构思时的心理活动，先言意与物之关系，后表意与文之关系，层层递进，总之都是呈现艺术想象的无限自由的超越性。所取物象，天上地下云巅树侧无其不有；究其精髓，大可与庄子心游万物、逍遥无待的境界相比拟。

言"神与物游"，在魏晋南北朝时期，还有一位无法绕开的文论大师就是刘勰。刘勰承陆机之说而进一步将其理性化、严密化，其"神思"论第一次在理论高度上系统概括了想象或形象思维的基本特点，对后世美学和艺术理论的影响尤为巨大。在《文心雕龙·神思》篇中，他以刘安之语为引子论"神思"道：

> 古人云，"形在江海之上，心存魏阙之下。"神思之谓也。
> 文之思也，其神远矣。故寂然凝虑，思接千载；悄焉动容，视
> 通万里；吟咏之间，吐纳珠玉之声；眉睫之前，卷舒风云之色。
> 其思理之致乎？故思理为妙，神与物游。神居胸臆，而志气
> 统其关键；物沿耳目，而辞令管其枢机。枢机方通，则物无隐
> 貌；关键将塞，则神有遁心。是以陶钧文思，贵在虚静，疏瀹
> 五藏，澡雪精神。积学以储宝，酌理以富才，研阅以穷照，驯
> 致以绎辞。然后使玄解之宰，寻声律而定墨；独照之匠，窥意
> 象而运斤。此盖驭文之首术，谋篇之大端。

《神思》篇是《文心雕龙》创作论之首，也是刘勰创作论思想的
总纲。刘勰所谓的"神思"，亦即"神与物游"，也就是创作构思中
的艺术想象。在上段引文里，刘勰集中论述了创作过程中"物—情—
辞"，即心与物、情与景、意与辞的关系问题，都是关于神思的核心
问题。在审美实践中，无论是创作还是欣赏，人的情感活动在思维特
征上都是"用形象来思维"。所谓"神用象通，情变所孕；物以貌求，
心以理应"（《神思》），艺术创作本质上正是一种超越时空的自由的想
象活动。创作者不拘泥于生活具象，驰骋于纷繁的生活具象之上，通
过对其的选取、提炼和改造，创造出"焕然乃珍"（《神思》）的独特
崭新的艺术形象。在创作中，作家必须具有充沛的激情和旺盛的精
力，要通过"养气"以达到"率志委和""理融而情畅"（《养气》）。
同时，作家大脑还须保持"虚静"，排除杂念，使思维处于一种高度
专一的状态。

另外，在画论方面，也有许多关乎"神思"或"神与物游"的言

论。比如北宋画家郭思《论画·论用笔得失》曰："凡画，气韵本乎游心，神彩生于用笔。"清恽正叔《南田论画》云："学痴翁须从董巨然，以潇洒之笔，发仓浑之气，游趣天真，复追茂古，斯为得意。"黄钺《二十四画品》的"沉雄"曰："目极万里，心游大荒。魄力破地，天为之昂。"郑板桥《题兰竹石二十三则》云："画竹之法，不贵拘泥成局，要在会心深神，所以梅道人能超最上乘也。"石涛《画语录》曰："吾写此纸时，心入春江水。江花随我开，江水随我起。把卷望江楼，高呼曰子美。一笑水云低，开图幻神髓。"……如此等等。可以说，后世对"神思"和"神与物游"的推崇是与"逍遥"思想一脉相承的，对中国文学、艺术等方面都产生了重要影响，成为传统艺术中独具风格的审美理念。

（二）"逍遥"在文学创作中的实现

除了在文学理论层面的影响，在具体的文学作品中，"逍遥"亦被形象化为大鹏等独特的意象，成为后来文人生命理想的生动呈现。

以诗仙李白为例。李白虽然并未专门从理论层面对庄子逍遥思想进行阐释，但是，通过诗文创作，尤其是通过"大鹏"形象的塑造，他发展并改造了庄子的"逍遥"理想，使得"逍遥"思想得以呈现出不同于庄子的别样风采。我们知道，在庄子《逍遥游》中，"逍遥"是超越现实的精神境界，无论是抢榆枋的蜩、学鸠，还是高飞九万里的大鹏都未真正达到逍遥境界，甚至御风而行的列子也因为有待于风而无法享有逍遥。然而，在李白笔下，"大鹏"却成为"逍遥"思想的完美诠释。在《上李邕》一诗中，李白写道："大鹏一日同风起，扶摇直上九万里。假令风歇时下来，犹能簸却沧溟水。世人见我恒殊调，闻余大言皆冷笑。宣父犹能畏后生，丈夫未可轻年少。"可以看出，有待于风的"大鹏"在李白这里并不局限，即便风歇之时仍然可以腾跃沧溟，而不需拘泥于方寸之间、束手缚脚。这样的"大鹏"是李白高远志向的形象表达，一方面他承认志向的实现需要外力支持，另一方面，即便条件暂不成熟，也无须改变志向、诘曲媚俗。正如《代寿山答孟少府移文书》一文中所称："达则兼济天下，穷则独善一身。"正是在这个意义上，"大鹏"是李白"逍遥"理想的形象表现。在《大鹏赋》中，李白更是极力铺陈"大鹏"的恢宏气势，并把大鹏与其他鸟类进行对比，以突显大鹏的丰神异彩。"岂比夫蓬莱之黄鹄，夸金衣与菊裳？耻苍梧之玄凤，耀彩质与锦章。既服御于灵仙，久驯扰于池隍。精卫勤苦于衔木，鹚鹡悲愁乎荐筋。天鸡警晓于蟠桃，踆乌晰耀于太阳。不旷荡而纵适，何拘挛而守常？未若兹鹏之逍遥，无厌类乎比方。不矜大而暴猛，每顺时而行藏。参玄根以比寿，饮元气以充肠。戏旸谷而徘徊，冯炎洲而抑扬。"在李白笔下，黄鹄、玄凤、精卫、鹚鹡、天鸡、踆乌等都是拘挛守常的，不如大鹏自在逍遥，无所拘束。因此，也只有大鹏能够接受稀有鸟的邀约，一起登于寥廓之境。正如《大鹏赋》篇尾所写："俄而希有鸟见谓之曰：伟哉鹏乎，此之乐也。吾右翼掩乎西极，左翼蔽乎东荒。跨蹑地络，周旋天纲。以恍惚为巢，以虚无为场。我呼尔游，尔同我翔。于是乎大鹏许之，欣然相随。此二禽已登于寥廓，而斥鷃之辈，空见笑于藩篱。"李白借"大鹏"寄托了自己的高远志向，"以恍惚为巢，以虚无为场"，"登于寥廓"等都表现了他自在洒脱的人生追求。综上所述，可以看出，相较于庄子超越现实的逍遥理想，李白的"逍遥"则带着一种自信自负的盛唐气象，呈现出完全不同的时代风貌。

在以后的文人诗作中，大鹏的形象亦有多种变化，或是遨游云端，或是逍遥闲适，但都是作者对于"逍遥"思想的独特发展。可以说，正是后代文人、思想家的不断阐释，丰富了"逍遥"关键词的内涵，从而使其成为道家思想中极具生命力的概念。

第三节 "神游"与"自由":"逍遥"之现代转型

当代学术界多以"自由"来诠释道家"逍遥"思想。事实上,在传统中国,"自由"是一个含有多重意义的词汇,常常用来表示与规则制度相对抗的放肆、放纵之义,因此,传统中文"自由"多被主流社会所忌讳,是消极、否定的概念。近代以来,随着西学东渐的影响,西方现代国家的系列观念传入中国,"自由"的原义逐渐被遗忘,成为与"平等""民主"一样具有新含义的现代话语。另一方面,伴随社会制度的完善和现代化进程的加快,人们开始意识到"自由"不仅是与现代国家相关的政治话语,而且关涉理性精神的价值超越,因此,越来越多学者回溯到庄子"逍遥",并以"自由"释"逍遥"。可以说,伴随着"自由"思想的现代转换,"逍遥"关键词也完成了其现代转型,成为肯定性的精神价值,受到国人的关注和重视。因此,对"自由"的理解,有助于我们更全面地理解"逍遥"关键词的现代转型。

一、"自由"之由来

"自由"并非外来词汇,早在汉代文献中就出现过"自由"一词。例如东汉末郑玄在《礼记》注中,就多次使用"自由"。在注"帷薄之外不趋"(《礼记》卷二)时,郑玄指出:"不见尊者,行自由,不为容也";在注"请见不请退"(《礼记》卷三十五)时,郑玄又有:"去止不敢自由。"在郑玄这里,"自由"多指按照自己的意愿行事,自己做主的意思。在《后汉书》中,我们亦可见"自由"一词的影踪。例如:《后汉书·阎皇后纪》有:"于是景为卫尉,耀城门校尉,晏执金吾,兄弟权要,威福自由。"《后汉书·五行志》亦有:"赤眉贼率樊崇、逢安等共立刘盆子为天子，然崇等视之如小儿，百事自由。"在上述例子中，"自由"是与制度规矩相对立的贬义词，含有不遵守本分、逾权越限的意思。可以看出，"自由"虽然屡见于早期文献中，但是，在古代中国，"自由"一直作为边缘词汇，甚至是与制度相对立的贬义词出现，并没有成为具有哲学义涵的词汇。当代学者吴根友在《中国思想传统的自由语词、概念与观念》①一文中对"自由"一词进行了较为全面的论述，他指出，传统"自由"的意义及其价值认定含有三个方面的内容：首先，自由是一种与制度相抵触的个人任意，即负面的自由；其次，从维护王权的角度出发，自由是一种与制度要求相适应的正面价值；第三，在晚清社会，作为一种新思想，自由具有"个人的自主的选择与做事的权利"的含义。同时，他进一步指出，"自由"因与放纵、放任等意义相关，而成为主流社会讳莫如深的词语，"礼制文明的首要特征是重视社会秩序的作用与价值。而在交通、通讯相当地不发达的传统农业社会里，要统治一个幅员辽阔的偌大帝国是一件相当不容易的事情，其社会的纠错能力有限，社会应付突发事件的能力也极其低下。秩序的要求压倒了思想自由与生命力展示的要求。这一巨大的思想惯性直至今天仍然深深地压抑着中国人的思维，特别是政治家们的思维"。

近代以来，随着西学东渐的影响，以严复为代表的一批学者开始对"自由"概念进行现代改造，他们从西方现代国家的角度重塑"自由"，于是，传统"自由"意义逐渐被遗忘。严复是近代中国倡导西方自由主义思想的第一人，被称为"中国自由主义之父"②，因此，我们以他为主要研究对象。1895 年，他相继发表《论世变之亟》《原强》《辟韩》《救

①　吴根友：《中国思想传统中的自由语词、概念与观念》，《吉首大学学报》（社会科学版）2006 年第 1 期。

②　参见胡伟希：《中国自由主义之父——严复》，《甘肃社会科学》1994 年第 2 期。

亡决论》等政论文,"自由"一词也随之进入国人视野,成为面目一新的现代话语。

一方面,严复引入西学,扭转传统"自由"语义。严复具有深厚的传统儒学功底,在引入西语"自由"时,他注意到"自由"在传统中国所带有的消极、否定的意义,"中文自繇,常含放诞、恣睢、无忌惮诸劣义"①,因此,他反复强调,"自由"的本义是"不为外物拘牵""自主而无挂碍"等,其本身并不含消极的意义,只是一个中性词汇而已。但是,"名义一经俗用,久辄失真"②。由于国人已经形成"自由""为放肆、为淫佚、为不法、为无礼"的思维惯性,因此,在翻译《群己权界论》时,严复曾使用"自繇"来代替"自由",以示区别。在严复这里,"自由"是"非虚乃实"的概念。首先,"自由"是个人意志的"独立自主"。在《法意》按语中,严复指出:"夫泰西之俗,凡事之不逾于小己者,可以自由,非他人所可以过问。"③《论世变之亟》中亦有:"故侵人自由,虽国君不能,而其刑禁章条,要皆为此设耳。"④"自由"是人得以存在的本质性规定,是神圣不可侵犯的权利。但凡不超出小己范围,个人都有自由选择的权利,即便为善为恶也是个人的自主选择。同时,"自由"亦代表责任,选择了善恶,也就必须承担相应的后果。其次,"自由"是社会生活中的"群己权界"。在严复看来,"自由"不是离群寡居的精神空间,而是现实社会中,以他人自由为界的限制。"我自由者人亦自由,使无限制约束,便入强权世界,而相冲突。故曰人得自由,而必以他人之自由为界,此则《大学》絜矩之道,君子所恃以平天下者矣。"⑤

---

① 王栻编:《严复集》第一册,中华书局 1986 年版,第 132 页。
② 王栻编:《严复集》第一册,中华书局 1986 年版,第 133 页。
③ 王栻编:《严复集》第四册,中华书局 1986 年版,第 994 页。
④ 王栻编:《严复集》第一册,中华书局 1986 年版,第 3 页。
⑤ 王栻编:《严复集》第一册,中华书局 1986 年版,第 132 页。

同时，"自由"不仅关涉个体小己，亦关系国家群体。正如《政治讲义》所说："以国家的独立自主，不受强国干涉为自由。"① 在严复看来，国群自由与小己自由是相辅相成的，但是面对积弱积贫的国家现状，实现国群的自由才是当务之急。"特观吾国今处之形，则小己自由，尚非所急，而所以祛异族之侵横，求有立于天地之间，斯真刻不容缓之事。故所急者，乃国群自由，非小己自由也。求国群之自由，非合通国之群策群力不可。欲合群策群力，又非人人爱国，人人于国家皆有。"② 第三，"自由"是国家富强的根本保证。严复指出，西方国家之所以富强的"命脉"在于"自由"，"苟扼要而谈，不外于学术则黜伪而崇真，于刑政则屈私以为公而已。斯二者，与中国理道初无异也。顾彼行之常通，吾行之而常病者，则自由不自由异耳"③。中国之所以积贫积弱，不是因为没有法规，中国亦有黜伪崇真的学术和屈私为公的刑政，但是，法规法则不能常行，究其原因，就在于中国"不自由"。"不自由"则民智、民德、民力低下落后，虽有善政，莫之能行。因此，要实现国家的富强，则必须标本兼治。"标者何？收大权，练军实，如俄国所为是已。至于其本，则亦于民智、民力、民德三者加之意而已。果使民智日开，民力日奋，民德日和，则上虽不治其标，而标将自立。"④ 严复极力强调对民智、民力、民德的激发和培养，并期待以此实现国家的自由自治以至于富强。可以说，在严复这里，"自由"并不完全等同于西方的 Liberty，而具有强烈的救亡图存的工具价值。

另一方面，引进西学的同时，严复极力挖掘传统文化中的"自由"思想。在《论世变之亟》一文中，严复指出，"中国理道与西法自由最

① 王栻编：《严复集》第五册，中华书局 1986 年版，第 1298 页。
② 王栻编：《严复集》第四册，中华书局 1986 年版，第 981—982 页。
③ 王栻编：《严复集》第一册，中华书局 1986 年版，第 2 页。
④ 王栻编：《严复集》第一册，中华书局 1986 年版，第 14 页。

相似者，曰恕，曰絜矩"①。同时，严复对老庄道家思想亦很有兴趣，他曾说："平生于《庄子》累读不厌，固其说理，语语打破后壁，往往至今不能出其范围。……庄生在古，则言仁义，使生今日，则当言平等、自由、博爱、民权诸学说矣。"② 在《庄子》评语中，他多次提到"自由"。如《应帝王》评语："此篇言治国宜听民之自由、自化，故狂接舆以日中始之言为欺德。无名人之告殷阳曰，顺物自然，而无容私焉，而天下治矣。……此解与挽近欧西言治者所主张合。凡国无论其为君主，为民主，其主治行政者，即帝王也。为帝王者，其主治行政，凡可以听民自为自由者，应一切听其自为自由，而后国民得各尽其天职，各自奋于义务，而民生始有进化之可期。"③ 针对"南海之帝为儵……七日而浑沌死"一段，严复亦评曰："此段亦言治国宜顺自然，听其自由，不可多所干涉之意。"④ 在严复看来，庄子的"自由"思想多涉及政治统治方面，与黄老道家"君无为而民有为"的观念类似。正如他在《天道》评语中指出的："上必无为而用天下者，凡一切可以听民自为者，皆宜任其自由也。下必有为为天下用者，凡属国民宜各尽其天职，各自奋于其应尽之义务也。"⑤ 同时，针对庄子之"逍遥"，严复并没有以"自由"或"精神自由"来进行评注。但是，在《法意》按语中，严复强调："拘与墟，囿于习，束于教，人类之足以悯叹，岂独法制礼俗之间然哉？吾国圣贤，最达此理者，殆无有过于庄生。……故其著说也，必先为逍遥之游，以致人心于至广之域，而后言物论之本富，非是之生于彼此。"⑥ 严复指

---

① 王栻编：《严复集》第一册，中华书局 1986 年版。第 3 页。

② 王栻编：《严复集》第三册，中华书局 1986 年版，第 648 页。

③ 王栻编：《严复集》第四册，中华书局 1986 年版，第 1118 页。

④ 王栻编：《严复集》第四册，中华书局 1986 年版，第 1119 页。

⑤ 王栻编：《严复集》第四册，中华书局 1986 年版，第 1129 页。

⑥ 王栻编：《严复集》第四册，中华书局 1986 年版，第 987 页。

出，国人思想受限于先圣之学，往往不能突破成见束缚，自用其思想，因而，庄子"逍遥游"开宗明义，"首告学者必游心于至大之域"①。

　　总的说来，严复既扭转了传统"自由"消极否定的意义，又改造了现代西方"自由"的权利观念，使"自由"成为融汇古今中西的现代政治话语，成为与国家富强息息相关的治国方略。自此以后，自由主义在现代中国逐渐衍化为一场思想运动，现代学者不断从儒家、道家等传统文化中挖掘"自由"传统，以期为现代"自由"话语寻找文化根基。以胡适为例。他在《中国文化里的自由传统》一文中明确指出："'自由'这个意义，这个理想，'自由'这个名词，并不是外面来的，不是洋货，是中国古代就有的。"②同时，他亦注意到传统"自由"与现代"自由"的区别，指出："'自由'在中国古文里的意思是：'由于自己'，就是不由于外力，是'自己作主'。在欧洲文字里，'自由'含有'解放'之意，是从外力制裁之下解放出来，才能'自由作主'。在中国古代思想里，'自由'就等于自然，'自然'是'自己如此'，'自由'是'由于自己'，都有不由于外力拘束的意思。"③正是在此基础上，胡适并不认为庄子"逍遥游"是"自由"，他指出，中国传统文化太看重"自由""自然"的"自"，因此，往往轻视外在的束缚和对现实世界的改造，而是转向自己内心去求安慰，求自由，这是一种独善的个人主义，真正的自由"不是那种内心境界，我们现代说的'自由'，是不受外力拘束压迫的权利。是在某一方面的生活不受外力限制束缚的权利"④。

235

---

　　①　王栻编：《严复集》第四册，中华书局1986年版，第1104页。

　　②　胡适：《中国文化里的自由传统》，载姜义华主编：《胡适学术文集·哲学与文化》，中华书局1991年版，第705页。

　　③　胡适：《自由主义》，载欧阳哲生编：《胡适文集（12）》，北京大学出版社1998年版，第805页。

　　④　胡适：《自由主义》，载欧阳哲生编：《胡适文集（12）》，北京大学出版社1998年版，第806页。

总之，近代以来，一部分知识分子以西学为基础，视"自由"为现代国家话语和政治制度的重要概念。尽管他们也在试图挖掘传统思想中的"自由"意识，但是，受到时代环境的制约，难免以西方自由思想轨范传统，而对中国传统文化造成误读。

二、"逍遥"与"自由"

随着西方"自由"观念的不断普及，越来越多学者开始将"逍遥"与"自由"联系起来，以"逍遥"为精神的自由自在，在中西文化的交流中赋予"自由"以新的义涵。

（一）章太炎："'逍遥游'者自由也"

章太炎一生追求革命，提出"籍国粹激励种姓"的革命方案，试图以国粹激起国人的排满情绪和民族主义，以推翻清王朝的统治、抵御西方列强的侵略。章太炎本来对佛学、老庄思想都不甚感兴趣，因'苏报案'被捕入狱三年，在此期间，他逐渐接触并深入研究了佛学义理。同时，由于《庄子》中的"齐物"思想与佛学平等观念相通，又由于《庄子》具有"用心不枝，孑然与精神往来"①的逍遥自由精神，章太炎开始研读老庄，并形成了其独特的治学特色。

章太炎认识到借助佛教平等观念阐发《庄子》的"逍遥"精神，最有利于唤醒民众的独立人格，打破封建宗法制下的人身依附关系，实现近代西方启蒙者所提倡的"平等""自由"。因此，他说："却后为诸生说《庄子》，间以郭义敷释，多不惬心，旦夕比度，遂有所得。端居深

---

① 章太炎：《訄书初刻本·明独》，载《章太炎全集》三，上海人民出版社1986年版，第54页。

观，而释齐物，乃与《瑜伽》《华严》相会，所谓摩尼见光，随见异色，因陀帝网，摄入无碍，独有庄生明之，而今始探其妙，千载之秘，睹于一曙。"① 在革命和启蒙思想的影响下，章太炎将《庄子》逍遥自由思想和近代西方平等自由思想联系起来，形成以新知附益旧学的治学特色。他指出："庄子的根本主张，就是'自由'、'平等'，'自由平等'的愿望，是人类所共同的，无论哪一种宗教，也都标出这四个字……庄子发明自由平等之意，在《逍遥游》《齐物论》二篇；'逍遥游'者，自由也，'齐物论'者，平等也。但庄子的自由平等，和近人所称的，又有些不同。近人所谓'自由'，是在人和人的当中发生的，我不应侵犯人的自由，人亦不应该侵犯我的自由。《逍遥游》所谓'自由'，是归根结底到'无待'两字……真自由惟有'无待'才可以做到。"② 章太炎指出，庄子的平等与自由是自然存在而不可强加的，"《逍遥游》所谓'自由'，是归根结底到'无待'两字；他以为人与人之间的自由，不能算数；在饥来想吃、寒来想衣的时候，就不自由了。就是列子御风而行，大鹏自北冥徙南冥，皆有待于风，也不能算'自由'。真自由惟有无待才可以做到"③。要理解章太炎对"逍遥"与"自由"的阐释，还必须结合当时的时代背景。以康有为为代表的一批保皇派占据了当时思想主流，章太炎作为革命派，认为保皇派无法实现民族独立与自强。只有彻底革命才能推翻清政府的统治，才能实现政治上的"无待"和真正自由，实现国家民族的独立和自强。因此，只有没有束缚压迫的"无待"，才是真正的自由，也才是"逍遥游"。

同时，由于章太炎的道家研究带有强烈反侵略意识和唤醒国民民族

---

① 章太炎著，虞云国标点整理：《訄汉三言》，辽宁教育出版社 2000 年版，第 60 页。

② 章太炎讲演，曹聚仁整理：《国学概论》，中华书局 1997 年版，第 37—38 页。

③ 章太炎讲演，曹聚仁整理：《国学概论》，中华书局 1997 年版，第 38 页。

意识的目的，很长一段时间里，他认为老子思想是权谋之术，为建立不平等关系、压制自由的侵略者和统治者提供了理论，而《庄子》则不然，它强调人与物，民族与国家之间的绝对自由和平等，所以他常常将老庄二家思想分割开来，并指出："庄子自以为和老子不同，《天下篇》是偏于孔子的。但庄子的根本学说，和老子相去不远。不过老子底主张，使人不容易捉摸，庄子底主张比较的容易明白些。庄子底根本主张，就是'自由平等'，'自由平等'的愿望，是人类所公同的，无论那一种宗教，也都标出这四个字。"① 可以说，在章太炎看来，《庄子》在阐述自由平等思想，唤醒民族独立意识觉醒，反抗满清统治中的作用更加明显。

总的来说，章太炎以佛释《庄》、以《庄》反侵略压迫，其目的不在于对《庄子》本身的学术研究，而是借助《庄子》的逍遥、齐物思想，使个人意识和民族意识得以觉醒。因此，他的《庄子》研究虽有局限和矛盾之处，但也是特定时代的必然选择。

（二）冯友兰："逍遥是自由的快乐"

冯友兰对庄子"自由"思想的阐释主要集中在《逍遥游》和《齐物论》中。一方面，他指出，庄子所谓的"自由"是建立在"平等"基础上的"绝对自由"，"庄学中之社会政治哲学，主张绝对的自由，盖惟人皆有绝对的自由，乃可皆顺其自然之性而得到幸福也"②。冯友兰认为，绝对的自由、绝对的平等是庄学最重要的特征，也是其与佛学的根本不同之处。庄子的"绝对自由"是建立在"绝对平等"基础上的人人皆善，"凡物皆无不好，凡意见皆无不对"，因而，万物都有顺应自然本性获得幸福的权利。正如《新原道》所说："《庄子·逍遥游》篇首说大鹏，小

① 章太炎讲演，曹聚仁整理：《国学概论》，中华书局 1997 年版，第 37 页。
② 冯友兰：《中国哲学史》上，生活·读书·新知三联书店 2009 年版，第 260 页。

鸟；小知，大知；小年，大年。这些都是大小悬殊底。但它们如各顺其性，它们都是逍遥底。"① 在这里，"逍遥"是不受外物干涉束缚的各顺其性。另一方面，"逍遥"是自由的快乐。在《中国哲学史》中，冯友兰先生将庄子的逍遥分为绝对逍遥（无待逍遥）和相对逍遥（有待逍遥）。他指出，"盖一切之物，苟随顺其性，虽皆可以逍遥，然一切物之活动，皆有所倚赖，即《逍遥游篇》中所谓的'待'"②。有待逍遥必须要得其所待才可逍遥，在这个意义上，万物的"有待逍遥"是相对的，因而，所得到的快乐也是相对的快乐。"自由发展我们的本性，可以使我们得到一种相对幸福；绝对幸福是通过对事物的自然本性有更高一层的理解而得到的。"③ 那么，如何达到"至乐"呢？冯友兰指出，至乐即无待逍遥，是"与宇宙合一""天地与我并生，而万物与我为一"的精神境界，这种境界就是《新原人》所说的天地境界。处于天地境界中的人，忘记了分别，只有浑然的"一"，"他的觉解使他超过实际底世界，则他所能享受底，即不限于实际底世界"④。可以说，在冯友兰这里，"逍遥"所描述的天地境界就是超越现实、超越普通事物界限的精神的自由自在。

晚年冯友兰思想发生转变，在《中国哲学史新编试稿》中，他将庄子看作先秦最大的唯心主义者，认为庄子哲学所起的作用是消极的、反动的，"这种在客观上完全屈服于自然和社会的现状而在主观上虚构的'自由'就是庄子所讲的'逍遥游'。《庄子·逍遥游篇》，除去其美丽的词句和神秘的外衣，其本质就是这样的一种宿命论的思想"⑤。冯友兰指

239

---

① 冯友兰：《新原道》，载《贞元六书》下册，中华书局 2014 年版，第 825 页。

② 冯友兰：《中国哲学史》上，生活·读书·新知三联书店 2009 年版，第273 页。

③ 冯友兰著：《中国哲学简史》，涂又光译，北京大学出版社 1985 年版，第121 页。

④ 冯友兰：《新原人》，载《贞元六书》下册，中华书局 2014 年版，第 607 页。

⑤ 冯友兰：《中国哲学史新编试稿》上，中华书局 2017 年版，第 434 页。

出，庄子一派并没有真正了解自由，他们以为服从必然就是自由，所追求的自由是一种主观的虚构。"真正的自由，本来是人的主观能动性，在了解事物的客观规律的基础上，创造出来的；可是，庄子一派所说的'自由'是出于对于主观能动性的否定。"① 尽管冯友兰晚年对"逍遥游"持有反对态度，但是，仍然承认"逍遥"与"自由"的关系，以"逍遥"为精神上的、主观的自由。"庄子的保全自己的办法和理论是，抱一种旁观、'超然'的态度，对事物的变化漠然无动于衷，这样，就可以从人生的苦恼中解脱出来，以得到精神上的，也就是主观的，'自由'、'幸福'。这种办法和理论就是庄子所讲的'逍遥游'。"②

近现代以来，西方现代"自由"（liberty）逐渐取代了传统中国"自由"，于是，以"自由""精神自由"阐释庄子"逍遥"也随之成为主流，"以至于时下阐释庄子思想的著作差不多没有人不使用'自由'的话语"③。然而，正如前文所述，"自由"（liberty）与"逍遥"是属于不同文化系统中的两个概念，它们包含着不同的精神内蕴，因此，"逍遥"不必等同于"自由"，"自由"也不一定能取代"逍遥"，它们相互包含却又各具光彩。

三、"逍遥"的当代价值

近现代以来，学术界一度以犬儒主义、混世主义、阿Q主义、放任主义、虚无主义等等斥责道家"逍遥"思想，认为"逍遥"是逃离现实世界的不作为或是蜷缩于精神世界的自我安慰。然而，值得注意的

---

① 冯友兰：《中国哲学史新编试稿》上，中华书局 2017 年版，第 434 页。

② 冯友兰：《中国哲学史新编试稿》上，中华书局 2017 年版，第 423 页。

③ 转引自谢扬举：《逍遥与自由——以西方概念阐释中国哲学的个案分析》，《哲学研究》2004 年第 2 期。

是，虽然道家"逍遥"思想确实产生过一些消极影响，但是，我们亦不可忽视其中的精华，这在当代社会依旧具有重要价值。

首先，"逍遥"的当代价值表现为对个体精神世界的关注。"逍遥"是一种超越世俗的人生理想，它排除了外在物质和精神的干扰，有利于人们从对外物的盲目追求中，回归到对个体精神世界的关注。正如当代学者崔大华所说："道家思想是人在自然中处境的彻底的、理性的自觉，它召唤返回自然，向往并努力去实现心境没有任何负累的逍遥自由，从根本上创造了一种不同于儒家的、在伦理道德目标实现之外的精神境界，一种物质的、功利的追求之外的人生追求。"[1] 在当代社会，物质生活不断富足，物质财富在满足人类基本生活需求的同时亦成为了生活的负累。人们的内心世界被外物所缚，金钱、物质、权力的欲望不断膨胀，人类的尊严、理性甚至独立的人格正在不断被侵蚀，人成为被物质奴役的囚徒，真实的自我被外物所遮蔽。于是，道家的"逍遥""无待"思想显得尤为重要，为我们在对"外物"的不断渴求中开辟出了精神的存在空间。在《齐物论》中，庄子说"今者，吾丧我，汝知之乎"，这里的"我"是被功利心和世俗成见包裹的"我"。当我们被现实所束缚，真正自我的精神世界就会愈趋狭窄。只有不断摆脱"成见"，从世俗"小我"的束缚中挣脱出来，才能回归开放的心灵世界。正如俄国学者尼古拉·别尔嘉耶夫所说："自由人不在客体化世界的表层认识自己，而在精神的中心位置上体认自己。解救是留驻在精神的中心位置上，不是抛向表层；是在真实的主体性中，不是在理想的客体中。"[2] 逍遥亦是如此，真正的"逍遥"是在精神空间的自我体认，只有回归精神世界，个体自我才能获得真正的解救。

---

① 崔大华：《道家思想及其现代意义》，《文史哲》1995 年第 1 期。

② ［俄］尼古拉·别尔嘉耶夫著：《人的奴役与自由》，徐黎明译，贵州人民出版社 1994 年版，第 223 页。

其次，"逍遥"的当代价值表现为个体内在修养的提升。庄子"逍遥"要求人们要去知、去欲、去分别，使个体心灵摆脱外物的一切束缚，徜徉于"无何有之乡，广漠之野"。诚如方东美先生所说："尤其是道家，特别富有这一种精神。他处在有限的境界里面，能够破除有限，入无穷；然后在无穷空灵的境界里面纵横驰骋。"①当代社会，尽管科技高度发达，但是，我们不得不承认，科学技术在扩展人类智识的同时，也在不断束缚着我们的精神空间。以网络为例。随着手机、电脑等智能产品的普及，人类的知识空间似乎无限扩大。老子所说的"不出户，知天下"，在今天已经司空见惯。借助网络，人们不用走出家门就可掌握世界的讯息。从表面上看，人类的精神空间已经突破了时空限制，千里之外的国际政事甚至明星家事都近在咫尺。然而，网络这个"望远镜"似乎成为对个体精神的更大限制，个体自我消失在网络繁杂的信息之中，以至于人们浏览无数信息却仍觉得孤寂困苦。因此，道家"逍遥"所强调的"坐忘""心斋"等内心修养，在当代社会就显得尤为重要。无知、无欲、无分别不是放弃知识、甘于愚钝，而是要求人们回归生活，以更高的境界去体贴万物、感受生命的价值。正如冯友兰先生曾指出的："道家说忘，因为在天地境界中底人，不是不知，亦不是没有，对事物作分别。他是已作之又忘之。不知对于事物作分别，是其知不及此阶段。忘其对于事物所作底分别，是其知超过此阶段。……有后得底无知底人，不但在只是上与万物浑然一体，并且自觉其是如此。有此种自觉，所以其境界是天地境界。"②"逍遥"正是这种与万物浑然一体的"天地境界"，它使人类能够从汲汲营营的现实心境中超脱出来，回向生命的本质，把生命体验扩展到万物之中，为心灵开拓出一片新的天地。"从

---

① 方东美：《原始儒家道家哲学》，中华书局 2012 年版，第 170 页。

② 冯友兰：《新原道》，载《贞元六书》下册，中华书局 2014 年版，第 827 页。

庄子的修养过程看，在物性意义上，随着自由程度的提高，物性空间在逐步缩小，最终归结到生命精神。回到本性之后，人的主动性、主体性都沦为空无。而精神世界无限扩大。最后结论是无我而有我。这就是庄子自由实现的心路历程。"①

同时，道家"逍遥"并不是毫无约束的肆意妄为，其本身包含的自我约束，在当代社会，亦十分重要。正如刘笑敢先生所指出的，道家在强调个体自在独立的同时，亦不忘自我约束。他以老子为例指出："老子一方面强调'自化'、'自正'、'自富'、'自朴'，要求保障个体的独立性和自主性；另一方面又强调'不自生'、'不自见'、'不自伐'、'不自贵'、'不自为大'，要求限制个体的极度膨胀。……老子所强调的整体的自然的秩序与和谐既是对个体的保护，也是对个体的一种限制。说它是保护，因为只有在自然的秩序下，个体才有发展的自由和空间；在强制的秩序中，个体的活力会受到很大束缚。然而，自然的秩序对个体来说也是一种限制，因为要维持自然的和谐，就不允许整体中的某些个体无限制的膨胀，从而影响其他个体的生存和发展。"②"逍遥"思想同样如此，其精神自由的背后亦包含着"与道合一"的自我约束。只有这样，道家"自然无为"的思想才能得以实现。

总的来说，在中国传统文化的历史长卷中，道家文化是我们宝贵的精神文化遗产，其中，"逍遥"所包含的精神境界、人格修养、审美追求等等影响和改变着一代代人的价值观和人生态度，直至今天仍然具有鲜活的生命力。

243

① 曹智频：《庄子自由思想研究》，安徽大学出版社 2010 年版，第 100 页。
② 刘笑敢：《老子古今：五种对勘与析评引论》，中国社会科学出版社 2006 年版，第 688 页。

第五章　大道"忘言"

"言"与"意"的关系问题是中国古典哲学、美学等学科所广泛探讨的一个核心话题，不仅关涉到艺术家对艺术创作最基本的审美理念及其具体实现的逻辑路径（艺术本体论），还涉及人对世界最基本的观点与看法（哲学本体论）。其中，道家一系大道"忘言"是中国语言哲学和诗学领域的重要观念，对后世中国思想产生了极大的影响。

第一节　从"言不尽意"到"得意忘言"："忘言"之渊源考察

"言"与"意"基本所涉的是语言与意义之间的关系问题，比如：言能否达意，语言与思维是否同一，语言与其所指称的对象是何关系等等。因此，在对言意关系进行梳理前，有必要追根溯源，对"忘言"思想的渊源作一番详细的考察。

一、"言不尽意"源流考

"言不尽意"源于先秦"言意之辩"，而"言意之辩"源于中国古代的"名实之辩"。

春秋战国时期是社会激烈变革的时期，旧的礼治规范已经不再适用，新的社会制度还未建构起来，于是，新名与旧实、新实与旧名之间出现分离。就礼仪制度来说，礼与仪本是不可分割的整体，正如《礼记·郊特牲》所记载："礼之所尊，尊其义也。失其义，陈其数，祝史之事也。故其数可陈也，其义难知也。"礼之所以尊贵，贵在它的内容。如果失去内容，只陈列出礼数，则只是祝史所执掌的事。所以礼的外在形式是可以展现的，但是其内涵却不易被了解。一旦礼与仪之间发生分离，那么，礼乐制度所代表的意义也就不复存在，礼仪制度也就只剩空洞而烦琐的形式。于是，礼仪形式所代表的"名"与其意义本质之"实"发生分离，"名实相怨""名不副实"的情况日趋严重，也因此引发了先秦诸子对名实问题的辩论。

以儒家、墨家为代表的思想家肯定名实之间的对应关系。《论语·子路》记载了孔子与子路之间的对话："子路曰：'卫君待子而为政，子将奚先？'子曰：'必也正名乎！'子路曰：'有是哉，子之迂也！奚其正？'子曰：'野哉由也！君子于其所不知，盖阙如也！名不正，则言不顺；言不顺，则事不成；事不成，则礼乐不兴；礼乐不兴，则刑罚不中；刑罚不中，则民无所措手足。故君子名之必可言也，言之必可行也。君子于其言，无所苟而已矣。'"正因为孔子承认名实之间的对应关系，因此，他极力强调"正名"，并试图通过"正名"整顿社会秩序，回归传统的礼乐文明。"'名'对于孔子一流的思想家来说，尽管它只是语言系统，但它却象征着亘古不变的神圣秩序，尽管它常常与现实不合，但它却是调节和安置秩序的基本框架。"① 于是，面对"礼崩乐坏"的社会现状，他大声呼吁，若是名不正，就会导致"事不成""礼乐不兴""刑罚不中"

① 葛兆光：《中国思想史》第一卷，复旦大学出版社2013年版，第175页。

等后果，最终百姓不知所措，国家的安危也会受到威胁。与孔子不同，墨子主张"以名举实""取实予名"，《墨子·经说上》有："所以谓，名也；所谓，实也。名实耦，合也"；"名：物，达也；有实必待之名也。命之马，类也；若实也者，必以是名也。命之臧，私也；是名也，止于是实也。声出口俱有名，若姓字丽。"在墨子看来，"名"是要根据实际内容来判断的，并没有一成不变的"名"。荀子则在综合孔墨思想的基础上，提出"制名以指实"。正如《荀子·正名》载："故王者之制名，名定而实辨，道行而志通，则慎率民而一焉。故析辞擅作名，以乱正名，使民疑惑，人多辨讼，则谓之大奸，其罪犹为符节度量之罪也。……其民莫敢托为奇辞以乱正名，故壹于道法，而谨于循令矣。如是则其迹长矣。迹长功成，治之极也。是谨于守名约之功也。今圣王没，名守慢，奇辞起，名实乱，是非之形不明，则虽守法之吏，诵数之儒，亦皆乱也。若有王者起，必将有循于旧名，有作于新名。然则所为有名，与所缘以同异，与制名之枢要，不可不察也。"总的说来，孔子、墨子、荀子都肯定名与实，即语言概念与客观对象之间存在一一对应的关系。可以说，"名实之辩"讨论更多的是语言在日常应用时如何指称对象，而且这种指称与说话人在说出这个名称时的意图或意向无关。

"言意之辩"则不然。在"言意之辩"中，"意"已经涉及心理层面的意向性而使问题从认知领域转向评价领域，问题的中心也由探讨语言概念与指称对象的关系转向探讨语言与思维的关系，探讨语言形式与表达主体的关系。

"言意之辩"与"名实之辩"，可以说是既有联系又有区分：联系之处在于，"名实之辩"实际已涉及"言意之辩"，正如冯契先生讲中国哲学史上的"言意之辩"时所说的，"名实之辩包含着言意关系问题"①。

①　冯契：《认识世界和认识自己》，华东师范大学出版社1996年版，第268页。

在《人的自由和真善美》一书中，冯先生指出二者的关联说："中国哲学中的'言意之辩'就是讨论言与意之间有无对应关系。'言尽意论'强调言与意有对应关系；'言不尽意论'则认为这种对应关系是不稳定的，以名指物并不能达到对象。如果名限于认知的范围，言、意与事物确实有对应关系，这是逻辑要求；但如不限于认知的范围，'言不尽意'也是有道理的，文学作品就要求言外之意，要求言有尽而意有余。"① 在此，冯先生说得很清楚，如果把"言""意"也限定在认知范围，那么它们就和"名""实"一样，必然存在某种逻辑对应的关系，不过这是冯先生的一种假设。事实上，"言意之辩"和"名实之辩"的最大区分恰恰在于，后者的论域仅在"可及于实物"的认知领域，而"言意之辩"则跳脱了"可及于实物"之域，其涉足的主体部分乃在"不可及于实物"②的评价领域。这也就是说，基于语言本身具有认知和评价两种不同的功能，那么在认知领域，语言、意义和客观事物之间确实存在某种稳定的对应关系；然而一旦超出认知领域，有了人的情感、意向的介入，语言、意义和客观事物之间就不再仅仅是名实之间的一种简单对应关系。由此可见，在"不可及于实物"的情感、评价领域，"言意之辩"的实质不在探讨语言概念与指称对象的对应关系问题，而在探讨语言形式与表达主体和合与否，探讨语言能否充分传达言者的主观情感和意向。

在此基础上，老庄道家提出"言不尽意"的问题。在老庄道家这里，"意"与"言"是息息相关的，"言不尽意"源于"道不可言"。《老子·一章》开篇即谓："道可道，非常道；名可名，非常名"；《庄子·知北游》亦有："道不可言，言而非也。"在老庄看来，作为宇宙天地之始的"道"，是

① 冯契：《人的自由和真善美》，华东师范大学出版社 1996 年版，第 85 页。
② 唐君毅先生就认为："我们说言意、名理之问题，而较名实之问题更进一步者，关键全在意之所及之理，可有不及于实物者。"（参牟宗三：《才性与玄理》，人生出版社 1963 年版，第 268 页）

不能被日常语言所解析的超名言之域。日常语言具有主观性、片面性、有限性等局限，无法准确把握恒一、大全、无限的"道"，它的运用结果只会远离"道"和遮蔽"道"。于是，老庄哲学在"言"与"道"的问题上，首先便设置了一个潜在的逻辑前提："道"非语言言说的对象。那么，语言对此"玄而又玄"的"道"就真的一点办法也没有了吗？当然不是。面对"道不可言"而又"不得不言"的悖论，老庄亦有其独特的解决方式。例如《庄子·外物》以"言筌"之喻（下节有述）指出，"言"不过是把握"道""意"的工具和手段，当主体把握了"言后之道""言后之意"，语言这把梯子便完全可以抽掉了，要"忘"掉。很显然，语言的功能在《庄子》那里已经由指称性（名对应实）转换为指示性（言暗示道、言暗示意），"道""意"唯有主体借助"言"这一触媒与工具而内省、自悟方能显现。关于这一点，汤用彤先生有段表述颇为到位，他说：

> 本来媒介、语言均形器之物，是有限的，如执着此有限之物而以为即宇宙本体，则失宇宙本体，亦失语言之功用。然从另一方面说，虽媒介、语言为有限的，但执着它是有限，则亦将为形器所限。如能当其是无限（宇宙本体）之所现，而忘其有限，则不可为形器所限，而通于超形器之域。如欲通于超形器之域，则须觅充足之媒介或语言，而善运用之。①

知语言之有限而用语言去"指示"无限，《庄子》用以解决道言悖论的思路无疑为中国古代的"言意之辩"开辟了新的阐释路径。老庄关于"言不尽意"的论述，下文还会详细论述。总之，在扼要了解先秦"名

---

① 汤用彤：《魏晋玄学论稿》，上海古籍出版社2001年版，第200页。

实之辩"以及言意关系之后，"言不尽意"的内涵就变得较为容易理解了。

二、"大道不言"：《老子》之"忘言"观

老子是"道不可言"的首倡者。《老子·一章》开宗明义便说："道可道，非常道；名可名，非常名。无名，天地之始；有名，万物之母。故常无，欲以观其妙；常有，欲以观其徼。此两者，同出而异名，同谓之玄。玄之又玄，玄妙之门。"我们知道，"道"是老子哲学的最高范畴，含有宇宙本源和普遍规律的双重意思。"道"作为宇宙的本源，是无形无象的，故"道"是不能用语言和名表达的；一旦可道可名，则成为一般的经验事物和规律，就是有限了。老子以道名之，也是出于无奈，他说：

> 有物混成，先天地生。寂兮寥兮，独立而不改，周行而不殆。可以为天下母，吾不知其名，强字之曰道，强名之曰大。（《老子·二十五章》）

道之所以不可言说，根本原因在于其并非"实际"之存在，而为"真际"之存有。[①] 实际之存在，为一事一物，可以指称，可以名言。而真际之存有，非事非物，无象无形，可以意会，不可言传。正如王弼注所说："名以定形，混成无形，不可得而定。"钟离权曾说："大道无形，因彼之所得而为形；大道无名，因彼之所有而为名。天地得之而曰乾道坤

---

①　冯友兰说："真际与实际不同，真际是指凡可称为有者，亦可名为本然；实际是指有事实存在者，亦可名为自然。真者，言其无妄；实者，言其不虚；本然者，本来即然；自然者，自己而然。"（参见《新理学》，载《贞元六书》上册，中华书局2014年版，第17页）

道，日月得之而曰阴道阳道，人若得之，朝庭则曰君臣之道，闺门则曰夫妇之道，乡党则曰长幼之道，庠序则曰朋友之道，家室则曰父子之道，是此见于外者莫不有道也。"① 天地、日月、君臣、父子，是为实存之现象，因此可以名言；而大道则是本真，是现象背后之真实，是现象之所显现者，故无以名言。另一方面，"道"恍兮惚兮的特点也决定了它的不可言说性。《老子·十四章》载："视之不见，名曰夷；听之不闻，名曰希；搏之不得，名曰微。此三者不可致诘，故混而为一。其上不徼，其下不昧，绳绳不可名，复归于无物。是谓无状之状，无物之象，是谓恍惚。迎之不见其首；随之不见其后。执古之道，以御今之有。能知古始，是谓道纪。"《老子·二十一章》亦载："道之为物，惟恍惟惚。惚兮恍兮，其中有象；恍兮惚兮，其中有物。窈兮冥兮，其中有精；其精甚真，其中有信。"正因为"道"是恍惚无形的，因此，无法用准确的语言进行描述，正如苏辙注曰："道非有无，故以恍惚言之。然及其运而成象，著而成物，未有不出于恍惚者也。"② 语言所能描绘的只是"象"与"物"，而无法描绘出似有似无、非有非无的"道"。

"道"作为最高的本体是不能用语言和概念来把握的，它是语言表达的极限所在。但是，语言又是人类传辞达意不可或缺的工具。因此，老子采取"希言自然""正言若反"等独特的言道方式，以解决言道之间的矛盾。

首先，希言自然。老子对语言的作用是持谨慎态度的，甚至认为语言对"道"的传达会损害"道"自然无为的本性，因此，他说"多言数穷，不如守中"（五章）。在老子那里，"言"说"道"的最好方式就是悖论性地采取"知者不言，言者不知"（《老子·五十六章》）、"大巧若拙，

---

① 《钟吕传道集·论天地》，载《道藏》第四册，文物出版社 1988 年版，第 660 页。

② （宋）苏辙：《道德真经注》，华东师范大学出版社 2010 年版，第 28 页。

大辩若讷"(《老子·四十五章》)、"多言数穷，不如守中"(《老子·五章》) 的态度。正如蒋锡昌所说："'多言'为'不言'之反，亦为'无为'之反，故'多言'即有为也。"①"多言"违反"无为"原则，因此老子强调要"贵言"，要"希言"，要"不言"，这才是合自然的。故老子曰："圣人处无为之事，行不言之教。"(《老子·二章》)圣人合道，故而少言。"知者不言，言者不知。"(《老子·五十六章》)真正智慧者常常少言或不言，多言则是不智之行为。"善行无辙迹，善言无瑕谪。"(《老子·二十七章》)"善言"者，即能行不言之教也。"信言不美，美言不信。善者不辩，辩者不善。"(《老子·八十一章》)"信言"即真言，也就是朴素之言，也就是自然之言。在老子看来，真实的言辞是质朴的，故不华美，华美的言辞不质朴，故不真实。于是，我们可以看出老子"用言"的逻辑结构：至高无上、亘古以存的"道"是万物的本源，"道生一，一生二，二生三，三生万物。"(《老子·四十二章》)但这"大音希声""大象无形"的"道"是无名无形的，迫不得已时只能"强为之名"，然而为了不陷人为，所以言"道"，言"道"之规律和深蕴"道"理的万物时要"希言"。对"希言"内容上的要求是"贵言"即要言有宗，而且要"其中有信"，这样才能和"法自然"的"道"的本体相通，成为体"道"之言，达致用言的理想的境界。

其次，正言若反。《老子》七十八章载："是以圣人云：'受国之垢，是谓社稷主；受国不祥，是为天下王。'正言若反。"其意是说能够为国家与天下含垢忍辱与担当祸害者，才可以成为天下的君主。老子由此总结出一个带有规律性的现象，即正面之言好像反话，真理往往好像违反常识。在此基础上，老子提出了一种辩证的言语方法：真正的思想往往可以通过反面的形式来表达，言在此而意在彼，相反相成反而会使语

---

① 蒋锡昌：《老子校诂》，成都古籍出版社 1988 年版，第 37 页。

言表达更深刻的意蕴。《老子》中便大量运用了这一言语方式来辩证地揭示事物发展至更高阶段的情状，如六十七章云："天下皆谓我大，大而不肖。夫唯不肖，故能大。若肖，久矣其细也夫！"①天下人都称为大者，其本身却并不像大。正因为不像大，故能成为大。假如像大，则早就成为渺小的东西了。"以其终不自大，故能成其大。"（三十四章）再如四十五章："大成若缺，其用不弊。大盈若冲，其用不穷。"最完满的东西好像有欠缺一样，正因为这样，它的作用才不会衰竭；最充盈的东西好像是空虚一样，正因为这样，它的作用才是不会穷尽的。这里的大与小、成与缺、盈与冲本是彼此对立的概念，但在特定的条件下（如"成""盈"变成"大成""大盈"），它们却具有了统一性，两者相互融合，相互渗透。这种辩证的表达方式在《老子》中还有许多例子，如"大直若屈""大巧若拙""大辩若讷"（四十五章）、"明道若昧""进道若退""夷道若纇""上德若谷""上白若辱""建德若偷""质真若渝""大方无隅""大器晚成""大音希声""大象无形"（四十一章）、"曲则全""枉则直""洼则盈""敝则新""少则得""多则惑"（二十二章）等等。这一系列对立概念的联合表述，都是在以相反相成、对立统一的辩证方式，传达一种判断，表达一种观念。

　　总的说来，"道"是老子哲学的最高范畴，虽不可言说却又不能不说，因此，老子以其独特的言道方式解决其间的矛盾，并为庄子等后来道家所继承和发展，形成道家独特的语言观。

三、"得意忘言"：《庄子》对"忘言"的建构

　　庄子以其"道"本体论为出发点，通过"道不可言""言不尽意""厄

253

---

　　①　此句通行本第一个"大"前有"道"字，帛书本则无。此处所引依帛书乙本。

言曼衍"和"得意忘言"，在道言悖论的基础上对传统的言意论辩方式进行了改造与扬弃，形成了自己独特的诗性语言观念体系。可以说，庄子不但继承了老子关于言意关系的论述，而且比老子走得更远，论述得更透辟。因此，我们这里重点论述《庄子》的言意观。

（一）"道不可言"

《庄子》的诗学语言观其实是以其"道"论为逻辑起点的，他把"道"作为万物的根源和现实世界价值体系的本根，并以此为基础来探讨人与自然、人与社会的关系。和西方语言哲学不同，《庄子》不欲对人类语言作封闭、自足的纯理论探讨，而是从对"言"与"道"的关系之探讨出发，直接追问人的"存在"，间接地提出了一系列有关语言的功能、应用等命题。

首先，庄子不但不再提到关于"道"是否"可道""可名"的问题，而且干脆强调说：

> 道不可闻，闻而非也；道不可见，见而非也；道不可言，言而非也。知形形之不形乎！道不当名。（《知北游》）

在《庄子》作者看来，至大无外、至细无内的"道"属于创造各种有形之物的"形形者""物物者"，其本身是"至精无形，至大不可围"（《秋水》）、"可传而不可受，可得而不可见"（《大宗师》）。"道"有它自己的本源和根基，没有天地万物之前，它就已经有了，然后再是由它而产生鬼神、万物；作为一种"非物"的存在，"道"产生世间具体、有形的物质，反之，具体有形的物质只能由无形、本源性的"道"来产生。所以，《知北游》有云："物物者非物。物出，不得先物也。"又说："昭昭生于冥冥，有伦生于无形，精神生于道，形生于精，而万物以形相生。"

在这里，庄子所谓的"道"，一方面很像老子的"道"，大象无形，不可名状；但是，在另一方面，庄子之"道"更突出"无"的特性，即万物是具体的"有"，而"道"则是化生万物的"无"或"无有"。《庚桑楚》就说："万物出乎无有，有不能以有为有，必出乎无有。"在《庄子》的作者看来，"无有"之"道"不仅类似于老子处的宇宙精神，而且它还是可以与人的主观精神融而为一的。如此之"道"敷衍到"言"之所属的名理领域，则是"道"不能用语言去表达，甚至也不能用心智去体察，"道"是一种无言、无意的自然存在。与之相应，语言则是"道"使之脱魅并标识为"某存在者"的"形"与"物"，它在知识名理的领域内，它是有限的和粗糙的。因为语言本身具有无法克服的局限性，所以它只能说出有形世界里较粗糙的部分，不能概括较精细的部分，更不能表达无形、无限、"不期精粗"（《秋水》）的"道"的世界。所以说，"道昭而不道，言辩而不及"，如果勉强谈论道，则"是非之彰也，道之所以亏也；道之所以亏，爱之所以成"（《齐物论》）。任何通常的认识、任何是非的分辩、任何爱恶的感情，实质都是对"道"的损坏。于是乎，庄子无奈地感叹道："夫道，窅然难言哉！"（《知北游》）

接着，在这样一种"道不可言"的认识前提下，《庄子》以为"至言去言"（《知北游》），即最高的言论当是不需要言论，故此，须以悖论的方式指出人类最高的言论是"无言"（《寓言》），或"不言之言"（《徐无鬼》）。在《寓言》篇中，作者断言：

不言则齐，齐与言不齐，言与齐不齐也，故曰无言。言无言，终身言，未尝言；终身不言，未尝不言。

郭象注曰："言彼所言，故虽有言而我竟不言也"，"虽出吾口，皆彼言耳"。即是说，（彼）"道"始终是完整齐一的，（我）"言"不过是

"道"借以呈现自身的现实方式，如果"言"不勉强去言说"道"，那它自然便与"道"和谐一致、整齐统一了。

值得指出的是，《庄子》作者在这里仍然是站在"道"本体论的高度上来论说"道不可言"。因为从"道"本身讲，它是无所亏损、无所增益的，不需要任何言说而永恒齐一地存在，因此才可以说得上是"至言""高言""大言""无言"或"不言之言"。然而，"道"所具有的"无言"或无须言说的属性并不意味着"道"就不能为语言所描述和把握了。根据西方现代语言哲学的洞见，在这个世界上，我们唯一能够理解的存在就是语言，语言的极限实际也是存在的极限，语言缺失处，无物存在①——当然也包括"道"。有意思的是，西学把中国这一形上之"道"就译作"Word"（大写），意即"圣言"，与语言有关；而据语源学方面的考证，西方哲学最早类似于中国形上之"道"的那个"Logos"（逻各斯），其在希腊文中最基本的意思也是指的语言。由此可见，"道不可言"背后实际上还隐藏着另外一层玄机，那就是"道即是言"："道"本身就是"言"，"道"栖身在"言"中，"道"只有在语言的遮蔽中才能同时使自己澄明。这是一个深刻的悖论。

（二）"言不尽意"

"道不可言"的观点为《庄子》接下来的"言不尽意"论埋下了伏笔。正因为道不可言，因此，站在"道"的高度上来看，"可以言论者"

---

① 像维特根斯坦、海德格尔、伽达默尔均持这样的观点。例如海德格尔就说："事物在言词中、在语言中才生存并存在起来"，"唯当表示物的词语已被发现之际，物才是一物。唯有这样的物才存在。所以我们必须说：词语也即名称缺失处，无物存在。唯词语才使物获得存在"。（［德］海德格尔：《形而上学导论》，熊伟、王庆节译，商务印书馆1996年版，第15页；孙周兴选编：《海德格尔选集》下册，三联书店1996年版，第1067页）

固然是"物之粗"，而"可以意致者"其实也是"物之粗"，因为它们都不过是可以"言尽""知至"的"粗物"而已，即使"意"最迫近的那个东西也绝非"道"本身，真正的"精者"还是"道"本身。既然"言"不能尽"意"中之"道"，因而"言"也就必然不能尽"意"（道意）。为了形象地阐明这一道理，《庄子》还特意讲了个耐人寻味的寓言故事：齐桓公在堂上读书，有个名叫轮扁的木匠在堂下砍削木头做车轮。轮扁放下锥子和凿子来到堂前，问齐桓公所读何书，齐桓公说是"圣人之言"。轮扁又问圣人在吗，齐桓公回答说圣人"已死"。轮扁于是感叹说，大王所读的其实不过是"古人之糟魄"罢了。齐桓公听这话很生气，令他必须解释清楚，否则就得处死。于是轮扁不慌不忙地道出了他的道理：

> 臣也以臣之事观之。斫轮，徐则甘而不固，疾则苦而不入。不徐不疾，得之于手而应于心，口不能言，有数存焉于其间。臣不能以喻臣之子，臣之子亦不能受之于臣，是以行年七十而老斫轮。古之人与其不可传也死矣，然则君之所读者，古人之糟魄已夫！（《天道》）

轮扁的意思是说，就拿我做车轮这门手艺来作例说明，斫木为轮，要把轮子做得既结实又圆转灵活，就得有一种极熟练的技巧。譬如辐条和车轮之间的榫接，宽了虽容易插入，但松而不固；紧了虽然坚固，但又无法插入，因此榫眼必须斫得分毫不差。这种功夫只能靠"得之于手而应于心"，我不能用单纯口述的方法传给我儿子，而我儿子也不能不经实习就把它继承下去。因此，我今年七十岁了，还得在这里做车轮。由此类推，古人已死，古人之"道"也因不可言传而随古人而去了，仅仅留下几本死书，那么大王所读的，难道不是古人的糟粕么？显然，

《庄子》作者借轮扁之口说出了自己的看法：古人高妙的体验和灵动的思想是不可能传承下来的，但凡成书而有传承，精华必然僵死、流失，剩下的其实只是糟粕一堆。

《庄子》对语言的"糟粕"之喻与前面的"粗物"之喻如出一辙，也和他在《天运》中所提的"夫六经，先王之陈迹也"的看法是一致的。《庄子》的这番言论值得我们深思：虽然我们不能说语言所记载的东西全部是糟粕，但是前人的许多精妙技巧与心得，的确是语言难以表达出来的，不仅表达不出来，就是已经用语言记载下来的技巧、心得同样也需要亲自去实践、体会和摸索。类似于"实践出真知"、反对教条主义的道理，《庄子》有关论说的本意不在否定语言的作用，更不在否定古书典籍的价值，而在于否定死读圣贤之书、机械搬用古人观点等等诸种贵言背道的错误倾向。

（三）"卮言曼衍"

《庄子》一再强调"道不可言"，但并没有就此推论说"道"不可知或"道"是不能用语言描述和把握的。《知北游》篇有谓："无思无虑始知道"，其实是正告我们"道"并非不可知，而是只能用一种特殊的方式来感知。在庄子看来，想要"明道"，首先是要改变我们对"道"的言说方式，那种企图在知性名理范围内就解决问题的做法只会"远道"与"蔽道"，正确的做法是用"心"去"体道"，做到在消除一切杂念、无知无欲的"虚静"状态中"近道"乃至"尽道"。这种"体道"的修养功夫体现在言说方式上，就是要"言而无待"（《齐物论》）、"不谴是非"（《天下》）。① 那么，什么样的言说才算是"言而无待""不谴

---

① 可参考徐克谦：《庄子哲学新探——道·言·自由和美》，中华书局 2005 年版，第 121—126 页。徐著从"言而无待""不谴是非""正言若反"和"两行以明"四个方面对庄子言说方式的独特性与创新性作了评述，精辟、到位。

是非"呢?《庄子》本文提供的参考答案是:"寓言""重言"和"卮言"。《天下》篇有云:

> (庄周)以谬悠之说,荒唐之言,无端崖之辞,时恣纵而不傥,不以觭见之也。以天下为沈浊,不可与庄语。以卮言为曼衍,以重言为真,以寓言为广。独与天地精神往来,而不敖倪于万物,不谴是非,以与世俗处。其书虽环玮,而连犿无伤也;其辞虽参差,而諔诡可观。彼其充实不可以已,上与造物者游,而下与外死生、无终始者为友。其于本也,弘大而辟,深闳而肆;其于宗也,可谓稠适而上遂矣。

据郭象、成玄英、林希逸等众家注疏,"谬悠""荒唐""无端崖"即言说话时的虚远无极、荒诞不经、不着边际,是随心所欲、放任不羁的"自由的言说"。该自由的言说又以"三言"(寓言、重言和卮言)为其具体的表现方式。从名理逻辑观之,这样的言说方式无疑是空疏不实、背乎常理的;然而,如若"以道观之"(《秋水》),它却正是循其"宗本"、弘大深稠的"道言"。

关于"三言",《寓言》篇中也有提及,其谓"寓言十九,重言十七,卮言日出,和以天倪"。陆方壶对这"三言"的解释是:

> 寓言者,意在于此,寄言于彼也。重言者,借古人言以自重其言也。寄言于大鹏、社树之类。重言如引出黄帝、尧舜、仲尼、颜子之类。卮言者,旧说有味之言,可以饮人。看来只是卮酒曼衍之说。寓言意在言外,卮言味在言内,重言征在言先。(《南华经别墨》)

关于"寓言",通俗地说就是把自己的想法寄托在他人的故事或言论里,而不是以概念来论述。据陈蒲清《中国古代寓言史》统计,《庄子》全书寓言达181则,如著名的"庖丁解牛""鲲鹏展翅""庄生化蝶"等,都是有所寄托的寓言。这些寓言的特点,借用司马迁在《史记·老子韩非列传》中的描述,便是"皆空语无事实""洸洋自恣以适己"。也就是说,"寓言"所述的人事,一般在现实中很难找到对应,纯属虚构,即使有真人名讳(如孔子、齐桓公)出现,他们的事迹、言语也不过是无中生有地借由杜撰而出,都是为庄子"布道"(借外人之故事来喻示虚冥无形之道)而服务的;关于"重言",传统的解释一般认为是借重于古人之言。从《庄子》文本本身看,"艾,历也"(《尔雅》),"耆艾"者即有经验和阅历的长者是也。庄子的目的是为了让人们相信自己所讲的话也就是耆老们曾经说过的话,是重要而真实的言论,因此显而易见,"重言"本身究竟是不是耆老们所讲其实并不重要,重要的是听者要相信言者所说的就是"真理"。这是庄子的"修辞"手段。诚如"寓言"之旨在言己,"重言"其实同样是言己的,也就是陈述庄子的"体道"心得,而言之所谓"重",不过是拉几位古人来给自己的立论增加权威性和说服力罢了。关于"卮言"。"卮言"也就类似于饮酒交欢时的随心所欲、无所顾惮之言(说酒话),其"谬悠""荒唐","无端崖""无首尾",虽然说起来绵延不绝,但是给以实际的查考,却未必有清晰可辨的逻辑脉络。以《养生主》为例,庄子首先提出养生、尽年当"缘督以为经",即要顺应自然之道以为常法,然后将庖丁解牛、右师独脚、秦失吊老子等四段毫无瓜葛的故事,信手拈来,若不从"体道""自然"的高度上去把握,只会使听者如坠雾里,不知其所云。由此可见,"卮言"是《庄子》言"道"的特点之一,同时也是我们进入《庄子》这座迷宫的线索与路标。

（四）"得意忘言"

"道"在"言"中，同时任何具体的"言"又都不能完整地表达"道"，这是"道"与"言"所本然纠结在一起的悖论。因此，在《庄子》作者看来，"言"所存在的唯一及其全部的意义即在"体道"：在语言中体悟到了"道"之真意，语言也就可以被忘掉了。这种观点在诗学语言观上演变成了"得意忘言"：

> 筌者所以在鱼，得鱼而忘筌；蹄者所以在兔，得兔而忘蹄；言者所以在意，得意而忘言。吾安得夫忘言之人而与之言哉！（《外物》）

通过同"筌—鱼"、"蹄—兔"等生活实例的类比，《庄子》在这里形象地表述了"言—意"之间一种本质性的类同手段与目的的关系：就像筌、蹄是人们用来捕获鱼或兔子的工具一样，语言文字也是人们用来把握文艺作品意思的手段或工具。它们都各有各的目的，但正如筌、蹄并不能等同于鱼或兔一样，语言文字和它所要表达的意思也不是一回事情。从根本上说，"言"是言筌、形迹、工具或梯子，"意"则是言外之意、本体、目的，或言所要求得的意旨，"言"不能完全传达"意"的内涵，所以我们不能执着于"言"，要"存言而得意"。

在此，《庄子》作者实际上道出了言意关系——道言关系的具体化——中的一大悖论，那就是"存言"的目的在于"去言"或"忘言"。总赅《庄子》三十三篇，或可一语道断："庄子之书，一筌蹄耳。"[①] 这足

[①] （清）王夫之著，王孝鱼点校：《老子衍；庄子通；庄子解》，中华书局2009年版，第319页。

以体现出庄子的智慧。关于这点，就连庄子同时代的人都颇有感慨。惠子曾对庄子说："子言无用。"庄子做了极富思辨性的回答："知无用而可始与言用矣。"（《外物》）显然，在庄子看来，语言只是一种暂时的、不得已而用之的工具或手段，其根本目的在于"得意"。譬如论说文学之精要，作为语言的艺术，其精妙的"意"（意境、情趣、韵味等）实乃无法用语言以求之，其全在语言之"外"。那么语言何为？实乃读者把握作品意思的工具、触媒、梯子！文学是要求读者通过语言文字的比喻、象征、暗示等作用去理解作品的"言外之意"；一旦领悟到了此"言外之意"，那工具或触媒便"无用"了，语言文字这把"梯子"也可以被丢到角落、被人遗忘。如果以理论化的表述来说，文艺创作中由"言"而"意"的审美过程当如是："言"是"意"的基础，"意"是"言"的指归，领会到了"意"也就是超越了"言"。

第二节　从"忘言"到"立言"："忘言"的多元转变

一、先秦元典中的语言观比较

先秦关于言意关系的论述主要有三种趋势，一是以儒墨为代表的"言尽意"观，一是以道家为代表的"言不尽意"观，以及《易传》融合儒道的"立象尽意"的观点。道家"言不尽意"的观念我们已经在前文进行论述，在此，我们主要论述儒墨以及《易传》的语言观。

（一）儒家语言观

在言意关系上，以孔子为代表的先秦儒家基本是主张"言尽意"论的。以孔子为例。一方面，孔子指出，"言"是君子表达志向和道德理想的工具，"言以足志，文以足言"（《孔子家语·正论解》），"辞达而已"（《论语·卫灵公》）。意思是说，语言完全可以阐明君子的志向，因此只要言语文辞能够表达清楚意思就可以了。在《论语·尧曰》中，孔子亦指出："不知命，无以为君子也。不知礼，无以立也。不知言，无以知人也。"由"知言"而"知人"，也就是在逻辑上承认一个前提："言"中带有主体的情感和意向，"知言"不单单是知道"言"的表层意思，而且听者还能透过"言"得知表达主体的情感和意向。正如朱立元先生所说：孔子"将'命'、'礼'、'言'三者并立，置于人生至高地位上，可见对语言的重视；同时，以否定句式肯定了'知言'的可能性与现实性，也即肯定了通过言能知意进而知人，这是一种充分信赖语言的表意功能与交流功能，肯定言意一致性的态度"①。另一方面，"言"具

有教化功能。在《论语·阳货》中，孔子指出："诗，可以兴，可以观，可以群，可以怨。迩之事父，远之事君。多识于鸟兽草木之名。"可以说，语言文字的教化功能是孔子对"言尽意"论的进一步深化。正因为语言可以准确地表达意义，因此，学《诗》是立言的前提和基础。正因为语言是非常重要的，甚至"一言而可以兴邦""一言而丧邦"（《论语·子路》），因此，孔子要求人们在使用语言的时候必须慎之又慎，所谓"言不可不慎也"（《论语·子张》）。正如《论语·为政》中子张向孔子请教如何获取官位利禄，孔子回答："多闻阙疑，慎言其余，则寡尤；多见阙殆，慎行其余，则寡悔。言寡尤，行寡悔，禄在其中矣。"孔子认为，语言以达意为目标，过分的夸张修饰不仅会遮蔽语言真实的意义而且是违背仁德的行为，"巧言令色，鲜矣仁"（《论语·学而》）。因此，他要求人们要慎言慎行，"夫人不言，言必有中"（《论语·先进》）。同时，孔子亦强调言而有信、言必可行。《论语·子路》有："言必信，行

① 朱立元：《先秦儒家的言意观初探》，《复旦学报》(社会科学版)1994 年第 4 期。

必果"；《论语·卫灵公》有："言忠信，行笃敬，虽蛮貊之邦行矣"；《论语·为政》亦有："人而无信，不知其可也。大车无輗，小车无軏，其何以行之哉？"人若不能言而有信，就好像是车没有牵引的着力点一样，是无法正常运转的。因此，孔子强调要察言观行，以行动来辅助语言。"君子不以言举人，不以人废言"（《论语·卫灵公》）；"刚、毅、木、讷，近仁"（《论语·子路》）；"始吾于人也，听其言而信其行；今吾于人也，听其言而观其行。于予与改是。"（《论语·公冶长》）

同时，儒家亦认为在言意关系中存在言意相悖、辞不达意的一面。在《论语·公冶长》中，孔子的学生对子贡说："夫子之言性与天道，不可得而闻也。"《孟子·公孙丑》中，当被公孙丑问及"何谓浩然之气"时，孟子也只是说，"难言也"。《荀子·正名》中，荀子对名实问题的观点是："故名足以指实，辞足以见极，则舍之矣"；然而一旦涉及名实之外的领域，他便说："外是者谓之訒。"如此看来，即使对语言的日常达意功能持乐观态度，儒家在面临形而上学问题时也对语言的表意能力表示出了怀疑。

（二）墨家语言观

在言意关系上，墨家与儒家的基本观点是一致的。

一方面，墨家主张言尽意说，认为语言是可以准确达意的。《墨子·经说上》曰："闻，耳之聪也，循所闻而得其意，心之察也；言，口之利也，执所言而意得见，心之辩也。"意思是说，用"心""循所闻""执所言"，即可得其"意"，也就是通过一定的"言"可以把握一定的"意"。《墨子·小取》也有："夫辩者，将以明是非之分，审治乱之纪，明同异之处，察名实之理，处利害，决嫌疑。焉摹略万物之然，论求群言之比。以名举实，以辞抒意，以说出故。以类取，以类予。有诸己不非诸人，无诸己不求诸人。""辩"即"语言"，也就是说"语言"具有"明是非之分，审治乱之纪，明同异之处，察名实之理"等功用，特别是"以名举实，以辞抒意，以说出故"三句，名称可以反映事物、文辞可以表达心意、言说可以推究原因，更是直接表明了墨子对语言表情达意功能的认同。同时，正是在言尽意观的基础上，墨子多次引用《诗经》《尚书》等先王之书来印证自己的观点。例如《墨子·明鬼下》所载："古者圣王必以鬼神为，其务鬼神厚矣。又恐后世子孙不能知也，故书之竹帛，传遗后世子孙。咸恐其腐蠹绝灭，后世子孙不得而记，故琢之盘盂，镂之金石，以重之。有恐后世子孙不能敬若以取羊，故先王之书，圣人一尺之帛，一篇之书，语数鬼神之有也，重有重之，此其故何？则圣王务之。"在这里，墨子强调了语言文字的重要性。语言文字是思想的载体，能使后世子孙了解先贤思想，因此，不仅要书之竹帛、琢之盘盂、镂之金石，并且要不断重复以标明其重要性。另一方面，墨家从实用主义的立场出发，强调语言文字的实用功能，视语言为救世济民的妙器。《墨子·非命上》有："然则明辨此之说将奈何哉？子墨子言曰：'必立仪，言而毋仪，譬犹运钧之上而立朝夕者也，是非利害之辨，不可得而明知也。故言必有三表。'何谓三表？子墨子言曰：'有本之者，有原之者，有用之者。于何本之？上本之于古者圣王之事。于何原之？下原察百姓耳目之实。于何用之？废以为刑政，观其中国家百姓人民之利。此所谓言有三表也。'"墨子指出，语言必须符合一定的标准。若是言说而没有标准，就好像把测量时间的仪器放置在制作陶轮的转盘上一样，再好的工匠也无法得出正确的结论。具体来说，言语有三条标准，即"有本之者，有原之者，有用之者"，"本之者"指向上探求先贤圣王的事迹，"原之者"指向下考察普通百姓的日常，"用之者"指通过实践，以观察其是否符合国家人民的利益。同时，在实用主义的基础上，墨子指出"言明而易知也，行明而易从也"（《墨子·非儒下》）；"言无务为多而务为智，无务为文而务为察"（《墨子·修身》），因此，语言必须付诸行动才具有意义。例如《墨子·贵义》有："言足以迁行者常之，不足以迁行者勿常，不足以迁行而常之，是荡口也"；《墨子·尚贤》有："然后圣人听其言，迹其行，察其所能而慎予官，此谓事能"；《墨子·兼爱下》亦有："常使若二君者，言必信，行必果，使言行之合，犹合符节也，无言而不行也。"

（三）《易传》中的语言观

战国末期、秦汉之际的《易传》（对《周易》或《易经》的传解）融合儒道，提出了"言不尽意""立象以尽意"的观点：

> 子曰："书不尽言，言不尽意。"然则圣人之意其不可见乎？
> 子曰："圣人立象以尽意，设卦以尽情伪，系辞焉以尽其言，变而通之以尽利，鼓之舞之以尽神。"（《易传·系辞上》）

一方面，《易传》假托孔子之名指出"书不尽言，言不尽意"。对此，《周易正义》有较为精辟的注疏："书所以记言，言有烦碎，或楚夏不同、有言无字，虽欲书录，不可竭尽，故云'书不尽言'也。'言不尽意'者，意有深邃委屈，非言可写，是'言不尽意'也。"不论书面文字亦是口头语言都有其局限性，无法穷尽其背后的意义，因此，"言不尽意"是言意关系中不可避免的问题。另一方面，《易传》亦指出"立象尽意""设卦尽情伪""系辞尽言"，也即通过立象、设卦、系辞等方法以解决"言不尽意"的问题。《易传·系辞上》载："夫《易》，圣人之所以极深而研几也。唯深也，故能通天下之志；唯几也，故能成天下之务；唯神也，故不疾而速，不行而至。"意思是，《易经》是圣人深入洞察、穷究精微之理的成果，能通达天下人的志向、成就天下的事务、决断众人的疑问，因此，《易经》通过立象、设卦、系辞可以充分传情达意。《易经》强调，圣人仰观俯察天地万物，不是为了模仿任何一个个别的客观事物，而是通过全面把握、融会贯通，从而领悟到"道通为一"的境界。因此，"意"和"道"实际是互通的，可以称作"道意"，该"道意"不能通过"言"来表述，也不能通过模仿个别客观事物来表达，因此圣人才独创《易》象八卦，以此来拟喻"道意"，神会贯通于"道"的精神。概括其中的运作原理就是："观物—悟（道）意—立象—系辞—尽（道）意"。其中"象"的意义所指为"卦象"：

> 夫象，圣人有以见天下之赜，而拟诸其形容，象其物宜，是故谓之象。（《易传·系辞上》）
> 古者包牺氏之王天下也，仰则观象于天，俯则观法于地，观鸟兽之文与地之宜，近取诸身，远取诸物，于是始作八卦。以通神明之德，以类万物之情。（《易传·系辞下》）
> 易者，象也，象也者，像也。（《易传·系辞下》）

卦象之"卦者，言乎象者也"，即言"象"是主体，卦辞只是作为"象"的解说。整个《易经》就是以"象"为核心，将数、象、辞、占合成为一个有机的系统，观数以定象，观象以系辞，据象而定占，宇宙万物遂全部被纳入"卦象"的表意系统之中。因此，可以说"言尽意"论是《易传》关于言意关系的核心论点。表面上看，《易传》对言意关系的论述似乎是矛盾的，既说"言不尽意"，又说"立象尽意"。事实上，"立象尽意"是对"言不尽意"的补救，"立象尽意"的"尽"是"不尽之尽"。正如王振复先生在《周易的美学智慧》一书中指出的："因为作为人类析理表情达意的符号——象，虽然不能与客观物象、主观心理做到同构对应，因而'立象'不能'尽意'，但是，这种通过人心营构的外在感性之象，由于人在创造它之时，已被认同为它是整个自然宇宙与社会人生的整体的突显，具有广泛而深刻的象征意蕴，它固然不能与客观物象，主观心理做到同构对应，却是客观物象与主观心理的同态对应的模式与范型，它那葱郁而灿烂的感性特征，恰恰在审美意义上，能够涵摄一切的一、一的一切，这正是美和艺术之意象的底蕴所在。"①

总的说来，《易传》虽为儒家经典之一，其大部分内容反映的是浓厚的儒家思想，但是，其中的"言意之辩"更接近于老庄道家。这足以证明战国末期儒道两家"言意之辩"的渐趋一致，两者共同奠定了后世言意论的理论基石。

二、"得象在忘言"：玄学中的"忘言"

时至魏晋南北朝，以何晏、王弼、向秀、郭象等为代表的玄学家们对"言意之辩"亦产生了浓厚兴趣。在吸收先秦思想的基础上，此时的思想家围绕"言能否尽意"的主题先后形成了"言尽意"论、"言不尽意"论和"得意忘言"论三派观点。其中，"言尽意"论以欧阳建为代表，他在《言尽意论》文中就说：

> 理得于心，非言不畅；物定于彼，非言不辩。言不畅志则无以相接，名不辩物则鉴识不显。系其所以，本其所由，非物有自然之名，理有必定之称也。欲辩其实则殊其名，欲定其志则立其称。名逐物而迁，言因理而变，此犹声发而响应，形存而影附，不得相与为二矣。苟其不二，则言无不尽矣。

---

① 王振复：《周易的美学智慧》，湖南出版社 1991 年版，第 190—191 页。

此段话简言之即是，言能尽意，离言则不能尽意。这是"言尽意"论。"言不尽意"论则以荀粲为代表，在他看来：

> 盖理之微者，非物象之所举也。今称立象以尽意，此非通于意外者也；系辞焉以尽其言，此非言乎系表者也。斯则象外之意，系表之言，固蕴而不出矣。（《三国志·魏志》卷十之《荀粲传》）

针对儒家经典《易传》提出"言"可足"意"的观点，荀粲反驳性地明确指出，事实上，孔子所讲的"天道"微妙莫测，是绝非用语言文字所能表达的，所以他主张"言不尽意"论。魏晋时期对言意关系的探讨最有名的当属王弼。他继承了易老庄的主要思想，并将三家理论糅合在一起，以"得象忘言""得意忘象"等发展了"言不尽意"论，成为魏晋时期"得意忘言"论的代表理论。正如汤一介先生所论述的："魏晋玄学这种哲学思潮的流行和完备，是由于一种新的哲学思潮的出现而发生的。这种新的哲学方法称之为'言意之辨'。就魏晋玄学家来说，几乎都讨论了'言'和'意'的关系问题，王弼首唱'得意忘言'，嵇康继之；郭象又提出'寄言出意'，这也本之于王弼的'得意忘言'。"[1]因此，我们将着重论述王弼的言意观。

首先，王弼继承并发展了老庄的"道"论，以"道"为"无"，并指出本体之"道"是不可名的。他说："道者，无之称也。无不通也，无不由也，况之曰道，寂然无体，不可为象"，"无形无名者，万物之宗也。不温不凉，不宫不商，听之不可得而闻，视之不可得而彰，体之不可得而知，味之不可得而尝"，故"圣人体无，无又不可

---

① 汤一介：《郭象与魏晋玄学·绪论》，北京大学出版社 2009 年版，第 4 页。

以训，故不说也"。也就是说，"道"作为最高的本体是不能用语言和概念来把握的，若是强为之名，就会产生分别，进而损害"道"作为最高本体的无限性和整体性。正如《老子·二十五章》注所指出的："吾所以字之曰道者，取其可言之称最大也。责其字定之所由，则系于大。夫有系则必有分，有分则失其极矣。"如果我们执着于以"大"来理解"道"，就会落入概念的限制中，偏执一端，进而丧失对本体"道"的整体体验。于是，在《老子指略》中，王弼对老子使用"道""玄""深""大""微""远"等为本体之"道"命名亦提出了质疑。他指出，"道""玄""深""大""微""远"这些名称虽然各有其所指，但是都不能全尽地体现出本体之"道"。"道"无名无形，既"大"且"微"，"言之者失其常，名之者离其真，为之者则败其性，执之者则失其原矣"。因此，"圣人不以言为主，则不违其常；不以名为常，则不离其真；不以为为事，则不败其性；不以执为制，则不失其原矣。然则，老子之文，欲辩而诘者，则失其旨也；欲名而责者，则违其义也"。可以说，王弼对于"道"以无为本的体认，正是其言意关系的立论基础。正如王晓毅在《王弼评传》中的论述。他指出，王弼之"意"是由有形世界和无形之物两个层次构成的，"表达有形世界，包括定义解释天地万物和礼乐刑政人事方面内容的'意'。这种'意'完全可以用语言'名'去把握定性……表达无形之物，即抽象本体'无'的'意'。这种意则不可能完全用语言去把握定性"①。可以说，王弼正是看到语言的有限性，意识到语言在面对无形之物时的无能为力，才改造了老庄的"忘言"理论，提出独具特色的"言不尽意"论。

其次，在言意关系上，王弼肯定语言作为体悟圣人之意的工具作用，对言—象—意三者的哲学关系作了深入阐释。《周易略例·明象》中，

---

① 王晓毅：《王弼评传》，南京大学出版社1996年版，第220页。

王弼指出：

> 夫象者，出意者也。言者，明象者也。尽意莫若象，尽象莫若言。言生于象，故可寻言以观象；象生于意，故可寻象以观意。意以象尽，象以言著。故言者所以明象，得象而忘言；象者，所以存意，得意而忘象。犹蹄者所以在兔，得兔而忘蹄；筌者所以在鱼，得鱼而忘筌也。然则，言者，象之蹄也；象者，意之筌也。是故，存言者，非得象者也；存象者，非得意者也。象生于意而存象焉，则所存者乃非其象也；言生于象而存言焉，则所存者乃非其言也。然则，忘象者，乃得意者也；忘言者，乃得象者也。得意在忘象，得象在忘言。故立象以尽意，而象可忘也；重画以尽情，而画可忘也。是故触类可为其象，合义可为其征。

一方面，王弼承认语言的表意功能，指出语言、概念是表达思想的媒介，因此，他说"言生于象，故可寻言以观象；象生于意，故可寻象以观意。意以象尽，象以言著"。另一方面，他又指出了"言"在达"意"上的局限性，"象生于意而存象焉，则所存者乃非其象也；言生于象而存言焉，则所存者乃非其言也"。如何解决言意之间的矛盾呢？王弼认为："故言者所以明象，得象而忘言。象者所以存意，得意在忘象。犹蹄者所以在兔，得兔而忘蹄；筌者所以在鱼，得鱼而忘筌也。"可以看出，王弼的思想中显然受到《庄子》的影响。他在"明象"过程中不仅直接套用庄子的"蹄兔""筌鱼"之喻，而且创造性地在《庄子》的"言""意"关系间加了一个中介"象"，从而把《庄子》的"言不尽意"论发展成为一个两段式的"言不尽象——象不尽意"论，把《庄子》的"得意忘言"论发展成为"得象忘言"与"得意忘象"论。这就形成了"意—

象—言"和"言—象—意"两个看似互逆而实则内在一致的过程。王弼强调"得意忘言""得意忘象","忘"不是"忘记""忘却",而是表示"不执"或"超越",即通过"言"而超越"言"是得"象"的必要条件,通过"象"而超越"象"是得"意"的必要条件。如果不忘言、忘象,仅仅停留在"存言""存象"的表层,则不能获得真正的"意"。正是看到了语言符号的相对性和局限性,注意到常常为人们所忽略的语言与其所表达的思想之间的差别、矛盾,因此,王弼强调不执着于名言,把语言和思想的关系看成是一种动态的充满矛盾的活动过程,而且认为作为最高本体的"道"即"无",是不能用语言、概念表达的,这是十分深刻的。正如汤用彤先生所指出的:"吾人解《易》要当不滞于名言,忘言忘象,体会其所蕴之义,则圣人之意昭然可见。王弼依此方法,乃将汉易象数之学一举而廓清之,汉代经学转为魏晋玄学,其基础由此而奠定矣。"①

总体观之,魏晋玄学继承并发展了先秦诸子,尤其是庄子的"言意之辩",在中国哲学史、思想史上的地位显赫,对后世的影响颇为巨大。譬如刘义庆《世说新语·文学》云:"旧云,王丞相过江左,止道声无哀乐、养生、言尽意,三理而已。"今人汤用彤则更是高屋建瓴地评价道:"夫玄学者,谓玄远之学。学贵玄远,则略于具体事务而究心抽象原理。论天道则不拘于构成质料,而进探本体存在。论认识则轻忽有形之粗迹而专期神理之妙用。夫具体之迹象,可道者,有言有名者也。抽象之本体,无名绝言而以意会者也。迹象本体之分,由于言意之辨。依言意之辨,普遍推之,而使之为一切论理之准量,则实为玄学家所发现之新眼光新方法。"②

---

① 汤用彤:《汤用彤学术论文集》,中华书局1983年版,第241页。
② 汤用彤:《魏晋玄学论稿》,上海古籍出版社2001年版,第26—27页。

三、"不立文字"：禅宗对"忘言"的改造

受到魏晋玄学言意之辩的影响和启发，禅宗融合老庄思想和佛教教义，要求人们破除对语言文字的执着，形成"不立文字"的语言观，强调以心印心、明心见性。

早在禅宗以前，"不立文字"的思想就见于佛教典籍。如《五灯会元》"释迦牟尼佛"一则中，就记载："世尊在灵山会上，拈花示众。是时众皆默然，唯迦叶尊者破颜微笑。世尊曰：'吾有正法眼藏，涅槃妙心，实相无相，微妙法门，不立文字，教外别传，付嘱摩诃迦叶。'"虽然学术界对此记载仍存有质疑，认为"不立文字"的说法当是后世附会于佛祖的，但是佛祖"拈花微笑"的公案亦可侧面印证佛教"不立文字"的传统应是早已有之的。只是在禅宗以前，"不立文字"并非佛教内部较有影响力的思想，仅仅是佛教众多思想观念之一，直到六祖惠能，"不立文字"的语言观才真正成为禅宗的核心思想观点。虽然敦博本《坛经》中并没有出现"不立文字"这个词，但是其"不立文字"的观念却是贯穿全篇的。具体来说：

首先，所谓"不立文字"，并非文字本身或是文字背后的意义不重要，而是指对佛法的研究，不能执着于文字。在《坛经·二十八》①则中，惠能结合自身经历说："但持《金刚般若波罗蜜经》一卷，即得见性，入般若三昧。"同时，他进一步指出，针对大智上根人与小根之人要因材施教，给予不同的教导。"若大乘者，闻说《金刚经》，心开悟解。故知本性自有般若之智，自用智慧观照，不假文字。譬如其雨水，不从天有，原是龙王于江海中，将身引此水，令一切众生，一切草木，一切有情无情，悉皆蒙润。诸水众流，却入大海，海纳众水，合为一体。

---

① 　本文所引《坛经》均出自敦博本六祖坛经。

众生本性般若之智，亦复如是。"至于小根之人，则"闻说此顿教，犹如大地草木根性自小者，若被大雨一沃，悉皆自倒，不能增长。"（《坛经·二十九》）惠能认为，大智上根之人闻说佛法能够"用智慧观照，不假文字"，就好像大川河流汇入大海一样，以心体证佛法；而小根之人若不能超越对语言文字的执着、以智慧观照经文经书，则就好像暴雨侵袭城郭农田，不仅没有助益反而淹毁农田村落。因此，他指出，对待经书经文要去除执着之心，以真心体悟真如，而不能拘泥于语言文字的表象。正如《坛经·三十》则所载："一切经书及文字，小大二乘，十二部经，皆因人置，因智慧性故，故然能建立。我若无世人，一切万法本亦不有。故知万法本从人兴，一切经书因人说有。"《坛经·三十一》则亦载："若自悟者，不假外求善知识。若去外求善知识望得解脱，无有是处。识自心内善知识，即得解脱。若自心邪迷，念妄颠倒，外善知识即有教授，救不可得。"慧能在这里并不是要放弃读经解经，而是要人们超越语言文字的局限性，直面佛法精神，以"大善知识示道见性"。正如法达诵《妙法莲华经》，"心行转《法华》，不行《法华》转；心正转《法华》，心邪《法华》转。开佛知见转《法华》，开众生知见被《法华》转"（《坛经·四十二》）。可以说，在禅宗这里，语言文字甚至佛法经文都只是到达彼岸的工具。《金刚经》舍筏之喻对此有精辟的论述："知我说法，如筏喻者。法尚应舍，何况非法。"以筏喻法，舍筏则达岸矣，达岸则舍筏矣。当悟到佛法背后的大义，即一悟成佛，那么，佛经在一定程度上就没有意义了。

其次，所谓"不立文字"，是要求人们能够超越成见，直契内心真如。正如《维摩经》所载："外能善分别诸法相，内于第一义而不动。"一方面，"不立文字"要求人们破除分别之心，超越语言文字的表面意义，以把握世间万相的根本。在此基础上，惠能对坐禅、忏悔、戒定慧等佛教义理进行了重新定义。"坐禅"不再是传统意义上的端身正坐、屏气凝息、念念不起，在惠能这里，"坐"指"于一切境界上念不起"，"禅"指"见本性不乱"（《坛经·十九》）。于是，行住坐卧皆是修行，在家在寺均可到达彼岸。修行的关键不仅仅是外在的行为仪式，更是内心的自悟自证。以此类推，"忏悔"不只是说出罪状以求别人原谅，而是"终身不作""知于前非"的彻底醒悟；"功德"也不只是表面的造寺、布施、供养，更是"自修身""自修心"的自我修行等等。《坛经·四十一》则中，神秀与惠能对"戒定慧"的不同定义更是清晰地表现出这种区别：在神秀看来"诸恶不作名为戒，诸善奉行名为慧，自净其意名为定"，惠能则更强调自心自性，指出"心地无非是自性戒，心地无乱是自性定，心地无痴是自性慧"。正是在此基础上，惠能进一步指出，"烦恼即菩提"。世俗成见以为"烦恼"是修行成佛的阻碍，因此，想方设法地逃避烦恼。而在惠能看来，"烦恼"亦不过是一种假象，是语言概念形成的思维惯性，事实上"烦恼即菩提""前念迷即凡，后念悟即佛"，若是一味地逃避烦恼只会离佛法本义越来越远。另一方面，在破除分别心的基础上，惠能要求人们要破除门户之见，不论何宗何派，诸家学说都只是到达彼岸世界的工具。正如《坛经·三十九》载："法即一宗，人有南北，因此便立南北"，"法即一种，见有迟疾，见迟即渐"，不论南宗北宗、顿悟渐悟都只是修行的一种方式、一种工具，若"净是胜负之心，与佛道违背"。正如洪修平在《惠能评传》中所指出的："惠能正是从'不立文字'出发，才超越了各学派、各宗派对佛陀教法的理论阐释，'不拘一说'地直契佛陀原教旨精神，从而建构出一种更能契合中国人精神需要的新宗教。这也是惠能改革佛教的真精神之所在。"[①] 可以说，惠能以"不立文字"为突破口，号召人们破除分别之心，"出外，于相离相；入内，于空离空"（《坛经·四十六》），最终融会贯通诸家学说为我所用，

---

①　洪修平、孙亦平：《惠能评传》，南京大学出版社1998年版，第368页。

指引众生破除外在尘迷以见性成佛。

第三，所谓"不立文字"，是要求人们不能仅仅停留在语言文字上，更要重视宗教实践和宗教体验。慧能看到现实中大量出现心口不一、口念而心不行的现象，于是，他特别强调宗教实践，并指出"心口合一，口说心行"才是佛法修行的唯一方式。因此，《坛经》屡屡提到口念心行，如：

> 莫心行谄曲，口说法直，口说一行三昧，不行直心，非佛弟子。（《坛经·十四》）
>
> 此法须行，不在口念。口念不行，如幻如化。（《坛经·二十四》）
>
> 迷人口念，智者心行。当念时有妄，有妄即非真有；念念若行，是名真有。悟此法者，悟般若法，修般若行。不修即凡，一念修行，法身等佛。（《坛经·二十六》）
>
> 人心量四等，法有四乘。见闻读诵是小乘，悟法解义是中乘，依法修行是大乘。万法尽通，万行具备，一切不离，但离法相，作无所得，是最上乘，最上乘是最上行义，不在口诤，汝须自修，莫问吾也。（《坛经·四十二》）

在惠能这里，不论是语言文字还是经书经文，最终都是指向宗教实践的。只有回归现实尘世，口念心行才能真正了解佛法本性，实现自我拯救。

惠能以后，禅宗"不立文字"的传统不断发展，出现大量的活句、反语等以破除人们对于语言的执着。如《祖堂集》有："或问青原行思：'如何使佛法大意？'行思曰：'庐陵米作么价？'"；"问：'如何是道？'师曰：'平常心是道。'"《五灯会元》有："或问洞山守初：'如何是佛？'守初曰：

'麻三斤'。"这样的对话形式，粗看似乎答非所问，但是禅师通过具体的日常生活解释深奥的禅理，却往往能一语双关阐释禅宗教义。正如葛兆光所说："不可说的毕竟还是要说，不可表达的还是要表达，因此，他们（禅宗祖先）想出了三种方法，一是用动作代替语言，如棒喝、手势、揪耳、作古怪相，以手画圆相等等，他们认为，这样可以触发听者的联想范围或灵感；二是故意用相矛盾、相冲突的概念、判断来打破人们对逻辑语言的习惯性执着，如惠能说，'若有人问汝义，问有将无对，问无将有对，问凡将圣对，二道相因，生中道义'（《坛经·付嘱品》）。因此，禅僧那里常常出现故意违背常情的言论；三是用一些朦胧含糊、简练至极的话头和机锋引发他人的悟性，使人们产生联想，禅宗千七百公案便是这种话头与公案的记载。"[①]于是，"不立文字"一度成为禅宗最为重要的理论思想，甚至出现大量呵佛骂祖、离经慢教的公案。可以说，慧能"不立文字"的初衷本是对世俗成见的革新，但是，一旦这种革新成为固定模式，却又难免沦为新的语言藩篱，成为刻意追求新意的语言游戏，而其背后摆脱成见、回归自我本性的意义难免被遮蔽。

第三节　"诗意栖居"："忘言"的现代意义

一、"沉默是金"：现代西方哲学中的"忘言"观

根据上文论述，我们知道中国传统哲学中的"忘言"观是基于"道"不可言说的特性。老子强调道生言，道在语言中显现，亦被语言所遮蔽。因此，要从语言返回道的本真，便要打破语言的桎梏，从"强为之

---

① 葛兆光：《禅宗与中国文化》，上海人民出版社1986年版，第147页。

名"返回到不可名，返回到无名、不言的状态。也即通过"忘言"，摆脱语言的桎梏，最终回归"道"、体认"道"。与传统中国哲学不同，西方现代哲学视语言为本体，主张把语言从工具价值中解放出来。索绪尔说："思想离开了词的表达，只是一团没有定形的，模糊不清的浑然之物"；维特根斯坦说："我的语言的界限意味我的世界的界限"；海德格尔说："语言是存在的家"。于是，语言不再是传递真理的载体或承载理性的工具，哲学家们通过对语言问题的思考以追问世界与人类的生存问题，语言哲学成为现代西方哲学的主要内容。因此，不同于中国哲学，西方现代哲学中的"忘言"观更集中表现为对语言的还原，通过破除逻辑、语法、概念等理性思维对语言的桎梏，回归语言的丰富内涵。

具体来说，现代西方哲学中的"忘言"观的产生来自于对言意关系的反思。从现代语言哲学的观点来看，言之所以不足以尽意，一方面是由于世界对我们而言乃是一个具有无限关联性的意蕴整体；另一方面则是由于个体化的思维和具体语词的有限性和不完善性。而这种意蕴整体即所谓"无尽之意"，一方面为精神上自主理解提供了自由的开放空间；另一方面在本质上它仍然具有一种存在论意义上的普遍语言性质。现代语言哲学认为，在科学的领域内，在知识问题上，对于确定的外界对象，可以通过语言和逻辑的形式陈述和表达，而且要求陈述的清楚性和逻辑的明晰性。但对于形而上学的问题，对于诸如信仰、自由、上帝、物自体这些科学和逻辑所不能解决的，不能表达的非名言之域的问题，则不要求表达和论证。正如维特根斯坦在《逻辑哲学论》序言中所指出的："本书的全部旨义可以概述如下：凡是可说的东西，都可以明白地说，凡是不可说的东西，则必须对之沉默。"① 维特根斯坦是 20 世纪西

① ［奥］维特根斯坦：《逻辑哲学论及其他》，陈启伟译，商务印书馆 2014 年版，第 5 页。

方哲学界的重要人物，他转变了传统认识论对语言的看法，划分了可思与不可思、可说与不可说的界限，并指出在不可说的领域是不存在疑问以及答案的，因此，只能对之"沉默"。"的确有不可说的东西，它们显示自己，它们是神秘的东西。哲学的正确方法实际是这样的：除了可说的东西，即自然科学的命题——亦即与哲学无关的东西——之外，不说任何东西，而且每当别人想说某种形而上学的东西时，就给他指出，他没有赋予其命题中的某些指号以任何意谓。对于别人，这种方法也许是不令人满意的，——他大概不会觉得我们是在教他哲学——，但是这却是唯一严格正确的方法。我的命题通过下述方式而进行阐释：凡是理解我的人，当他借助这些命题，攀登上去并超越它们时，最后会认识到它们是无意义的。（可以说，在爬上梯子之后，他必须把梯子丢掉。）他必须超越这些命题，然后才会正确地看世界。凡是不可说的东西，必须对之沉默。"[1]维特根斯坦指出，命题能够说明事物的性质，却无法说明事物本身是什么。进而，在面对信仰、自由、上帝、物自体这些终极问题时，语言无法表示意义，只能在"沉默"中神秘地"显示"其自身。因此，在回答"人类为什么应该幸福的生活"以及"在什么意义上幸福的生活比不幸的生活更加和谐"这类根本性问题的时候，维特根斯坦明确提出，幸福的和谐的生活的客观标志是不可描述的、神秘的，"这种标志不可能是物理的标志，而只能有一个形而上学的标志，超验的标志"[2]，这种超验的标志是不可说的，只能以"沉默"进行回应。那么，如何做到"沉默"？或许在维特根斯坦后期的哲学观点中，我们能找寻到一些更为明晰的线索。在《哲学研究》中，维特根斯坦转变了其早期对形而

---

① ［奥］维特根斯坦：《逻辑哲学论及其他》，陈启伟译，商务印书馆2014年版，第94页。

② ［奥］维特根斯坦：《逻辑哲学论及其他》，陈启伟译，商务印书馆2014年版，第268页。

上问题的态度，主张放弃形而上哲学命题，使语言回归日常经验。在维特根斯坦看来，语言是不能脱离具体语境的"语言游戏"，不同的语境意味着不同的游戏规则。与之相应，哲学不再是对终极意义的追问，而是对"语言游戏"的观察和描述。根据上文，可以看出，在后期维特根斯坦哲学中，"沉默"表现为对不变的意义的否定。

另一方面，"忘言"，即"沉默"是对逻各斯中心主义的解构。在传统西方哲学中，语言是探求永恒真理的工具。语言受理性支配，以求真为目标，因而，不可避免地被语法、逻辑、概念等理性要求约束，成为同一性、标准化的产物，并最终失去其自身的活力。正是在此基础上，现代西方哲学家们力求突破形而上对语言的束缚，通过"沉默"破除理性的桎梏，使语言回归日常生活的本真。在此，我们以尼采和海德格尔为例，探究西方现代哲学的"忘言"观。尼采被认为是西方现代哲学的开创者，他否认永恒真理的存在，宣称"上帝死了"，并指出"世界是'流动的'，作为某种生成之物，作为一种常新地推移的虚假性，它决不能接近于真理：因为——并没有什么'真理'"①。在语言观方面，尼采亦坚持其反形而上的思想。他强调，语言与实在是疏离的，语言不应该被语法、逻辑等理性规则制约。作为无意识的创造活动，语言只有回归到原始时期才是最理想的语言环境。"那时语言几乎还不是用概念来思考，那时语言本身还是诗、形象和情感。"②对此，周国平在《尼采论语言形而上学》一书中有较为精辟的论述："尼采认为，要突破逻辑化语言之网，首先必须改变生存方式，从社会交往中抽身退出。他要哲学家以孤独为家园，'学会沉默'。在孤独中与万物交感，方能回到语言的原始性，从而发生一个奇迹：'这里一切存在的语言和

---

① [德]尼采：《权力意志》上，孙周兴译，商务印书馆2013年版，第135页。

② [德]尼采：《悲剧的诞生：尼采美学文选》，周国平译，三联书店1986年版，第154页。

语言宝库向我突然打开，这里一切存在都想变成语言，一切生成都想从我学习言谈。'……一个哲学家必须在某种意义上回复到这种状态，暂时'忘却'业已规范化、逻辑化的传统语言。"① 可以说，在尼采这里，"沉默"并非放弃语言，而是通过突破语法、概念、逻辑等理性规范对语言的遮蔽，使语言回归"诗意"，从对永恒的追问中回到对生命活力的体认。相较于尼采，海德格尔关于"沉默"的观点更为明晰。他明确指出，"沉默"并非无言无语，而是言谈的一种可能方式，"真正的沉默只存在于真实的言谈中。为了能够沉默，此在必须有话可说，此在必须充分地展开，明白事理，无待无碍"②。在《艺术与真理》一文中，海德格尔亦指出："……惟语言才使存在者作为存在者进入敞开领域之中。在没有语言的地方，比如，在石头、植物和动物的存在中，便没有存在者的任何敞开性，因而也没有不存在者和虚空的任何敞开性。"③ 在海德格尔这里，语言一方面使存在者进入敞开领域（这里指本质的、诗意的语言），另一方面，亦使存在者封闭于生活的琐碎日常之中（这里的"语言"是异化的、日常的语言）。因此，海德格尔提出"沉默"，以使"语言"疏离于日常"闲谈"，从而走向主体的敞开之中，也即通过"沉默"把语言的本质随时指向它的本原之处。"在与格奥尔诗歌的近邻关系中，我们曾听到如下道说：词语破碎处，无物存在。我们已经看到，诗中留下某种值得思的东西，那就是：何谓'一物存在'。同样值得我们思的是那种因为并不缺失而传露出的语词与'存在'的关系。

---

① 周国平：《尼采论语言形而上学》，《云南大学学报》（社会科学版）2002年第2期。

② 孙周兴：《说不可说之神秘——海德格尔后期思想研究》，三联书店1991年版，第56页。

③ ［德］海德格尔：《林中路》，孙周兴译，上海译文出版社2008年版，第52—53页。

于是在诗意词语的近邻关系中有所运思之际，我们就可以猜度说：词语崩解处，一个'存在'出现。崩解在此意味：传透出去的词语返回到无声之中，返回到它由之获得允诺的地方中去——也即返回到寂静之音中去。作为道说，寂静之音为世界四重整体诸地带开辟道路，而让诸地带进入它们的切近之中。词语的这种崩解乃是返回到思想之道路的真正的步伐。"①可以说，对词语破碎、崩解的强调，正是海德格尔对理性和逻辑桎梏的破除，以恢复语言感性的、诗意的本质，也就是对存在的思。

从上述论说中，我们可以看到中国语言哲学不同于西方的特点。正如刘纲纪先生所言："中国没有西方近代以来的语言学和语言哲学，但自古以来中国哲学即很为注意'言'的问题。……历代思想家关于'言'的问题的论述，有其不应忽视的哲学意义。应当说，中国古代也有自己的语言哲学，虽然还未取得系统的理论形态。由于中国古代哲学主要是同社会政治伦理人生问题相关，因此中国古代的语言哲学不同于西方以科学和逻辑为基础的语言哲学。"②可以说，西方哲学偏向于语言和人的社会活动的分离，而中国古代哲学则倾向于把语言融汇于社会政治、伦理道德、历史文化之中，把语言及意义看作人的行为活动的自身和产物。

二、现代文化体系中的"忘言"

随着西学的大量涌入，西方逻辑分析方法一度成为时代主流，诚如冯友兰所说："用逻辑分析方法解释和分析古代的观念，形成了时代精

---

① [德] 海德格尔：《海德格尔选集》下，上海三联书店 1996 年版，第 1120 页。
② 刘纲纪：《刘勰》，东大图书公司 1989 年版，第 50 页。

神的特征。"① 一方面，逻辑分析方法的引入为中国传统思想提供了新的视野和新的方法，有利于传统思想的现代化；另一方面，西方逻辑分析方法有其特殊的语言环境，照搬和复制并不能完全适用中国现实。特别在"言意关系"上，逻辑分析方法强调精准表达意义，与中国传统注重直觉体认的话语模式不同，因此可以说，在现代文化体系中，"忘言"的典型表现之一就是在西学背景下，对中国传统直觉体认式思维方式的现代阐释。在此，我们以冯友兰、汤用彤等哲学家对"忘言"关键词的现代发展为例进行分析。

　　冯友兰先生对中国哲学的现代转化具有重要贡献，他以"接着讲"为核心思路，赋予传统思想以时代意义，使传统哲学观念成为具有逻辑理性的现代概念。正是在此基础上，"忘言"关键词也呈现出不同于传统的时代特性。首先，就形上学的方法来说，"忘言"表现为形上学的"负底方法"。在运用西方逻辑分析方法阐释中国哲学时，冯友兰注意到，中国传统哲学的精神是无法完全用科学语言精确地描述出来的，其最深奥之处只能依靠直觉体认。这种直觉体认的方式，在冯友兰形上学体系中表现为"负底方法"。《新知言》中，冯友兰将形上学的方法分为"正底方法"和"负底方法"，具体来说，"正底方法是以逻辑分析法讲形上学。负底方法是讲形上学不能讲，讲形上学不能讲，亦是一种讲形上学的方法。犹之乎不屑于教诲人，或不教诲人，亦是一种教诲人的方法"②。也就是说，所谓"正底方式"即通过概念分析、逻辑推演等科学语言对传统哲学进行概念化、系统化的阐释；而所谓"负底方法"，也就是"烘云托月"的方法，即不直接面对形上对象本身，而是通过说它不是什么以表显出无法从正面描述和分析的某些本性。同时，正的

---

① 冯友兰：《中国哲学简史》，涂又光译，北京大学出版社 1985 年版，第 367 页。

② 冯友兰：《新知言》，载《贞元六书》下册，中华书局 2014 年版，第 945 页。

方法与负的方法并不是彼此对立的，而是相互支持、彼此补充的。正如《中国哲学简史》中所说："一个完全的形上学系统，应当始于正的方法，而终于负的方法。如果它不终于负的方法，它就不能达到哲学的最后顶点。但是如果它不始于正的方法，它就缺少作为哲学的实质的清晰思想。神秘主义不是清晰思想的对立面，更不在清晰思想之下。毋宁说它在清晰思想之外。它不是反对理性的；它是超越理性的。"①可以说，在冯友兰这里，"负底方法"既承续了中国传统注重直觉体认的哲学精神，又融入了现代西方逻辑分析方法，进而成为对"忘言"关键词具有逻辑理性的现代阐释。其次，作为一种意义言说方式，"忘言"还是诗的言说，即通过具体可感的意象表显出超越语言之外的意蕴。在《新知言》中，冯友兰将诗分为止于技底诗和进于道底诗，并指出"进于道底诗亦可以说是用负底方法讲形上学"②，其所不同在于，进于道底诗是用可感觉者表显不可感觉只可思议者，以及不可感觉亦不可思议者。"进于道底诗"则不同，"不但能使人得到其所表显者，并且能使人于得其所表显之后，知其所说者，不过是所谓筌蹄之类，鱼获而筌弃，意得而言冥"③。在此基础上，冯友兰进一步评析了陶渊明《饮酒》其五，并指出陶诗通过南山、飞鸟等具体意象，表显出不可感觉亦不可思议的浑然大全。这种浑然大全的美是无法用语言直接表现的，只能通过具体的意象加以表显，并以"忘言"的思维方式，感悟语言之外、不可言说的道体、大全。第三，"忘言"作为一个形上学的哲学概念，在新理学中表现为对人的精神境界的关注。冯友兰多次提出，哲学不仅仅是关于知识的学问，更是关于生命的体验，是对人生境界的引导和提升。在《中国

---

① 冯友兰：《中国哲学简史》，涂又光译，北京大学出版社1985年版，第381页。

② 冯友兰：《新知言》，载《贞元六书》下册，中华书局2014年版，第1042页。

③ 冯友兰：《新知言》，载《贞元六书》下册，中华书局2014年版，第1044页。

哲学简史》中，冯友兰指出："哲学，特别是形上学，它的用处不是增加实际的知识，而是提高精神的境。"①《新知言》中，他再次强调："不过形上学的功用，本不在于增加人的对于实际底积极底知识。形上学的功用，本只在于提高人的境。它不能使人有更多底积极底知识。它只可以使人有最高底境。"② 对冯友兰来说，哲学科学化本身并不是最终目标，更重要的是通过对哲学问题的探析和阐释，实现人的精神境界的提升。在《新原人》中，他将人可能的境界分为自然境界、功利境界、道德境界和天地境界四种，并指出这四种境界表示一种发展，就觉解的多少来说，从自然境界到天地境界所需的觉解是逐渐增加的。"天地境界，需要最多底觉解。然天地境界，又有似乎浑沌。因为在天地境界中底人，最后自同于大全。……所以自同于大全者，其觉解是如佛家所谓'无分别智'。因其'无分别'，所以其境界又似乎是混沌。不过此种混沌，并不是不及了解，而是超过了解。超过了解，不是不了解，而是大了解。"③ 最深层的觉解是对一切大全的觉解，而所谓大全，却是不可思议的、不可言说的，只能"忘言"，通过体认、感悟，同于大全。"不可思议底，不可了解底，是思议了解的最高得获。哲学的神秘主义是思议了解的最后底成就，不是与思议了解对立底。"④ 因此可以说，"忘言"是实现天地境界的基本原则之一，通过对物我、人我等分别的超越，最终实现自我的无限扩大。

与冯友兰先生不同，汤用彤先生对"忘言"的现代阐释又呈现出不同风貌。汤用彤先生是现代魏晋玄学研究的重要学者之一，对魏晋

---

① 冯友兰：《中国哲学简史》，涂又光译，北京大学出版社 1985 年版，第 374 页。

② 冯友兰：《新知言》，载《贞元六书》下册，中华书局 2014 年版，第 938 页。

③ 冯友兰：《新原人》，载《贞元六书》下册，中华书局 2014 年版，第 609 页。

④ 冯友兰：《新原人》，载《贞元六书》下册，中华书局 2014 年版，第 690 页。

"言意之辨"给予极高的关注。他一方面强调语言的有限性，指出若是执着于语言之有限就会失去对宇宙本体的体察；另一方面，他亦强调，语言虽然有限，但并非不能克服，"如能当其是无限（宇宙本体）之所现，而忘其有限，则可不为形器所限，而通于超形器之域。如欲通于超形器之域，则须寻觅充足之媒介或语言，而善运用之"①。同时，他对"言意之辨"的研究并不局限于言意关系表层，更是以之为中心建立起阐释魏晋玄学的系统。他指出"言意之辨"是魏晋玄学家治学的新方法，特别是"得意忘言"之说，对魏晋名士解经治学、生活行事等方面均产生重要影响。值得一提的是，汤用彤先生不仅在理论层面关注言意问题，更是在方法论意义上亲身实践着"忘言"。在《汉魏两晋南北朝佛教史》跋语中，他指出："佛法，亦宗教，亦哲学。宗教情绪，深入人心，往往以莫须有之史实为象征，发挥神妙之作用。故如仅凭陈迹之搜讨，而无同情之默应，必不能得其真。哲学精微，悟入实相，古哲慧发天真，慎思明辨，往往言约旨远，取譬虽近，而见道深弘。故如徒于文字考证上寻求，而乏心性之体会，则所获者其糟粕而已。"② 可以说，"同情之默应"正是汤用彤对"忘言"关键词的现代发展，是文字考证基础上的解悟，亦是超越具体言说对象的心灵相通。在西学大量涌入的时代，汤用彤对"同情默应"学术研究方法的呼吁与实践，对中国现代学术的发展以及传统文化的传承产生了重要的作用。

综上所述，冯友兰、汤用彤等现代学者对"忘言"关键词进行了创造性发展，使其在现代文化体系中呈现出多种样貌，而成为具有时代特征的、鲜活的文化传统。

---

① 汤用彤：《理学·佛学·玄学》，北京大学出版社 1991 年版，第 321 页。

② 汤用彤：《汤用彤全集》，河北人民出版社 2000 年版，第 655 页。

三、冲破语言的牢笼:"忘言"关键词的当代价值

如前文所述,"忘言"是先秦道家的意义言说方式,对中国传统思维方式的形成起着至关重要的作用。在当代,"忘言"关键词同样重要。

首先,"忘言"关键词有助于我们应对传统文化的当代发展问题。当代中国,复兴传统文化成为一种时代潮流,国学、诗词、戏曲等经典成为国人推崇备至的对象,不少国学班、诗词班,甚至女德班、弟子规培训班等相继出现,这一方面反映了当代国人对回归传统的渴望,另一方面,也提示我们应该重视传统文化的当代发展问题。大量社会现实告诉我们,简单的复制粘贴并不能真正复兴传统。那么,我们应该如何对待传统文化,怎样实现传统文化的当代发展呢?"忘言"关键词为我们提供了一条合理的路径。"忘言"提示人们要以发展的眼光看待事物,从对语言的执滞中解放出来。我们知道,语言符号具有一定的相对性和局限性,一旦人们把语言本身视为目的和终点,就容易停留在表面,而忽视其背后丰富而深刻的意义系统。正如王夫之所指出的:"忘言者,非可以有言而忘之也。道大而言小,道长而言短,道圆而言方,道流而言止于所言,一言不可以摄万言,万言不可以定一言,古言不可以为今言,此言不可以为彼言。所言者皆道之已成者,已成则逝矣。道已逝而言犹守之,故以自善则不适,以治人则不服,以教人则不化。其通古今,合大小,一彼此者,固不可以言言者也。"[1] 王夫之指出,"道"是随时空变化而变化的,语言表达有它的局限性,语言不可能随时间的变化而改变,所以"得意"贵在"忘言"。"忘"即"不执"或"超越",通过"言"而超越"言"是得"意"的必要条件。如果不忘言,仅仅停

---

[1] (清)王夫之著,王孝鱼点校:《老子衍;庄子通;庄子解》,中华书局2009年版,第249页。

留在"存言"的表层，那么将不能获得真正的"意"。因此，我们需要"忘言"，要从语言的描述性功能中解脱出来，以发现其背后丰富的意义内涵。应对传统文化的当代转化，同样应该如此。如果我们只是一味地沉浸在传统经典的语言形式中，以照搬复制为继承，那么，传统就成为固定僵化的知识，而不是能够启发当代国人文化涵养和精神内蕴的精神资源。老庄之所以强调不执着于名言，正是因为看到了语言符号的相对性和局限性，注意到常常为人们所忽略的语言与其所表达的思想之间的差别、矛盾，从而把语言和思想的关系看成是一种动态的充满矛盾的过程。不仅如此，他们还对语言和"道"的关系进行了思考，认为作为最高本体的"道"即"无"是不能用语言、概念来表达的，这是十分深刻的。这种"忘言"观能够引导我们发掘语言文字背后的意义内蕴，并赋予传统文化新的时代内涵，使之成为当代活的精神源泉，为传统文化的当代转换提供有益借鉴。

其次，"忘言"关键词有助于我们应对西方文化的冲击，为当前"文化失语"问题提供解决路径。"文化失语"是当代学术界，尤其是哲学、文学理论、翻译语言等学科持续关注的焦点问题之一。所谓"失语"，不是沉默不言，而是传统话语体系在受到西方话语冲击后，逐渐边缘化、空泛化，甚至成为陈列于博物馆的历史遗迹。同时，西方话语模式未必完全适用于中国传统，以之套用和轨范中国文化，难免产生削足适履之患。那么，我们要如何应对"文化失语"呢？先秦道家"忘言"关键词不啻为一种有效的方法。一方面，"忘言"有利于我们从业已形成的西方话语模式中解放出来，重新发现传统话语模式的生命力和创造力。正如当代学者曹顺庆所指出的，"失语"的深层原因是精神上的"失家"，从而导致精神上的创造力的丧失。"因此，重新找到我们民族语言专有的意义生成方式，将成为传统话语研究的一项重要任务。这里所谓的精神，不是指固定的价值信仰体系，而是指生生不息的意义创构活动。所以返回精神家园不是要价值上的复古，而是要接通中华民族精神创造的血脉。从这种观点来看，一切概念、范畴和术语都只是特定学术话语体系的外在形态，而其言说方式、意义生成方式才是它的根本。"①在这个过程中，"忘言"是至关重要的，它提醒我们对外在话语形态保持清醒，从喋喋不休的言语中领悟其根本，以便更深刻地理解传统文化内在的言说方式和意义生成方式。可以说，"忘言"有助于我们摆脱语言固化所带来的思维僵化，使我们从西方话语体系的轨范中回归本土、回归传统。另一方面，"忘言"的前提是会通。在《庄子·达生》篇中，庄子以"梓庆削木为鐻"的故事为例指出，梓庆虽然只是个木匠，但却能通过心斋养气的虚静工夫，做到以自己的自然来合于树木的自然，所以能做出具有鬼斧神工效果的鐻来。言下之意是，梓庆之所以成功，根本原因不在于他本人的技艺有多么厉害，而在于他知道用自己的自然本性去迎合比自己高远的道的自然本性，也就是以人的自然本性会通"道"的自然本性。这也提示我们，在应对"文化失语"时，我们既不能一味地拒绝西方文化，也不能偏执地固守传统，而是要在中西会通的基础上"忘言"，在"忘言"基础上进"道"，以更为广阔的视角和包容的心态回归传统并超越传统。

第三，"忘言"关键词还有助于我们领会文字背后的"韵外之致""味外之旨"。司空图在《与李生论诗书》中指出："近而不浮，远而不尽，然后可以言韵外之致耳。……盖绝句之作，本於诣极，此外千变万状，不知所以神而自神也，岂容易哉？今足下之诗，时辈固有难色，倘复以全美为工，即知味外之旨矣。"也就是说，诗歌创作需要通过生动的语言来描写具体景象，但诗歌真正的醇美之处，却并不在这些具体景象上，而在由这些具体景象所构成的、存在于这些景象之外的艺术意境

---

① 曹顺庆、李思屈：《再论重建中国文论话语》，《文学评论》1997 年第 4 期。

中。可以说，"韵外之致""味外之旨"是"忘言"关键词独特的意义生成方式，使人们在语言文字所描摹的具体意象之外获得美感体验。例如马致远《秋思》中枯藤、老树、昏鸦、小桥、流水、人家等等意象的组合，就产生了独特的韵味。作者显然是借景抒情，以此表达羁旅生活的凄苦悲凉。若是我们执着于文字意象本身，就无法真正体验到作者的心绪和所要表达的情感内蕴。当代是信息技术飞速发展的时代，人们获取信息的渠道和方式愈趋便利快捷，信息更新的周期不断缩短，于是，文字也渐趋成为一种快餐文化，讲究简单直白简短高效，甚至更多地体现出博君一笑的娱乐功能。在这样的时代潮流下，我们更不能丢失"忘言"传统。一方面，"忘言"能够拉开人与五花八门的信息产物之间的距离，以争取时间、放缓脚步，使人从信息海洋中沉淀下来，由知识获取转向感悟体验，把知识索取转化为意义思考。另一方面，"忘言"能够使人们回归自我，通过对意义的思考，回向生活本身，以发现自我、实现自我。可以说，"忘言"作为一种独特的意义生成方式，提示人们注意语言文字背后的意义，通过体验和感悟，丰富生活情感，扩宽生活界限。正是在此基础上，语言成为人类特有的意义表达方式。这对当前人工智能的发展也有所启示。以微软人工智能"小冰"的诗歌创作为例。尽管小冰的诗歌创作在技巧方面已经臻于成熟，甚至单就诗歌本身来说，有时甚至无法简单区分出人工智能与人类诗歌之间的差别。但是，诗歌对于小冰来说，更像是语言游戏，是文字的排列组合。或许可以说，诗歌在小冰那里更多涉及的是概率问题而非情感问题。也许这正是人工智能与人类最本质的差别之一，也是文字能够具有无限魅力的本质原因之一。

总的来说，先秦道家"忘言"关键词的内涵在历史发展中不断丰富，并促成了中国人独特的思维方式。这种思维方式不仅对古代中国产生了深远影响，对引导我们思考当代中国的诸多问题亦有重要的作用。

参考文献

（一）

A

安继民等：《道家双峰——老庄思想合论》，河南大学出版社 2001 年版。

B

北京大学哲学系美学教研室编：《中国美学史资料选编》，中华书局 1981 年版。

C

蔡锺翔：《美在自然》，百花洲文艺出版社 2001 年版。
曹础基：《庄子浅注》，中华书局 1982 年版。
曹智频：《庄子自由思想研究》，安徽大学出版社 2010 年版。
陈鼓应、白奚：《老子评传》，南京大学出版社 2001 年版。
陈鼓应：《老庄新论》，商务印书馆 2008 年版。
陈鼓应：《老子注译及评介》（修订增补本），中华书局 1984 年版。

陈鼓应：《庄子今注今译》，中华书局 1983 年版。

陈奇猷：《吕氏春秋新校释》，上海古籍出版社 2002 年版。

成复旺：《中国古代的人学与美学》，中国人民大学出版社 1992 年版。

成复旺主编：《中国美学范畴辞典》，中国人民大学出版社 1996 年版。

（宋）程颢、程颐：《二程集》，中华书局 1981 年版。

程俊英：《诗经译注》，上海古籍出版社 1985 年版。

程俊英等：《诗经注析》，中华书局 1991 年版。

崔大华：《庄学研究》，人民出版社 1992 年版。

崔大华：《庄子歧解》，中州古籍出版社 1988 年版。

崔大华等：《道家与中国文化精神》，河南人民出版社 2003 年版。

崔仁义：《荆门郭店楚简〈老子〉研究》，科学出版社 1998 年版。

崔宜明：《生存与智慧——庄子哲学的现代阐释》，上海人民出版社 1996 年版。

D

邓联合：《"逍遥游"释论：庄子的哲学精神及其多元流变》，北京大学出版社 2010 年版。

丁保福：《历代诗话续编》，中华书局 1983 年版。

F

方东美：《原始儒家道家哲学》，中华书局 2012 年版。

方立天：《魏晋南北朝佛教论丛》，中华书局 1982 年版。

方立天：《中国佛教哲学要义》，中国人民大学出版社 2002 年版。

冯契：《人的自由和真善美》，华东师范大学出版社 1996 年版。

冯契：《认识世界和认识自己》，华东师范大学出版社 1996 年版。

冯契：《中国古代哲学的逻辑发展》，上海人民出版社 1983 年版。

冯契：《中国近代哲学史》上册，生活·读书·新知三联书店 2014 年版。

冯友兰：《贞元六书》，中华书局 2014 年版。

冯友兰：《中国哲学简史》，北京大学出版社 1985 年版。

冯友兰:《中国哲学史》,生活·读书·新知三联书店 2009 年版。

冯友兰:《中国哲学史新编》,人民出版社 2007 年版。

冯友兰:《中国哲学史新编试稿》,中华书局 2017 年版。

傅伟勋:《从西方哲学到禅佛道》,三联书店 1989 年版。

G

高昌秀、龚力:《哲人的智慧——〈老子〉与中国文化》,河南大学出版社
1995 年版。

高亨:《老子注译》,河南人民出版社 1980 年版。

高亨:《重订老子正诂》,古籍出版社 1956 年版。

高明:《帛书老子校注》,中华书局 1996 年版。

葛荣晋:《道家文化与现代文明》,中国人民大学出版社 1991 年版。

葛荣晋:《中国哲学范畴通论》,首都师范大学出版社 2001 年版。

葛兆光:《禅宗与中国文化》,上海人民出版社 1986 年版。

葛兆光:《中国思想史》,复旦大学出版社 2013 年版。

谷衍奎编:《汉字源流字典》,语文出版社 2008 年版。

顾颉刚、刘起玗:《尚书校释译论》,中华书局 2005 年版。

郭庆藩:《庄子集释》,中华书局 2013 年版。

郭绍虞、王文生:《中国历代文论选》(1—4),上海古籍出版社 1979 年版。

(晋)郭象注、(唐)成玄英疏:《南华真经注疏》,中华书局 1998 年版。

H

韩林德:《境生象外——华夏审美与艺术特征考察》,三联书店 1995 年版。

何宁:《淮南子集释》,中华书局 1998 年版。

何文焕:《历代诗话》,中华书局 1981 年版。

洪兴祖:《楚辞补注》,中华书局 1983 年版。

洪修平、孙亦平:《惠能评传》,南京大学出版社 1998 年版。

胡道静:《十家论庄》,上海人民出版社 2004 年版。

胡经之：《中国古典文艺学丛编》，北京大学出版社 2001 年版。

黄晖：《论衡校释》，中华书局 1990 年版。

黄寿祺、张善文：《周易译注》，上海古籍出版社 2001 年版。

J

姜义华主编：《胡适学术文集》，中华书局 1991 年版。

蒋立甫：《诗经选注》，北京出版社 1982 年版。

蒋丽梅：《王弼〈老子注〉研究》，中国社会科学出版社 2012 年版。

蒋锡昌：《老子校诂》，成都古籍出版社 1988 年版。

金岳霖：《论道》，商务印书馆 1987 年版。

L

黎靖德编：《朱子语类》，中华书局 1986 年版。

李圃：《古文字诂林》，上海教育出版社 1999 年版。

李泰棻：《老庄研究：庄子研究》，人民出版社 1958 年版。

李艳：《20 世纪〈老子〉的英语译介及其在美国文学中的接受变异研究》，湖北人民出版社 2009 年版。

李泽厚、刘纲纪：《中国美学史（先秦两汉卷)》，安徽文艺出版社 1999 年版。

李泽厚：《美学三书》，天津社会科学院出版社 2003 年版。

李泽厚：《中国近代思想史论》，天津社会科学院出版社 2003 年版。

林希逸著，周启成校注：《庄子鬳斋口义校注》，中华书局 1996 年版。

刘达：《道与中国文化》，广西人民出版社 1990 年版。

刘纲纪：《刘勰》，东大图书公司 1989 年版。

刘介民：《道家文化与太极诗学——〈老子〉、〈庄子〉艺术精神》，广东人民出版社 2005 年版。

刘明今：《中国古代文学理论体系·方法论》，复旦大学出版社 2000 年版。

刘小枫等：《经典与解释的张力》，上海三联书店 2003 年版。

刘笑敢：《老子古今——五种对勘与析评引论》，中国社会科学出版社 2006 年版。

刘笑敢：《庄子哲学及其演变》，中国人民大学出版社 2010 年版。

楼宇烈：《王弼集校释》，中华书局 1980 年版。

卢育三：《老子释义》，天津古籍出版社 1987 年版。

陆玉林：《老庄哲学的意蕴》，经济管理出版社 1999 年版。

罗安宪：《虚静与逍遥——道家心性论研究》，人民出版社 2005 年版。

罗发海等：《"道"与现代物理学》，安徽大学出版社 2006 年版。

罗竹凤主编：《汉语大词典》，汉语大词典出版社 1994 年版。

罗宗强：《玄学与魏晋士人心态》，南开大学出版社 2003 年版。

吕锡琛：《善政的追寻：道家治道及其践行研究》，人民出版社 2014 年版。

M

马德宁：《老子形上思想研究》，学林出版社 2003 年版。

马奇主编：《西方美学史资料选编》，上海人民出版社 1987 年版。

马叙伦：《老子校诂》，古籍出版社 1956 年版。

马勇主编：《严复全集》，福建教育出版社 2014 年版。

蒙培元：《中国哲学主体思维》，东方出版社 1993 年版。

牟宗三：《才性与玄理》，人生出版社 1963 年版。

牟宗三：《中国哲学十九讲》，上海古籍出版社 2005 年版。

O

欧阳哲生编：《胡适文集》，北京大学出版社 1998 年版。

P

潘运告：《中国历代画论选》，湖南美术出版社 2007 年版。

彭富春：《无之无化》，上海三联书店 2000 年版。

Q

钱锺书:《管锥编》,中华书局 1979 年版。

钱锺书:《谈艺录》,中华书局 1984 年版。

R

任继愈:《老子新译》(修订本),上海古籍出版社 1985 年版。

任继愈:《中国佛教史》,中国社会科学出版社 2009 年版。

(清)阮元:《十三经注疏》,中华书局影印本 1980 年版。

S

(宋)苏辙:《道德真经注》,华东师范大学出版社 2010 年版。

(清)孙希旦:《礼记集解》,中华书局 1995 年版。

(清)孙诒让:《墨子间诂》,中华书局 2001 年版。

孙周兴:《说不可说之神秘——海德格尔后期思想研究》,三联书店 1991 年版。

T

汤一介:《郭象与魏晋玄学》,北京大学出版社 2009 年版。

汤用彤:《汉魏两晋南北朝佛教史》,河北教育出版社 1996 年版。

汤用彤:《理学·佛学·玄学》,北京大学出版社 1991 年版。

汤用彤:《汤用彤全集》,河北人民出版社 2000 年版。

汤用彤:《汤用彤学术论文集》,中华书局 1983 年版。

汤用彤:《魏晋玄学论稿》,上海古籍出版社 2001 年版。

涂光社:《庄子范畴心解》,中国社会科学出版社 2003 年版。

W

汪涌豪:《中国古代文学理论体系·范畴论》,复旦大学出版社1999年版。

(明)汪瑗:《楚辞集解》,上海古籍出版社2017年版。

(魏)王弼:《王弼集校释》,中华书局1980年版。

(清)王夫之:《老子衍;庄子通;庄子解》,中华书局2009年版。

(清)王夫之:《庄子解》,中华书局1964年版。

王卡:《老子〈道德经〉河上公章句》,中华书局1993年版。

王力:《老子研究》,上海书店1992年版。

王明:《抱朴子内篇校释》,中华书局1985年版。

王明:《道家和道教思想研究》,中国社会科学出版社1984年版。

王强:《老子〈道德经〉新研》,昆仑出版社2002年版。

王世舜、韩慕君编著:《老庄词典》,山东教育出版社1993年版。

(清)王栻编:《严复集》,中华书局1986年版。

(清)王先谦:《庄子集解》,中华书局1987年版。

(清)王先慎:《韩非子集解》,中华书局1998年版。

王晓毅:《郭象评传》,南京大学出版社2006年版。

王晓毅:《王弼评传》,南京大学出版社1996年版。

王振复:《周易的美学智慧》,湖南出版社1991年版。

王中江:《道家形而上学》,上海文化出版社2001年版。

(清)魏源:《老子本义》,上海书店1987年版。

(清)魏源:《魏源集》,中华书局1976年版。

(清)魏源:《魏源全集》,岳麓书社2011年版。

X

萧无陂:《自然的观念》,湖南人民出版社2010年版。

辛红娟:《〈道德经〉在英语世界:文本行旅与世界想象》,上海译文出版社2008年版。

徐梵澄:《老子臆解》,中华书局1988年版。

徐复观:《中国人性论史·先秦篇》,九州出版社2014年版。

徐复观:《中国艺术精神》,广西师范大学出版社2007年版。

徐中舒主编:《汉语大字典》,湖北辞书出版社1990年版。

许杭生:《帛书老子注译与研究》(增订本),浙江人民出版社1985年版。

(汉)许慎:《说文解字》,中华书局影印本1963年版。

Y

杨丙安:《十一家注孙子校理》,中华书局1999年版。

杨柳桥:《庄子译注》,上海古籍出版社2006年版。

杨树达:《老子古义》,上海古籍出版社1991年版。

叶朗:《中国美学史大纲》,上海人民出版社1985年版。

叶舒宪:《庄子的文化解析》,陕西人民出版社2004年版。

叶维廉:《道家美学与西方文化》,北京大学出版社2002年版。

叶维廉:《中国诗学》,三联书店1992年版。

Z

曾繁仁:《西方美学论纲》,山东人民出版社1992年版。

(清)曾国藩:《曾国藩全集》,岳麓书社2011年版。

曾仕礼:《先秦哲学》,云南大学出版社2009年版。

詹剑锋:《老子其人其书及其道论》,湖北人民出版社1982年版。

张岱年:《中国古典哲学概念范畴要论》,中国社会科学出版社1989年版。

张岱年:《中国哲学大纲》,中国社会科学出版社1982年版。

张断禹:《中华道藏》,华夏出版社2004年版。

张立文:《中国哲学范畴发展史(人道篇)》,中国人民大学出版社1995年版。

张立文:《中国哲学范畴发展史(天道篇)》,中国人民大学出版社1988年版。

张立文:《中国哲学范畴精粹丛书——道》,中国人民大学出版社1989年版。

张立文等:《玄境——道学与中国文化》,人民出版社2005年版。

张立文主编:《中国学术通史(宋元明卷)》,人民出版社2004年版。

张岂之：《中国思想史》，西北大学出版社 1993 年版。

张少康等：《中国历代文论选》（七卷本），人民文学出版社 1999 年版。

张世英：《天人之际——中西哲学的困惑与选择》，人民出版社 1995 年版。

张松辉：《庄子疑义考辨》，中华书局 2007 年版。

张松如：《老子说解》，齐鲁书社 1998 年版。

张智彦：《老子与中国文化》，贵州人民出版社 1996 年版。

赵明：《道家思想与中国文化》，吉林大学出版社 1986 年版。

赵明等：《道家文化及其艺术精神》，吉林文史出版社 1991 年版。

浙江书局辑刊：《二十二子》，上海古籍出版社 1986 年版。

郑峰明：《庄子思想及其艺术精神之研究》，文史哲出版社 1987 年版。

郑开：《道家形而上学研究》，宗教文化出版社 2003 年版。

朱光潜：《西方美学史》，人民文学出版社 1979 年版。

朱良志：《中国艺术的生命精神》，安徽教育出版社 2006 年版。

朱谦之：《老子校释》，中华书局 1984 年版。

朱雯等编选：《文学中的自然主义》，上海文艺出版社 1992 年版。

（宋）朱熹：《四书章句集注》，中华书局 2011 年版。

（宋）朱熹集注，赵长征点校：《诗集传》，中华书局 2011 年版。

宗白华：《艺境》，商务印书馆 2011 年版。

宗福邦等：《故训汇纂》，商务印书馆 2003 年版。

（二）

［奥］维特根斯坦：《逻辑哲学论及其他》，陈启伟译，商务印书馆 2014 年版。

［德］胡塞尔：《现象学的观念》，倪梁康译，上海译文出版社 1986 年版。

［德］伽达默尔：《真理与方法》，洪汉鼎译，上海译文出版社 1999 年版。

［德］海德格尔：《海德格尔选集》，上海三联书店 1996 年版。

［德］海德格尔：《林中路》，孙周兴译，上海译文出版社 2008 年版。

［德］海德格尔：《形而上学导论》，熊伟、王庆节译，商务印书馆 1996 年版。

［德］海德格尔：《荷尔德林诗的阐释》，孙周兴译，商务印书馆 2000 年版。

［德］海德格尔：《诗·语言·思》，彭富春译，文化艺术出版社 1991 年版。

［德］姚斯：《审美经验与文学解释学》，夏镇平译，上海译文出版社 1997 年版。

［德］黑格尔：《美学》，朱光潜译，商务印书馆 1997 年版。

［德］黑格尔：《自然哲学》，梁志学、薛华等译，商务印书馆 1980 年版。

［德］康德：《判断力批判》，宗白华译，商务印书馆 1964 年版。

［德］尼采：《悲剧的诞生：尼采美学文选》，周国平译，三联书店 1986 年版。

［德］尼采：《权力意志》，孙周兴译，商务印书馆 2013 年版。

［德］席勒：《审美教育书简》，朱光潜译，北京大学出版社 1985 年版。

［古希腊］柏拉图：《文艺对话集》，朱光潜译，人民文学出版社 1959 年版。

［古希腊］亚里士多德、贺拉斯：《诗学·诗艺》，罗念生等译，人民文学出版社 1962 年版。

［古希腊］亚里士多德：《物理学》，张竹明译，商务印书馆 2009 年版。

［古希腊］亚里士多德：《形而上学》，苗力田译，中国人民大学出版社 2003 年版。

［美］爱莲心：《向往心灵转化的庄子》，周炽成译，江苏人民出版社 2004 年版。

［美］本杰明·史华兹：《古代中国的思想世界》，程钢译，江苏人民出版社 2004 年版。

［美］门罗·C.比厄斯利：《西方美学简史》，高建平译，北京大学出版社 2006 年版。

［美］森舸澜：《为与无为：当现代科学遇上中国智慧》，史国强译，现代出版社 2018 年版。

［美］梯利：《西方哲学史》，伍德增补，葛力译，商务印书馆 2001 年版。

［日］今道友信：《东方的美学》，蒋寅等译，三联书店 1991 年版。

［日］汤川秀树：《创造力与直觉——一个物理学家对于东西方的考察》，周林东译，复旦大学出版社 1987 年版。

［意］克罗齐：《美学原理·美学纲要》，韩邦凯、罗芃译，外国文学出版社 1987 年版。

［英］鲍桑葵：《美学史》，张今译，商务印书馆 1997 年版。

［英］拉曼·塞尔登编：《文学批评理论——从柏拉图到现在》，刘象愚等译，北京大学出版社 2000 年版。

［英］李约瑟：《中国科学技术史》，何兆武等译，上海古籍出版社 1990 年版。

［英］罗素：《西方哲学史》，何兆武、李约瑟译，商务印书馆 1997 年版。

［韩］李顺连：《道论》，华中师范大学出版社 2003 年版。

后　记

本书由三人合作完成，三人分工最初较为明确，但有些部分在后期统稿中有所融合，已很难分清是哪一位主笔。但当前评价机制对成果计数又要有一个明确结果。因此，只能大致列出分工如下：

绪论　高文强　李艳萍

第一章第1—3节　高文强

第4节　李艳萍

第二章第1—2节　高文强

第3节　李艳萍

第三章第1—2节　高文强

第3节　李艳萍

第四章第1—2节　王杰泓

第3节　李艳萍

第五章第1—2节　王杰泓

第3节　李艳萍

在此，要特别感谢杰泓兄和李艳萍博士对本课题的大力支持。

高文强

2019年10月5日武汉大学振华楼

责任编辑：崔继新
文字编辑：陈来胜
编辑助理：邓浩迪
装帧设计：汪　莹

图书在版编目（CIP）数据

道家元典关键词研究／高文强，王杰泓，李艳萍 著 . — 北京：人民出版社，
　2021.6
（中国文化元典关键词研究丛书／李建中主编）
ISBN 978 - 7 - 01 - 022044 - 4

I.①道…　　II.①高…②王…③李…　　III.①道家 – 哲学思想 – 关键词 – 研究
　IV.① B223.05

中国版本图书馆 CIP 数据核字（2020）第 064811 号

道家元典关键词研究
DAOJIA YUANDIAN GUANJIANCI YANJIU

高文强　　王杰泓　李艳萍　著

人民出版社 出版发行
（100706　北京市东城区隆福寺街 99 号）

北京盛通印刷股份有限公司印刷　新华书店经销

2021 年 6 月第 1 版　2021 年 6 月北京第 1 次印刷
开本：710 毫米 ×1000 毫米 1/16　印张：20.5
字数：263 千字

ISBN 978 - 7 - 01 - 022044 - 4　定价：68.00 元

邮购地址 100706　北京市东城区隆福寺街 99 号
人民东方图书销售中心　电话（010）65250042　65289539